미디어의 교섭과 횡단

이 저서는 2010년도 대한민국 교육부와 한국연구재단의
인문한국(HK)지원사업의 지원을 받아 수행된 연구임(NRF-2010-361-A00013).

세미오시스 학술총서 **09**

미디어의 교섭과 횡단

세미오시스 연구센터

HU:iNE

목차

머리말

독일어로 '번역하다'라는 의미의 동사는 'übersetzen'이다. 이 동사는 '번역하다'라는 의미 이외에 '바꾸다, 변형하다, 옮겨 놓다'라는 뜻을 갖고 있다. 좁은 의미에서 '번역'은 외국어 텍스트를 자국어 텍스트로, 자국어 텍스트를 외국어 텍스트로 옮기는 것을 의미한다. 하지만 '바꾸다, 변형하다, 옮겨놓다'라는 의미에 집중해 그 의미를 확장하면 '번역'의 개념은 커진다. 최근 이러한 확장된 의미의 번역 개념이 주목을 끌고 있는데, '문화 번역', '미디어(간) 번역'이 그 사례라 할 수 있다. 한 문화권에서 다른 문화권으로, 하나의 콘텐츠가 상이한 미디어를 통해 변용되는 것 역시 넓은 의미에서 번역의 개념으로 고찰할 수 있다는 것이다. '번역'이 한 문화 영역에서 다른 문화 영역으로 특정한 의미를 전달하는 것이라고 한다면, 거기에는 반드시 '매개'의 수단으로서 미디어의 문제가 개입된다. 하지만 의미는 전달(transmission)되는 동시에 변환(transformation)되며, 변환되는 동시에 변화(change)한다. 이러한 매개의 과정이 의미를 생성하고 의미의 영역을 다양화하며, 불필요한 의미를 제거하고 추가적인 의미를 만들어내는데, 세미오시스 학술총서 제9권

『미디어의 교섭과 횡단』은 미디어의 역할을 중심으로 이러한 매개와 변용의 과정을 살펴보려는 기획에서 출발한다.

『미디어의 교섭과 횡단』은 '미디어 횡단성(transmediality)' 개념을 중심에 놓고 '번역' 개념을 확장하여 문화와 미디어의 문제를 새로운 시각에서 다루어보고자 한다. '미디어 횡단성(transmediality)'이라는 용어가 곳곳에서 회자되고 있지만 이에 대한 명확한 규정은 쉽지 않다. 라예프스키(Irina O. Rajewsky)의 규정에 따르면, 미디어횡단성은 매체 특수적이지 않은 현상이며, 이 현상은 각양각색의 상이한 매체들에서 개별 매체 고유의 수단으로 감당할 수 있는 것이고, 이때 원천 매체를 상정하는 것이 중요하거나 가능하다고 보지 않는다. 이러한 의미에서 '미디어 횡단적' 현상에 속하는 것으로는 예컨대 음악, 문학에서 모티프, 주제를 반복하는 것이라든지 소설, 영화, 회화 등에서의 메타렙시스(metalepsis)가 있고, '내러티브성(narrativity)'이 있다. 내러티브가가 언어적 매체로만 실현되는 것이 아니라, 영화, 오페라, 발레로도 나타나며, 시각예술, 음악 등의 매체에도 서사성이 있다고 주장되는 점이 바로 내러티브의 미디어 횡단성을 대변해 준다고 할 수 있을 것이다.

이 책에서 이해하는 내러티브의 미디어 횡단성은 구체적으로 미디어(간) 번역에 가장 가까울 것이다. 미디어(간) 번역은, 간단히 말해, 한 매체의 콘텐츠가 다른 매체의 콘텐츠로 변형되는 것(독일어 Übersetzen)을 말한다. 이 변형은 등가적인 '번역

(translation)'을 뜻하는 것이 아니라, 매체성에 의한 제약과 재량이 발휘되어 창조적 변환을 일으키는 '각색(adaptation)'이 될 수 있다. "창조적 파괴(creative destruction)"로 간주되는 각색에서 '원천(source)' 콘텐츠와 '목표(target)' 콘텐츠 사이에서 느껴지는 큰 차이는 예컨대 연극대본을 공연으로, 소설을 영화로, 연극을 발레로 전환시킬 때처럼 매체간 경계 넘기에서 필연적으로 인지될 수밖에 없을 것이다. '문화'가 미디어를 기반으로 매개되어 일정한 공동체 내에서 향유되는 것임을 고려하면 번역 또한 반드시 미디어와 불가분의 관계를 가진다. 이러한 맥락에서 '미디어 횡단성'과 관련하여 미디어가 서로 교섭하고 횡단하는 문제를 다루는 것은 문화와의 상호 관련성을 가지고 함께 연구될 만한 주제가 된다. 예컨대 스타트랙 이야기가 소설이나 영화, 게임, 웹툰 등으로 확대 번역되어 특유의 이야기세계를 형성하는 것을 포함하여, 현실공간과 사이버공간의 문제 역시 디지털 미디어를 통한 물리적 공간의 번역(옮김) 문제가 될 수 있을 것이다.

『미디어의 교섭과 횡단』은 이러한 측면을 5편의 글을 통해 세미오시스(기호작용)의 관점에서 고찰하고자 한다. 확장된 '번역' 개념을 토대로 하여 미디어 및 미디어를 통한 문화 생산 및 소비의 문제를 '미디어의 교섭과 횡단'의 차원에서 다루고 있는 5편의 글을 소개한다.

먼저 제1장 <텍스트에서 이미지로 -「검은 다리의 기적」의 전설>(서종석)는 매체 변용의 관점에서 기독교의 쌍둥이 성인 성 코스마스(Cosmas)와 성 다미엔(Damian)의 이적 행위를 담은「검은 다리의 기적」을 다루고 있다.「검은 다리의 기적」이라는 별칭 자체는 문자 텍스트에서 기인하는 것이 아니라 이 텍스트가 그림으로 변용되면서 얻게 된 시각적 명칭이다. 두 성인이 이룬 기적이라는 종교적 사건이 회화라는 매체로 다시 쓰이는 과정에서 예술가들의 관심은 무엇보다 신의 권능을 시각적으로 드러내는 것이었다. 라틴어인 문자 텍스트를 원천으로 화폭에 옮겨진「검은 다리의 기적」은 신의 위대함을 문맹인 신자 대중들에게 효과적으로 보여줄 수 있는 이점을 보인다. 그림은 무엇보다 문자 텍스트에서는 드러나지 않은 시각적인 효과, 즉 흰색의 다리와 검은 다리 간의 피부의 차이를 극명하게 관람자에게 보여준다. 그런데 매체 간의 다시쓰기 과정에서는 이야기의 본질적인 내용뿐만 아니라, 작품이 생산된 사회와 문화, 그리고 역사의 상황까지도 빈번하게 반영되기도 한다. 이 글은「검은 다리의 기적」이 종교적인 메시지 외에도, 화공의 붓이나 조각가의 손을 통해서 당시의 정치, 문화 등의 시대적 인자들을 거울처럼 담아내고 있음을 개진한다. '무색'의 내러티브가 '유색'의 내러티브로 변용되면서 어떠한 요소들이 변용된 매체에 반영되며, 그 부가된 요소들이 만들어 내는 의미작용은 무엇인지를 고찰하고 있는 글이다.

제2장 <미디어의 변화와 장르확장 - 로우레이로의 작품『종

말일기Z』를 중심으로>(고슬기)는 스페인 갈리시아 출신 작가 마넬 로우레이로의 데뷔과정과 베스트셀러가 된 데뷔작 『종말일기Z』의 장르적 확산 양상을 살펴봄으로써 현재 문학의 위기에 대한 대안을 찾아보려고 시도한다. 안정된 삶을 꾸려나가던 문학 애호가에 불과한 스페인의 한 지방 변호사 마넬 로우레이로가 어떤 동기로 글을 시작했는지, 또 그가 블로그에 아무생각 없이 올린 짤막한 상상의 일기가 어떤 식으로 세상에 알려지고 묶여져서 소설로 출판되고 이후 영어로 번역되어 미국에서 베스트셀러에 등극하고 또 다양한 외국어로 번역되어 전 세계에 퍼져나갔으며, 이후 영화나 게임과 같은 다른 장르로 확장되었는지를 작가의 인터뷰와 작품 해설 등을 토대로 분석한 글이다. 현재 위기에 처했다고 평가받는 문학의 미래와 문학이 앞으로 나아가야 할 길을 미디어와 장르확산 연구를 통해 조망하고 있다.

제3장 <백남준의 퍼포먼스 아트와 인터미디어>(전선자)는 미디어 아티스트 백남준의 작업을 통해 '인터미디어'를 고찰한 글이다. 미디어아트는 디지털 미디어 시대에 멀티-, 트랜스-, 인터미디어로 출발해 일련의 예술 실험 속에서 상호작용을 위한 새로운 영역을 낳는다. 이런 미디어아트에 대한 이해와 활용, 그리고 발전은 전자기술적인 면에만 국한된 것이 아니다. 미디어아트의 전신(前身)은 비디오아트인데, 다시 그 전신은 전자 TV의 동영상 즉 전자예술이었고, 또다시 그 시원은 행위예술(퍼포먼스 아트)에서 출발했다. 미디어아트의 선구자이자 개척자인 백남준(1932~2006)은 그의 행위예술에서 행위자(메신저)의 몸에 방점을

찍는다. 주류 문화와 예술이 전환기를 맞으며 새로운 예술의 가능성이 시작되던 50년대를 직감적으로 인지한 백남준은 행위자인 자신의 몸을 매개로 작품 활동을 벌인다. 신체를 '움직이는 오브제'로 본 그의 퍼포먼스는 '날 것 그대로'인 소리(메시지)를 그의 호흡과 맥박에 맞춰 리듬 있게 표현하며, 그 효과를 '시각적으로 가시화'하는 행위의 연속 속에서 만들어낸다. 이때 메신저의 '행위'는 여러 일상적 오브제를 '인터미디어'로 사용하며 '시청각적 요소의 융복합적 콜라주'로 다양하게 실험하는 가운데 모든 예술의 보편적 존재방식을 간결하게 피력한다. 이러한 리듬은 인위적인 것이 아니라 인간이 자연과 우주와 함께 한다는 동양적 사고 속에서 일궈낸 것이다. 백남준은 이처럼 행위예술에서 메시지의 표현을 오브제(매체)와 함께 다양하게 실험한 뒤 미디어예술을 발전시킨다. 그래서 그는 미디어아트를 전자 또는 디지털기술의 선두주자로서 본 것이 아니라 동시대의 고유한 다양성과 보편성을 담아내는 예술매체로서 보고 활용한다. 그러므로 그의 행위예술 속의 인터미디어 활용은 모더니즘 '이후'의 예술매체에 대한 필연적 시도이자 '다양한 상황을 수면 위로 부상시킬 수 있는 가능성'에 대한 창조적 개척활동이라고 할 수 있다. 이 글은 이러한 백남준의 작품 활동을 중심으로 인터미디어의 개념을 고찰한다.

제4장 <모티프의 변용과 미디어의 횡단 - 이야기, 모티프, 그리고 미디어>(김요한)는 문화콘텐츠가 산업으로 정착된 시대에 콘텐츠의 원천으로서 이야기가 가지고 있는 중요성을 천착

한 글이다. 필자는 빠른 호흡과 다양한 소통가능성을 특징으로 하는 콘텐츠의 속성상, 콘텐츠의 기반이 되는 이야기 역시 빠른 속도로 생산되고 소비된다는 점을 언급하며, 콘텐츠의 대중성과 상업성을 담보하기 위해서는 익숙하면서도 새로운 이야기의 개발이 중요하다는 점을 지적한다. 이러한 맥락에서 기존의 이야기를 변형, 확대 재생산하는 작업은 콘텐츠의 생산성을 높이는 전략적인 효과가 있다. 그래서 콘텐츠의 소스 역할을 하는 이야기의 활용가능성을 제고하는 중요한 방식으로서 소재나 모티프의 변형 및 개별 미디어의 특성을 고려한 내러티브의 변화를 통한 콘텐츠 개발이 주목받고 있는데, 이 글은 이러한 특성을 이야기, 모티프, 미디어의 상관관계를 통해 고찰하고 있다. 구체적으로 독일의 대표적인 이야기인 <파우스트>와 <헨젤과 그레텔>의 사례를 통해 각각의 이야기가 어떻게 모티프의 생략 또는 추가를 통해 상이한 미디어 형식에서 다양한 이야기의 변형을 가져오는 가를 정리하고 추적한다. 특정한 하나의 이야기, 그리고 그것이 재미있게 잘 짜여진 이야기이고 잘 알려진 이야기라면, 그 이야기는 새로운 미디어를 만나 새로운 장르로 재탄생되고, 그러면서 원래 이야기와는 다른 모티프의 사용으로 인해 그 내용이 다채로워지는 현상을 낳는다. 이 글은 이러한 과정 속에서 이야기, 모티프 미디어가 서로 촘촘하게 엮이는 현상을 살핀다.

제5장 <놀이와 소통의 플랫폼, 디지털 게임의 잠재성>(김겸섭)은 디지털 미디어의 첨단을 달리는 게임과 관련한 글이다. 디

지털게임의 플랫폼과 콘텐츠가 발전하면서 게임의 시공간은 우리 일상사회를 반영하면서 그것을 넘어서는 놀이적 재미와 향유를 제공한다. 플레지르와 주이상스의 매개로서 게임은 우리 라이프 스타일의 변화를 보여주는 문화적 바로미터이며 인간 삶의 관계들을 성찰하고 실험할 수 있는 매개가 될 수 있다. 또한 게임은 과학과 문화예술의 융합을 통해 '중층적 사회구성체'를 재현하면서 새로운 삶의 양태를 선취할 수 있다. 하지만 우리시대의 첨단 놀이미디어임에도 불구하고 우리 사회에는 게임의 가능성과 잠재성에 대한 논의가 여전히 부족하다. 이 글은 우선 공연학과 미디어학의 프레임을 통해 게임의 매체적 잠재성을 살펴본다. 그리고 게임 미디어의 상호작용성이라는 속성상 능동적인 주체로서 게임 플레이어에 주목해야함을 강조한다. 이 글에서 특히 인상적인 부분은 '서드 라이프'에 대한 언급이다. 필자는 '서드 라이프' 시대의 게임은 다양한 미디어와 콘텐츠를 '트랜스'하고 '크로스'하며 스토리텔링의 새로운 전기를 마련할 것으로 전망하고 있는데, 이를 통해 이 책의 독자는 '트랜스'의 개념을 다시 정립할 수 있는 기회를 가지게 될 것이다.

| 제1장 |

텍스트에서 이미지로

「검은 다리의 기적」의 전설

서종석

1. 들어가는 말

이 글은 매체의 관점에서 기독교 쌍둥이 성인 성 코스마스(Cosmas)와 성 다미엔(Damian)의 이적 행위를 담은 문자 텍스트와 그림에 대한 짧은 논의를 진행한다. 두 성인은 다리 하나를 병으로 잃게 된 환자에게 방금 세상을 떠난 에티오피아인, 즉 '흑인'의 다리를 잘라 접합 시술을 하여 그의 목숨을 구한다. 두 성인은 서구의 문화에서 병을 치유하는 대표적인 기독교 성인들 중의 하나로 잘 알려져 있다. 물론 이 글의 목적이 환자의 치유와 관련된 두 성인의 종교적인 이적 행위 자체를 논급하려는 것은 아니다. 우리의 주된 관심사는 무엇보다 문자로 구성된 텍스트가 그림이라는 매체로 변용되면서 어떠한 의미효과들이 생성되는지 관련 자료들을 통해서 살펴보려는 데 있다. 두 성인의 이야기 텍스트가 그림이라는 또 다른 매체로 다시 쓰이는 과정에서 색채적인 속성이 이야기의 주요 메시지에 영향을 미친다. 문자 텍스트가 직접적으로 표상하지 못하던 의미는 시각적으로 손쉽게 전달될 뿐만 아니라 그 메시지 또한 한층 강화되는 것이다. 아래에서 살펴보겠지만, 두 성인의 이야기를 담고 있는 것은 『황금전설』이라는 중세의 저작이다. 『황금전설』은 모자이크, 벽화, 조각상, 스테인드글라스, 미니어처 등의 매체로 변환되는데 있어 수많은 예술가의 예술적 영감의 원천이 되었다. 두 성인의 이 이야기도 본문에서 소개할 회화작품들을 비롯해 다양한 예술 작품으로 다시금 탄생하게 된다. 두 성인이 이룬 기적의 치유행위는 「검은 다리의 기적」이라 불리는데, 이 호칭이 『황금전설』의 텍스트에서 직접적으로 유래된 것은 아니다. 「검은 다리의 기적」에서 '검은'은 무엇보다 시각적인 요소이다. 이 별칭은 문자 텍스트가 그림으로 매체의 변환이 이루어지면서 시간을 두고 자연스레 만들어진 것이다. 이미지가 만드는 강렬한 인상은 어느새 이야기와 하나가 되면서 새로운 서사적 정체성을 만들어 내게 된다.

두 성인의 이야기는 그 목적이 분명한 종교적인 성격의 텍스트이다. 문자 텍스트에서 이미지로 매체의 변화가 이루어지면서 무엇보다 신의 권능을 보다 더 명확하게 드러내주었다는 것, 그리고 글을 읽지 못하는 문맹의 신자들에게 이미지를 통한 『황금전설』의 가독성을 높였다는 점이 두드러진다. 그런데 매체의 변용과정에서 이야기의 부차적인 부분들은 무시되거나 화공에 따라 달리 묘사되기도 하였다. 예를 들어 화폭으로 옮겨진 '검은 다리'가 왼쪽 다리인지 오른쪽 다리인지 그림마다 일치하는 것은 아니다(Maggioni and Maggioni 2014). 그러나 회화적으로 달리 묘사된 이 기적의 다리가 어느 쪽인지는 중요한 문제가 아니다. 『황금전설』의 원천 텍스트에서도 물론 다리가 어느 쪽인지는 명시되어 있지 않다. 보다 중요한 것은 기적이 이룬 모든 영광은 신을 향해야 한다는 것이다. 예술매체들은 이를 잘 반영하고 있다. 「검은 다리의 기적」은 흑과 백이 하나가 된 다리 그 자체로 위대한 신의 은총과 권능을 보여준다.

그런데 이러한 치유의 기적은 이미 그 흑백의 대립적인 피부색 속에 종교적인 측면뿐만 아니라 인종적인 문제까지도 배태하고 있었다. 다양한 예술 작품들이 생산되는 과정은 이 이야기의 충실한 반영뿐만 아니라, 그 작품이 생산된 사회와 문화, 그리고 역사까지도 녹아들어갈 수밖에 없었다. 치유의 기적은 어느새 또 다른 해석을 품게 된 것이다. 하나의 이야기가 상황에 따라서는 다양한 의미를 가질 수 있는 것처럼, 화폭에 담긴 종교적 메시지도 그것을 보는 주체에 따라서, 그리고 그 작품을 보는 시기에 따라서는 전혀 다른 방식으로 해석이 갈릴 수 있는 것이다. 「검은 다리의 기적」이 지니는 과거의 의미는 종교의 역사, 의학의 역사, 그리고 인종의 역사 등 다양한 관점에서 의견을 달리한다. 지면관계 상, 그리고 논의할 범위의 한도 내에서, 우리는 문자 텍스트에 잠재되어 있던 일부의 해석문제만을 상기시킬 것이다. 우리의 관심사는 무엇보다 텍스트가 이미지로, '무색'의 내러티브가 '유색'의 내러티브로 변용되면서 어떠한 요소들이 화폭에 반영되며, 그 부가된 요소들이 만들어 내는 의미는 무엇인지 간략하게 살펴보고자 한다. 특히 예술작품은 그 작품이 만들어지는 시대를 반영한다는 믿음을 토대로, 「검은 다리의 기적」을 다룬 예술 작품들이 어떻게 시대적인 인자들과 연동되고 있는지 살펴보게 될 것이다.

2. 예비적 논의

2.1. '쌍둥이' 이야기: 신화의 전승?

성 코스마스와 성 다미엔의 가장 큰 특징은 쌍둥이라는 외양이다. 기독교 문화에서 쌍둥이 이야기는 무엇보다 창세기(25장 23절~26절)에 나오는 에사우와 야곱의 이야기일 것이다. 에사우가 선둥이이고 그 형의 발뒤꿈치를 잡고 나온 인물이 야곱이다. 이 기독교 성경의 두 인물은 한 어미에게서 나왔지만 서로 다른 기질을 보이며 상반된 삶을 예고해준다. 쌍둥이의 사전적 정의가 '한 어머니에게서 한꺼번에 태어난 두 아이'이지만, 말 그대로 '한꺼번에' 태어날 수는 없다. 순차적으로 태어나는 삶이 서로 다른 것인 양, 서구의 이야기 문화에서 쌍둥이라는 존재는 서로 상반되거나 대립적인 성격을 함의하는 경우가 허다하다.

신화학자들에 의하면 두 쌍둥이 성인의 이야기는 그 이전에 만들어진 고대 신화나 전설과 어떤 관련이 있는 것으로 보인다. 사실 그리스 로마 신화의 경우 나름 쌍둥이 이야기들로 넘쳐난다. 이중에서도 특히 '디오스쿠리(Dioscuri – Dioskuroi)'라 불리는 쌍생아 카스토르(Castor)와 폴룩스(Pollux) 이야기는 빼놓을 수 없을 정도로 잘 알려져 있다. '제미니(Gemini)'라 불리는 별자리, 쌍둥이좌의 주인공들이다. 흥미롭게도 쌍둥이를 연구하는 학자들 중 많은 이들은 카스토르와 폴룩스를 코스마스와 다미엔과 연계시키기를 주저하지 않는다(Harris 1906, Hankoff 1977). 신화와 전설은 다양한 문화와 지역을 거치면서 '같으면서도 다른' 내용으로 변모해 간다. 하나의 신화를 읽으면서 자연스럽게 다른 신화의 내용이 떠오르는 경우가 많은 것은 바로 이러한 이유 때문이다. 이러한 전승의 과정을 거치면서 이야기의 내용은 지역과 문화, 종교와 사회 등의 인자와 결합하면서 풍요롭고도 특색 있게 변화하게 된다. 기독교도인 두 성인의 삶이 전혀 상관없는 듯이 보일 수 있는 이교도의 신성한 두 존재들과 연관되는 지점은 바로 '쌍둥이'라는 특성에 있다. 신화 속에서 쌍둥이라는 외양적 특성과 쌍둥이라는 존재가 지니는 속성은 분리되지 않는다. 불가분하게 결합되어 있는 특성으로 두 존재 중 하나만을 분리해서 언급하거나 생각할 수 없다. 둘이 곧 하나이고, 하나이면서 둘로 기능한다.

고대 신화의 일부가 기독교의 내러티브 안에 이식되었다고 추정하지만, 카스토르와 폴룩스가 보여주는 초자연적인 능력이 두 기독교 성인에게 모두 그대로 반영되어 나타나지는 않는다. 카스토르와 폴룩스가 지닌 수많은 능력들 중에 코스마스와 다미엔 쌍둥이 성인에게 유난히 두드러지는 건 무엇보다 의술적인 측면이다. 한 신화의 이야기가 오랜 시간을 지나, 종교를 달리하는 다른 신화 속에서 새로운 방식으로 차용되고 있는 것이다. 신성한 쌍둥이에게 치유의 능력을 부여하는 성향은 다양한 신화와 종교, 그리고 민간전승에서 폭넓게 반복적으로 관찰된다. 이중 무엇보다도 리그베다(Rig-Veda)의 치유의 신 아슈빈스(Ashvins), 고대 그리스의 디오스쿠리(Dioscuri)가 그 대표적인 쌍둥이 신이다. 이들은 인간의 삶에 건강과 풍요를 제공해줄 수 있는 초월적인 힘을 지닌 것으로 간주되어 왔다. 다양한 신화들을 관찰해 보면, 쌍둥이의 신적인 능력이 그 예외적인 성격의 탄생 방식에 숨어있음을 알 수 있다. 일반화하여 규정하기는 그렇지만, 보통 인간인 어머니의 수태에 신성한 힘의 개입이 빈번하게 작용하며, 그 결과 초자연적인 힘을 사용할 수 있는 존재의 탄생이 이루어진다. 쌍둥이는 신성한 부모의 힘을 부분적으로 공유함으로써, 종종 죽은 자까지 되살릴 수 있는 능력과 더불어, 사람과 동물의 번식력을 높이고 농작물의 풍요를 이루어 주며, 미래에 대한 예측, 전투의 승리 등 인간의 힘으로는 극복할 수 없는 대부분의 상황을 해결할 수 있다(Hankoff 1977).

2.2. 『황금전설』과 '검은 다리의 기적' 이야기

우리가 '전설'이라는 구전이나 기록을 통해 관련된 인물들이 어떤 삶을 살았는지, 그 사실적인 전기(傳記)를 파악한다는 것은 매우 난감한 일이다. 본래 '전설'에 해당하는 라틴어 'legenda'의 의미는 '읽어야 할 것' 혹은' 읽혀야만 할 것'을 뜻한다. 수도원의 새벽 성무일과에서는 성인의 삶을 환기시키며 '교훈'

으로 매일 읽는 일을 수행한다. 바로 이렇게 '읽어야만 하는 이야기'라는 이유로 'legenda'라 불리게 되었다. 축일을 기억해야 하는 성인들의 삶을 모은 모음집들이 만들어지게 된 건 자연스런 수순이었다. 그러나 수록된 성인들이 교회에서 공인된 사람들이었지만, 이들의 기록된 삶이 특별히 학술적이거나 사실적인 토대에서 만들어진 것이라기보다는 윤색되거나 과장되는 과정을 거치게 된다. '전설(légende, legend)'이라는 말이 이렇게 우화적인 요소가 가미된 민담의 의미를 갖게 된 것이다(Lalanne and Dubost 2009, 'légende' 항목 참조).

기독교 성인의 삶을 담은 다양한 집록(集錄)들 중에서도 특히 벨기에 예수회의 볼랑(Bolland)과 그 후계 수도자들인 볼랑디스트(Bollandiste)들이 모아 백과사전식으로 편집한 『악타 상토룸(Acta Sanctorum)』[1](18세기)과 『황금전설(Legenda aurea)』이 아마도 가장 알려진 저작들일 것이다. 『황금전설』은 이탈리아 도미니크 수도회의 야코부스 데 보라기네(Jacobus de Voragine)[2]가 1260년경에 작성한 것으로 기록되고 있다(Lalanne and Dubost 2009). 야코부스 데 보라기네는 그 당시까지 전해 내려오던 수많은 관련 텍스트들을 재가공하고 각색한 후, 『황금전설』이라는 이름으로 새로운 작품을 편집해 내 놓았다. 야코부스 데 보라기네는 사실적인 것과 경이로운 종교적 이야기들을 효과적으로 총합하는데 성공하여, 『황금전설』은 여러 성인전집들 중

---

1 우리말로는 대략 『성인행전』이라 옮길 수 있을 것이다.

2 『황금전설』의 저자의 호칭에 대해서는 의견이 다양하게 갈릴 수가 있는데, 여기서는 김준한·김지은(2015)의 주장을 따라 '야코부스 데 보라기네'로 부르기로 한다.

에서도 가장 충실하고 유명한 저작으로 자리 잡게 된다. 『황금전설』은 수많은 편집본이 출판되었을 정도로 가장 성공한 종교적 저작물들 중의 하나로 기록되고 있다. 그리고 무엇보다 중요한 것은 여기 실린 내용들이 서구 중세의 다양한 예술적 표상들, 특히 성상(iconographie)들의 형식으로 재생산되었다는 점이다.

두 성인의 이야기는 다른 성인들과 더불어 무엇보다 『악타 상토룸』에 기록되어 있다. 여기에 기록된 두 사람의 간략한 행적은 이렇다. 두 쌍둥이는 소아시아 킬리키아(Cilicia)에 있는 에게아(Egea)시(市)에서 출생하였는데, 토착민인 이들 집안은 기독교로 개종한 귀족 가문이었다. 두 사람은 의사로 자라 사람들에게 무료 의술을 펼쳐 'Anargyres(그리스어 Ανάργυροι: 'without silver', 'silverless')'라는 별칭으로도 불렸다. 그리고 두 사람은 디오클레티아누스(Diocletianus) 황제가 통치하던 287년, 기독교 박해로 순교하였다(Guitard 1958). 『황금전설』에 기록된 이들의 삶의 자취도 크게 다르지는 않다. 두 성인의 의료 활동 중 눈에 띄는 건 이들이 의술을 공부하였는데, 사람뿐만 아니라 동물의 병까지 치료하는 능력을 신에게서 받았다고 하는 점이다. 물론 『악타 상토룸』에서처럼 『황금전설』에서도 이들의 의료 행위가 무료로 이루어졌다는 점이 무엇보다 강조되고 있다.

『황금전설』은 두 쌍둥이 성인과 이들의 나머지 세 형제들이 어떻게 순교하는지의 과정을 간략하게 담고 있다. 그리고 『황금전설』의 존재 이유를 설명해주는 듯이 세 가지의 기적이 차례대로 묘사되어 있다. 잠을 자는 동안 입으로 뱀이 들어가 위험에 빠진 농부를 구한 일, 남편이 여행을 떠난 사이 마귀의 위협에 빠진 어느 부인을 구한 이야기, 그리고 아래 인용된 '검은 다리의 기적' 이야기다.

성 그레고리우스의 선임자였던 교황 펠릭스가 로마에 성 코스마스와 다미엔을 기리는 아름다운 교회를 지었다. 이 교회에 거룩한 순교자들의 독실한 종인 한 남자기 있었다. 그런데 이 남자 한 쪽 다리가 완전히 암에 먹히고 말았다. 그가 잠을 자고 있을 때, 두 성인이 약과 수술하는 기구를 가지고 헌신적인 종에게 나타났다. 두 성인 가운데 한 성인이 다른 성인에게 말했다. "썩은 다리를 잘라내고 그 자리에 채울 살을 어디서 구할 수 있을까?" 다른 분이 말했다. "바로 오늘 에티오피아인이 성 베드로 묘지에 매장되었소. 가서 그의 다리를 가져오시오. 썩은 다리를 잘라내고 그 다리를 그 자리에 집어넣으면 되오." 그래서 그는 급히 묘지로 가서 무어인의 다리를 가져왔다. 두 성인은 병든 남자의 다리를 잘라내고 그 자리에 무어인의 것을 집어넣었다. 그리고 조심스럽게 상처에 기름을 발랐다. 마지막으로 절단한 다리를 가져다 죽은 무어인의 시신에 붙였다.

깨어난 남자가 다리에 아무런 통증이 느껴지지 않자, 다리에 손을 대어보고 장애가 없어진 것을 발견했다. 촛불을 가져다가 다리에 비추어 보니 병들어 상한 것이 없어졌다는 것을 알았다. 그래서 그는 자기 다리가 자기 것이 아니면 남의 몸인지 의아하게 생각하기 시작했다. 그러다 모든 것을 깨닫고, 기쁨에 넘쳐 침대에서 뛰쳐나와 사람들에게 꿈속에서 본 것과 어떻게 해서 치료가 되었는지를 들려주었다. 사람들이 곧장 무어인의 무덤으로 가 보았더니 무덤 속에 있던 무어인의 다리가 정말 잘렸고, 그 자리에 앞서 말했던 남자의 다리가 놓여 있었다.

『황금전설』에는 이들이 살아생전 일어난 기적도 물론 하나 실려 있지만, 세 가지 기적은 두 성인의 사후에 일어난 것을 기록한 것이다. 따라서 두 쌍둥이 성인은 여기서 이미 삶과 죽음을 넘어선 존재로 그려지면서, 훗날 종교적 숭배의 대상이 되는 근거를 마련한다. 세 가지의 사후 기적 중 「검은 다리의 기적」의 이야기는 가장 대표적인 종교적 기적의 형태로 후세에 전달된다. 이 이야기는 일견 양적으로나 내용적으로 무척이나 절제된 특성을 보인다. 병으로 다리 한쪽을 잘라야만 하는 한 환자가 두 성인의 도움으로 새로운 다리를 얻는 치유의 과정을 담고 있다. 다리를 제공해준 이는 막 세상을 떠난 무어인이다. 두 성인은 이미 장사를 지낸 죽은 자의 필요 없는 다리 한쪽을 잘라 살아있는 자에게 주고, 죽은 자에게는 산자의 죽은 다리를 돌려주어 서로의 신체의 일부가 교환된다. 현대 의학의 눈으로 보자면 분명히 신체 '이식' 수술이 이루어진 장면이다. 게다가 이식을 통해 새로운 몸의 일부를 얻은 환자가 느끼는 정체성의 혼란도 텍스트는 보여주고 있어 흥미롭다. 두 성인의 도움을 얻어 새로운 다리를 얻은 환자는 잠에서 깨어나 잠시 혼란스러운 모습을 보인다. 그러나 이를 받아들이고 기뻐하며 이내 자기 자신으로 돌아온다. 환자는 새로운 타자를 받아들인 자신의 신체에 대한 변화를 받아들이고, 새로운 자아와 정체성을 스스로 규정한다.

3. 매체의 변환:
그림 매체로 다시 쓰기

3.1. 그림의 생산: 중세에서 현재까지

먼저 「검은 다리의 기적」과 관련한 그림의 생산이 시기적으로 어떻게 이루어졌는지, 그 성격은 어떤 것이었는지 간략한 역사적 고찰을 하기로 하자. 앞서 언급한 것처럼, 검은 다리의 기적은 『황금전설』에 실린 두 성인의 다른 기적들과 함께 조각이나 회화 등 후세의 예술가들에 의해 다양한 표현 방식으로 해석되고 표상되었다. 여기서 '검은 다리의 기적'이라는 '시각적인' 별칭도 결국 문자 텍스트에서 그림이라는 다른 매체로 변환되면서 생겨난 것이라는 점을 강조해야 할 것이다. 두 성인에 대한 이야기는 종교를 벗어나 민간 신앙으로까지 확대되었기 때문에 정확히 얼마나 많은 예술작품들이 만들어졌고 또 사라졌는지는 알 수 없다. 두 성인에 대한 숭배현상은 기독교가 정착된 곳에서는 지속적으로 관찰되고 있고, 따라서 이들의 '전설적인' 치유능력 대한 환자들의 의지와 믿음은 여전히 상당하다 (Duffin 2009, 2013).

키스 짐머맨(Kees Zimmerman)의 컬렉션을 관찰해보면[3], 「검은 다리의 기적」을 비롯한 두 성인의 다른 기적 이야기들을 표현한 예술 매체들은 중세의 특정한 시기 동안 집중적으로 나타난다. 특히 「검은 다리의 기적」을 그린 그림 대부분은 시기적으로 15세기와 16세기의 것인데, 이탈리아와 스페인에서 제작된 작품들이 주를 이룬다(Zimmerman 2013). 그림이 만들어진 동기는 대개 교회나 수도원이 주문에 따른 것으로 종교적인 목적을 충실히 반영한다. 그리고 일부 그림들의 경우, 가문의 수호성인으로 삼은 두 성인을 현양하기 위해 피렌체 메디치가에서 주문한 것들이다. 우리의 논문에서 소개하고 있는 <그림1>의 프라 안젤리코(Fra Angelico)의 작품이 그중 하나이다. 결국 그림이 생산된 동기는 크게 종교적인 숭배와 메디치 가문의 정치적 '프로파간다'라는 두 유형의 측면을 담고 있다 하겠다(Jacquet 1983, 27).

관련 예술 작품들의 상당수가 특정 시기에 생산되었지만 이 시기를 벗어나면 눈에 띄게 줄어드는데, 이에 대한 이유가 궁금하다. 80개 이상의 작품을 담고 있는 짐머맨의 목록을 살펴보자면, 이중 1400년 전에 만들어진 삽화가 4점, 15세기와 16세기에 걸쳐 43개의 그림과 조각들이 만들어졌다. 17세기에도 10점의 작품이 생산되었다. 이 시기 이후에는 그림 등의 매체로 표현된 기적이야기는 잘 나타나지 않는다. 짐머맨의 목록에 의

---

3 키스 짐머맨은 외상 외과의사 출신으로 오랜 세월 성 코스마스와 성 다미엔과 관련된 예술 작품들을 수집하고 연구한 학자이다. 그가 수집한 작품 목록은 일련번호와 함께 Zimmerman(2013)에 수록되어 있는데, 본고에서는 독자들을 위해 관련 작품을 인용할 시 해당하는 일련번호도 병기하기로 한다(예: zim-x).

거해 볼 때 1700년과 1900년 사이에는 4점만이 발견될 뿐이다. 이는 시대적 상황이 이전과는 근본적으로 많이 변했음을 보여준다. 1900년 이후에 만들어진 작품들의 경우는 관련 주제를 바라보는 시각이 이전과는 다르게 오히려 순수하게 예술적인 성격을 띠게 된다, 이때부터 현재에 이르기까지 20점의 작품들이 짐머맨의 목록을 구성하고 있다. 특정한 시기에 생산된 작품들 수가 급격히 떨어지는 주된 이유들 중의 하나는 사실상 변화된 세상의 도래와 깊은 연관성이 있다. 죽은 자의 다리를 가져와 산 자의 신체의 일부로 삼는 '기적'은 점점 더 사람들의 회의감을 불러일으키게 된 것이다. 이는 당시로서는 거역할 수 없는 시대적 흐름이었다. 프로테스탄트들의 비판적 시각도 한몫했지만, 1545년부터 1564년까지 열린 트렌트 공의회(Council of Trent)에서 도출된 결정으로 로마 가톨릭 교회는 성인들뿐만 아니라 이들과 연관된 수많은 전설들을 세밀하게 검토하게 된다(Zimmerman 2013). 이와 같은 시대적 상황 변화로 인해 「검은 다리의 기적」 같은 이야기는 이제 사람들에게 '기적'이라기보다는 오히려 미신으로 보려는 분위기가 점차 형성되었다.

3.2. 이야기를 그림으로 그리기

그림 이야기로 좀 더 들어가 보자. 앞서 언급한 것처럼 『황금전설』의 탄생은 무엇보다 종교적인 목적으로 배태된 것이다.[4] 두 성인의 「검은 다리의 기적」도 『황금전설』을 구성하는 많은 이야기들 중 하나일 뿐, 결국 이 저작의 주된 목적을 위해 존재한다. 따라서 『황금전설』의 저자가 풀어 놓는 두 성인의 이야기가 신의 개입을 명징하는 놀라운 이적의 결과를 개진하는 건 놀라울 일이 아니다. 신이 두 성인을 매개로 행하는 이적은 무엇보다 인간의 능력으로는 이룰 수 없는 일, 산자와 죽은 자의 다리를 교환하고 접합하는 시술행위이다. 그림이란 매체 역시 마찬가지이다. 문자 텍스트가 담고 있는 핵심적인 내용을 화폭에 옮기는 것일 뿐 그 본질에서 벗어나지는 않기 때문이다. 단순하고 간략한 문체로 텍스트를 이해하기 쉽게 내용을 전달하는 효과를 노리듯이, 그림 또한 이야기의 가장 두드러지고 핵심적인 메시지를 표상하여 최대한의 시각적 효과를 발휘하도록 한다.

물론 화공은 매체 자체의 고유한 특성상 주어진 화폭 안에 이야기 전체를 온전히 다 담을 수 없었을 것이다. 짐머맨의 목록에 있는 그림들을 살펴보면, 화공들이 회화적으로 표현하고 있는 장면들 대부분이 두 성인의 수술 장면에 집중된다. 위의 작품 <그림1>은 프라 안젤리코(Fra Angelico, 1387-1455)가 그린 것인데, 이러한 시술 행위에 초점을 두고 『황금전설』의 이야기를 예술적으로 잘 집약해 주고 있다. 마치 수술의 고통스러움이 전혀 없는 듯, 작품 속 환자는 어떤 방 - 종교적 맥락 상, 교회 안으로 추정되는 - 의 침대에 누워 잠을 자는 듯이 묘사되어 있다. 자신의 신체에 가해지는 중요한 변화에도 아랑곳없는

4 메디치가의 정치적인 목적도 당시의 막강한 종교적인 영향력을 활용한다는 의미에서 그 토대에서 출발한다고 할 수 있을 것이다.

<그림1> 프라 안젤리코, 패널화(제단화 장면), 1442.
산 마르코 박물관(이탈리아, 피렌체). zim-11

듯 평온한 환자의 얼굴이 관람객의 눈을 사로잡는다. 잠든 환자의 주변에서는 두 성인이 에티오피아 인의 무덤에서 가져온 검은 다리를 환자의 다리에 붙이고 있다. 그러나 다리의 공여자인 에티오피아인 혹은 무어인의 존재는 화폭에 나타나지 않았다. 그의 신체 일부인 검은 다리만이 주인의 존재를 알릴뿐이다. 두 성인의 머리 주변을 감싸는 후광(後光)은 이들의 시술행위에 보이지 않는 초월적인 신의 존재가 개입하고 있다는 점을 간접적으로 드러내 준다. 그림 속에는 환자와 두 성인밖에 없다. 그림 속 공간은 최소한의 인물과 물건으로 묘사되어 있어, 관람자의 주의가 무엇보다 두 성인이 행하는 행위에 집중하도록 되어 있다. 두 성인의 의복은 생김새만큼이나 동일하게 처리되어 서로 다른 의복이 만들 수 있는 시선의 분산을 막는다. 이는 두 성인이 나누어져 있지만, 쌍둥이처럼 하나라는 속성을 함께 드러나게 한다.

회화적으로 표현된 매체들의 대부분은 수술 장면을 선택함으로써 이야기의 가장 중심적인 순간을 표현하지만, 여기에는 약간의 세부적인 구분이 필요하다. 짐머맨의 목록에 의거하자면, 수술 장면을 표현하는 방식은 두 유형이다. 일부의 그림에서는 위의 프라 안젤리코의 그림에서처럼, 검은 다리가 이미 환자의 다리에 이식되어 한 몸을 이루는 상태로, 두 성인의 치료행위가 끝난 이후의 모습을 담고 있다. 반면 또 다른 그림들에서는 두 성인이 무어인의 검은 다리를 들고 잠들어 있는 환자의 몸에 이식하려는 순간을 묘사하고 있다. 검은 다리만 유독 두드러져 보이는 이러한 작품들은 불가능한 것을 가능하게 하려는 두 성인의 치유 능력 자체를 강조하려는 듯 보인다. 그러므로 그림으로 표상된 「검은 다리의 기적」의 수술 장면은 이렇게 두 개의 버전으로 생산된다.

화공이 선택한 또 다른 유형의 그림의 경우는 아래 <그림 2>와 <그림 3>같은 작품이다. <그림2>는 사노 디 피에트로(Sano di Pietro, 1406-1481)의 작품이고, <그림3>은 '리누치니 경당의 화공(Master of the Rinuccini Chapel)'[5]이라 불리는 화가의 그림이다. 두 작품 모두에서 관람자에게 효과적으로 메시지를 전달하기 위한 화공의 상상력이 돋보인다. 두 작품은 두 성인의 수술 장면과 에티오피아인의 무덤, 그리고 검은 다리를 운반하

5 짐멜의 목록에 따르면 이 화공은 마테오 디 파치노(Matteo di Pacino)로 추정된다.

는 과정 등 관람자가 『황금전설』의 텍스트를 중심으로 상상하던 것을 화폭 위로 잘 담아내고 있다. <그림2>는 『황금전설』의 이야기를 바탕으로, 두 성인의 검은 다리 수술과정을 매우 간결한 화법으로 묘사하고 있다. 이 그림은 본래 중심패널 밑 제단에 그려진 템페라화이다. 중심패널에는 성모 마리아와 아기 예수, 그리고 천사들과 성 제롬 등이 그려져 있고, 이 패널 아래에 위치한 제단에는 두 성인의 기적 에피소드와 이들의 다른 두 형제의 삶을 말해주는 사건 등을 파노라마식으로 담았다. 프라 안젤리코의 작품인 <그림1>처럼, 두 성인의 머리 뒤로는 신의 존재를 증명하듯 후광이 서려있다. 그림은 두 성인이 무덤에 매장된 에티오피아인의 다리를 잘라 잠들어 있는 환자의 다리에 이식하는 핵심적인 수술과정을 묘사한다. 환자의 치유를 위해 이들이 사용하는 도구는 묘사되지 않는다. 오직 '맨손'으로만 다리의 이식 수술을 시행함으로써 이를 통해 신의 무한한 권능을 자연스레 드러낸다.

<그림3>도 <그림2>처럼 주패널의 하단에 그려진 보조패널 작품이다. 주패널에 묘사되고 있는 장면은 책을 들고 서있는 - 아마도 여기서 책은 지식을 상징하는 듯이 보인다 — 두 성인의 모습이다. 이들의 머리 위에는 천상의 인물이 구름 속에서 두 팔을 벌려 두 성인을 감싸고 보호하는 듯한 몸짓을 보이고 있다. 이 장면은 두 성인의 존재적 의미와 정체성을 어떻게 규정할지 충분히 시사해주는 장면이다. 이러한 신의 모습은 <그림2>에서처럼, 이들의 치유 능력이 어디서 오는지 그 원천을 명징적으로 보여준다. 보조패널의 역할은 이 주패널의 주인공들이

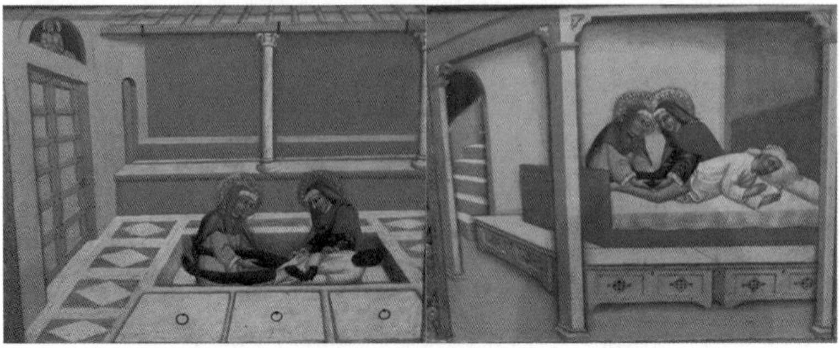

<그림2> 사노 디 피에트로, 목판 템페라, 1446년경,
시에나 국립 미술관(이탈리아, 시에나). zim-13

이룬 주요한 행적이자, 구체적인 종교적 사건으로서의 「검은 다리의 기적」 이야기를 회화적인 방식으로 설명해주는 것이다.

제단화인 <그림3>은 위에서 보는 것처럼 두 부분으로 나눠져 각각 하나씩 에피소드를 담고 있다. 오른쪽 부분은 무어인의 무덤을 방문한 쌍둥이 성인들 중의 하나가 그의 검은 다리를 옮기는 과정을 담고 있다. 또 두 성인 중 하나가 무덤에 누워 있는 무어인의 다리에 환자의 병든 다리를 대신 옮겨 놓은 것으로 보인다. 그런데 『황금전설』의 이야기 화자는 텍스트 속에서 신의 은총의 도움으로 두 성인에 의해 수행된 환자의 치유가 믿어야만 하는 사실이며, 이를 증명할 물증들 - 목격자들을 포함해서 - 을 명시적으로 제시하고 있다. 이는 신의 개입으로 이루어지는 이적이기에 종교적 관점에서 매우 중요한 사안이다. "사람들이 곧장 무어인의 무덤으로 가 보았더니 무덤 속에 있던 무어인의 다리가 정말 잘렸고, 그 자리에 앞서 말했던 남자의 다리가 놓여 있었다." 산 자와 죽은 자의 다리 교환이라는

<그림3> 마테오 디 파치노, 금박 템페라화 1370-75
노스캐롤라이나 예술 박물관(미국, 롤리). zim-4

기적, 그리고 이 기적에 대한 증거나 증명이 이 이야기의 핵심이라고 할 때, <그림3>은 <그림2>에 비해 이러한 메시지를 관람자에게 구체적이며 가시적으로 최대한의 정보를 제공해준다. 이러한 의미에서 보다 우리의 눈을 사로잡는 것은 이 두 성인과 함께 묘사된, 구경꾼으로 보이는 두 목격자의 존재이다. 두 성인들에게 질문을 하고 있는 듯, 말을 건네는 이들의 모습은 검은 다리와 함께 상당한 비중으로 묘사되어 있다. 즉 『황금전설』의 이야기는 이 그림 속에서 화공의 예술적 상상력에 의해 그 해석이 더욱 확대되고 있는 것이다. 강화된 증인들의 존재감을 통해 수술의 기적은 당시의 관람자들에게 보다 더 사실적으로 다가왔을 것이다. 이 증인들은 또 잠재적인 (환자로서) 신자 일반을 향한 메시지를 전달하는 역할도 수행할 것이다. 기적의 치유를 입은 환자를 묘사한 왼쪽도 마찬가지이다. 두 성인의 시술이 끝난 상황에서, 목격자들이 구경하는 방 - 혹은 교회 - 의 침대에서 그는 여전히 잠든 상태로 신을 향한 기도를 드리고 있다. 모든 원인은 전적으로 신을 향해 있다.

간략히 살펴본 <그림1>, <그림2> 그리고 <그림3>은 『황금전설』의 텍스트를 충실하게 반영하고 있으며, 무엇보다 환자의 수술 장면을 통한 기적에 그 초점을 맞추고 있다. 특히 <그림3>의 증인들은 이 기적을 돋보이면서 신의 권능이 존재함을 더욱 강조하기 위한 장치로서 기능한다. 『황금전설』의 문자 텍스트는 그림이라는 또 다른 성격의 매체의 옷으로 갈아입고, 관람자에게 보다 더 생생하고 사실적인 시각 효과를 제공해 준다. 그런데 이 세 그림들을 통해서 우리가 보다 더 살펴보고 싶은 것은 매체의 변환에서 비롯된 또 다른 문제이다. <그림1>에서 보듯이, 기적은 이미 색채의 가시적 대비가 만들어 내는 극적인 효과에서 나온다. 사실 <그림2>와 <그림3>이 주는 정보들을 잉여적으로 만드는 것은 바로 검은 다리의 존재 자체이다.[6] 흰색과 검은색의 대비가 만드는 색의 충돌은 이미 기적적인 의료행위가 이루어졌다는 것을 의미한다. 환자는 자리에서 일어나 자신의 눈으로 다리에 어떤 상처도 없는 것을 확인하게 된다. 이제 그의 새로운 검은 다리는 초월적 존재의 개입을 표지하는 물질적 흔적이 된다. 「검은 다리의 기적」은 특별한 별칭으로 두 성인의 삶 자체를 대변하고, 수많은 종교적 치유 사건들 중에서 단연 사람들의 눈길을 사로잡게 되었다. 그러나 화폭을 수놓은

---

6 아래에서 조금 더 자세히 살펴보겠지만, 다리 공여자인 에티오피아인의 부재는 일부 국가의 경우 정치적인 문제와 연계가 될 수 있다. 스페인의 경우 중세의 시대적 상황이 예술작품의 생산과 연동되게 되는데, 에티오피아인이 일부 화공의 그림에는 나타나지 않는 것으로 보고된다(Fracchia 2013, 80).

강렬한 검은 색이 기적이라는 종교적인 사건만을 담고 있는 것은 아니다. 우리의 관심은 오히려 이 색채의 대비가 만들어 내는 또 다른 복합적인 문제들로 자연스럽게 옮겨가게 된다.

4. 검은 다리:
종교와 인종의 이야기

『황금전설』의 이야기에 따르면, 「검은 다리의 기적」이 일어나기 위한 최우선의 조건은 무엇보다 '보이지 않는' 초월적인 신의 존재이다. 그러나 물질적인 차원에서 강조되어야 하는 부분은 환자의 치유를 위해 필요한, 다리를 내어주는 '보이는' 존재이다. 물론 앞서 제시된 번역문을 보면 이 공여자에 대한 약간의 설명이 곁들여져 있다. 우리가 이 검은 다리의 주인에 대해 아는 것은 그가 최근에 죽어 매장된 사람이라는 것이다. 그러므로 이로부터 그의 몸이 아직 부패하지 않아 몸의 일부인 다리를 수혜자인 환자를 위해 활용할 수 있다는 것을 추론해 낼 수 있다. 또 하나는 죽은 자가 에티오피아인이라는 것. 여기서 우리는 '흑인'이라는 그의 피부색을 짐작해 볼 수 있다. 앞서 우리는 화폭으로 옮겨진 그의 피부색에 대해 얘기했지만, 텍스트만으로도 검은 피부를 지닌 존재를 머릿속으로 그려볼 수 있다. 그러나 문자 텍스트와 그림 텍스트와의 차이는 시각적으로나 의미 효과의 차원에서나 매우 크다. 회화적으로 표상된 흰색과 검은 색 피부의 만남은 관람자에게 강렬한 시각적 인상을 남기게 되고, 그 강도는 문자 텍스트가 상정하고 있는 피부색에 대한 정보와 심적 영상을 훌쩍 넘어선다. 그 외에 다리를 내어준 존재에 대해서는 그 중요성에도 불구하고 특별한 언급은 발견되지 않는다. 성인집이라는 『황금전설』의 특성상 이야기의 방점은 무엇보다 신에 대한 찬양을 향하고 있기 때문일 것이다.

그런데 검은 다리 주인에 대한 비중은 작품마다 서로 다르다. 일부의 작품에서는 그저 다리를 통해서만 화폭에 없는 그의 존재감을 간접적으로 알려줄 뿐이다. 또 일부 작품의 경우엔 그의 회화적 비중이 상당한 정도로 표상된다. 물질적 실체로서 존재하는 이 이방인의 정체성에 대한 혼돈은 바로 『황금전설』의 이야기 자체에서 비롯된다. 문자 텍스트로 돌아가 보자. 짧은 기적의 이야기 속에서 '에티오피아인(Ethiopian)'과 '무어인(Moor)'은 동의어로 함께 사용된다. 에티오피아인이 무어인이고, 무어인이 에티오피안이다. "'바로 오늘 에티오피아인이 [...].'" "[...] 무어인의 다리를 가져왔다.", "[...] 무어인의 것을 집어넣었다.", "[...] 죽은 무어인의 시신에 붙였다.", "[...] 무어인의 무덤으로 [...] 무어인의 다리가 [...]." 앞서 인용한 번역문을 상기해 볼 때, 다리 공여자인 '에티오피아인'이란 단어가 먼저 한 번 언급된 후 이를 지시하는 '무어인'이 반복해서 여러 번 사용된다.[7] 에티오피아인과 무어인을 동일시할 수 없음에도 불구하고, 이 둘은 텍스트의 문맥 속에서 서로 동일한 속성을 지닌 존재로 간주된다. 물론 당시의 시대상에서, 한번 사용된 '에티오

7 번역된 언어에 따라 이 출현 빈도수는 차이가 날 수 있다. 예를 들어 영어와 프랑스어의 번역문의 경우는 '무어인'이 4번, 한국어 번역문의 경우는 5번으로, 번역하는 과정에서 일어나는 차이로 보인다.

피아인'과 여러 번 사용된 '무어인'이 다른 목적으로 지시체를 지시한다고 생각할 수도 있을 것이다. '무어인'이라는 단어가 반복적으로 사용되어 만들어지는 의미 효과를 두고 볼 때, 이야기 화자의 의도가 무엇인지 궁금증을 자아내게 만든다.

무슬림의 다리를 기독교인의 몸에 놓는다는 것은 종교적 해석의 측면에서 그렇게 단순한 일은 아니다. 이교도의 신체 일부를 기독교 신자의 신체에 이식시키는 치유를 '기적'이라고 부르는 것이 당시의 배타적인 종교들 사이에서 가능한 상황설정인지, 그리고 이러한 상황을 신자 대중에게 교훈으로 전할 수가 있는 것인지 명확하지 않다. 그런데 에티오피아인 혹은 무어인에 대한 특별한 정보가 없지만, 텍스트에서 언급된 한 가지 단서가 눈에 띤다. "바로 오늘 에티오피아인이 성 베드로 묘지에 매장되었소." 에티오피아인이 묻혀있는 곳은 '성 베드로 묘지'이다. 기독교 성인의 이름을 딴 묘지의 이름이 시사하는 것처럼, 이 묘지는 무엇보다 기독교 신자들을 위한 곳이라는 합리적인 추론을 해볼 수 있다. 묘지의 이름에 의지하여, 에티오피아인에 대한 종교적, 인종적 평가를 적어도 두 가지로 나누어 생각해볼 수 있을 것이다. 하나는 에티오피아라는 국가가 최초로 기독교를 국교로 받아들였다는 '역사적 사실'에 근거해 볼 때, 에티오피아인은 '흑인'임에도 불구하고 기독교 신자라는 해석이 가능하다. 이점은 텍스트에 나온 것처럼, 성 베드로 묘지에 묻혀 있고, 같은 종교를 지닌 자의 신체의 일부를 가져와 서로 교환하였다는데 종교적인 의미가 있을 것이다. 두 번째 가능한 해석은 에티오피아인에 무어인이 지닌 자질, 즉 '이교도'라는 자질을 부여하는 경우이다. 이 경우 검은 색 피부는 이교도적인 자질까지 끌어들이는 효과를 갖게 된다. 아마도 성 베드로 묘지에 묻힌 사실에 근거해 볼 때, 그는 죽기 직전 기독교인으로 개종을 하였을지도 모른다. 그러나 그의 오랜 이교도로서의 삶은 오히려 무어인이 지닌 자질이 사라지지 않은 채 그의 피부색과 더불어 변하지 않는 속성을 여전히 부여받고 있다고 할 수 있을 것이다.

환자의 '죽은' 다리는 어디로 갔을까? 우리는 '검은 다리'만큼이나 '흰 다리'에 대해서도 궁금하다. 『황금전설』에 따르면, 그 다리는 검은 다리 공여자의 무덤으로 갔다. "사람들이 곧장 무어인의 무덤으로 가 보았더니 무덤 속에 있던 무어인의 다리가 정말 잘렸고, 그 자리에 앞서 말했던 남자의 다리가 놓여 있었다." 그러니까 「검은 다리의 기적」에서 일어난 시술을 통해 산 자와 죽은 자의 두 다리는 서로 교환이 이루어진 것이다. 앞의 <그림1>을 보면 알 수 있듯이, 예술 매체들이 이 에피소드를 모두 표현하고 있는 것은 아니다. 또 무덤의 다리 공여자를 비중 있게 표현하는 그림들이라 할지라도 <그림2>와 <그림3>처럼 서로 회화적인 의도가 달리 표현된다. 그런데 <그림3>에서 보는 것처럼, 화공이 검은 다리 주인의 잘려진 다리에 환자의 필요 없는 죽은 다리를 붙여 놓았다는 것은 기독교의 교리의 해석 상 매우 중요하고 의미 있는 문제가 될 수 있다. 이는 『황금전설』의 텍스트와는 다른 화가의 해석이다. 『황금전설』에 따르면, 사람들이 에티오피아인의 무덤을 가서 자신들의 눈으로 확인한 것은 죽은 이의 다리에 환자의 썩어가는 하얀 다리가 붙어 있던 모습이 아니라, 그 곁에 놓여 있었다는 사실이다. 그러므로 이는 화가 자신의 해석인 것이다. 이식 시술은 그러니까 죽은 자의 몸에도 이루어진 것이 된다.

「검은 다리의 기적」의 물질적인 측면은 영적인 측면만큼이나 중요하다. 이미 세상을 떠난 신체 공여자에게 어차피 필요 없는 다리가 아닌지 치부할 문제는 아닌 것이다. 육체의 어떤 부족한 부분은 반드시 채워야 하며, 이를 통해서 본래에 주어진 완전한 상태로 회복되어야 한다는 영육(靈肉) 간의 균형의 논리가 놓여있다. 『황금전설』이 전해주는 것처럼, "그 자리에 앞서 말했던 남자의 다리가 놓여 있었다."는 말이 주는 의미는 단지 신의 위대함을 명증하기 위한 것만이 아니라, 또 다른 종교적 해석을 요구하고 있다. 다리의 교환은 그 행위자체에 의해 오히려 교환의 물질적인 면에 방점이 놓여 있는 효과를 가져다준다. 자케는 「검은 다리의 기적」의 그림들이 단순히 영적인 측면에만 치우쳐 있지 않다고 주장한다. 몸에 대한 기적을 묘사한다는 것은 곧 그 시각적 효과를 통해 몸(physique)과 영혼(spirituel)의 하나 됨을 강조한다는 것이다(Jacquet 1983, 37).[8] 이는 결국 산 자와 죽은 자의 두 다리의 교환은 당장의 문제를 염

8 몸과 영혼의 일치라는 교리적 의미는 종종 화가의 화폭 위에 유의미하게 담기기도 한다. 앞서 본 프라 안젤리코의 <그림1>에서 환자의 침상 밑에 가지런히 놓여 있는 신발은 이러한 의미로 해석될 수 있을 것이다. 일반적으로 얘기해서 신발은 다리가 성한 건강한 육체만이 사용할 수 있는 물건이다. 신발의 존재는 두 성인의 기적의 치유 혜택을 본 환자가 이제 전처럼 건강해져 온전히 걸을 수 있다는 희망을 함의한다. 그리고 무엇보다 그것을 가능하게 한 신의 능력을 검은 다리만큼이나 물질적으로 보여준다. 여기서 신발은 육체적인 구원과 영적인 구원이 서로 유리될 수 없음을 잘 보여준다고 할 수 있다.

두에 둔 것이 아니라, 언제 있을지 모르는 '최후의 심판의 날'을 위한 준비라는 교리적 해석과 연계된다. 캐롤라인 워커 바이넘(Caroline Walker Bynum)에 따르면, 최후의 심판에서 그리스도는 모든 사람에게 육신의 완전성을 약속하였기 때문에, 지상의 사람들은 자신의 정신과 육체가 손상되지 않도록 노력해야한다. 그러한 이야기는 죽음 이후에도 신체의 온전한 상태가 깊은 의미를 가지고 있음을 분명히 시사한다(Bynum 1990, 78-79). 불구가 된 몸이나 훼손된 육체는 기독교 교리에 의해 금지된 것이다. 다시 말하자면 최후의 심판의 날, 기독교도이건 이교도이건 온전히 자신의 몸을 보존함으로써 부활할 수 있어야만 하는 것이다(Barkan 1996, 243; Jacquet ibid., 41). 바칸에 따르면 흑인과 검은 다리는 '타자성'이라는 보다 광범위한 범주의 은유들로서 기능한다. "충격은 병에서 오는 것이 아니라 이식이나 혹은 달라진 다리 색깔로부터 온다. 그것은 경계선의 부재로부터 온다. [...] 시체와 산자는 영원히 이 타자와 함께 표지가 된 채로 남는다. 혹은 최소한 그리스도가 오기 전까지."(Barkan ibid., 244) 이 타자성은 인종보다는 영혼과 정체성의 문제들에 더 관련된다.

그런데 왜 하필이면 다리의 증여자가 '흑인'인가? 이러한 질문은 서구사회에서 '흑인'이 지니는 정치적 문제나 사회문화적인 해석과 복합적으로 얽혀있다. 검은 색은 매우 복합적인 의미를 지닌 색채들 중의 하나이다. 서구의 문화적 전통에서 환하고 밝은 빛과 어둡고 캄캄한 어둠은 상당히 자주 선과 악의 대립을 표현하는 비유로 자리 잡고 있다. 자케에 따르면 중세의 서구에서 검은 색은 그 자체로 더럽고, 불순하고 저주받은 무엇인가를 담고 있는 것처럼 간주되곤 했다. 특히 종교적 성격의 텍스트에서 검은 색은 악의 세계를 표현하는데 빈번하게 사용되었다. 신의 '빛'에 맞서는 '어둠'의 세력, 그것이 바로 검은 색의 본질을 나타내는 것이다. 서구의 예술과 문학 텍스트에서 에티오피아인은 흉측하고 악마적인 존재로 빈번하게 규정되며, 검은 색과 연계지어 묘사되곤 했다. 특히 중세의 회화에서 악마나 사탄, 혹은 악의 표상들은 언제나 괴물들로 그려졌고 이는 대체로 검은색으로 처리를 했다.(Jacquet ibid., 40).

이러한 의미에서 두 성인의 종교적 사건을 다룬 이야기 속에서 검은 색의 등장은 매우 다의적으로 해석될 수밖에 없는 운명을 지닌다. 그리고 이는 '타자성'이라는 근본적인 문제로 넘어간다. 검은 피부색은 종교와 사회, 그리고 인종 등의 문제와 결합되어 다양한 해석을 만들어 내는 것이다. 기독교적 구원의 시각에서 「검은 다리의 기적」이 지닌 타자성은 앞서 본 것처럼 무엇보다 '육체'와 '영혼'의 일치 문제와 관련된다. 「검은 다리의 기적」은 이러한 의미에서 보다 종교적인 관점에서 또 다른 해석도 가능하다. 이식된 다리는 피부 색깔의 대립 외에는 그 경계가 사라져 이미 하나의 다리를 이루고 있다. 죽은 흑인의 다리에 이식된 백인의 다리, 그리고 살아있는 백인의 다리에 이식된 죽은 흑인의 다리. 그것은 교환을 통해서 주체와 대상의 구분이 만들어 내는 타자성을 무력화하고 전체의 동등한 일부를 이루게 한다. 신이 마련한 세계에서 흑과 백의 피부색은 모두 구원의 대상이다. 의학적으로는 무의미한 것처럼 보일 수 있지만, 검은 피부의 몸에 흰색의 다리를 이식시킨 것은 이러한 구원의 의미로 해석될 수 있을 것이다.

그러나 종교적 관점에서 조금만 벗어나면 이 문제는 곧 인종적인 성격을 띨 수밖에 없다. 「검은 다리의 기적」의 타자성은 무엇보다 현실적인 문제가 된다. 죽은 이의 몸에 죽은 다리를 이식하는 행위가 이번에는 전혀 다른 해석을 낳는다. 백인의 생명이 육체적인 구원을 받는 것은 오직 흑인의 희생을 대가로 가능한 것이다. 불행하게도 지상의 세계에서 흑인의 희생은 빈번하게 인종주의 도식 속으로 들어간다. 기적의 시술을 통해 살아난 백인. 죽은 존재이지만 에티오피아인은 여전히 쓸모 있는 다리를 지니고 있다. 백인을 위해 자신의 신체 일부를 내어주지만, 그것이 의미하는 바는 백인을 위한 소모품으로 주어진 물질적인 존재이다. 이런 관점에서 보자면, 「검은 다리의 기적」을 묘사한 그림들 속에서도 흑인은 철저히 타자화된 존재이다. 기적의 환희 속에서 검은 다리의 주인이 설자리는 없어 보인다. 흰 피부와 검은 피부의 만남은 자연스레 신의 존재를 부각하게 되지만, 이는 이를 위한 희생양을 만들어 내는 구조 위에서 작동한다. 아래 그림은 스페인 조각 작가의 작품이다. 특히 스페인의 경우, 흑인의 문제와 관련하여 논쟁은 사회문화, 정치, 종교, 인종 등 모든 그림 밖의 환경들과 연동될 수밖에 없음을 잘 보여준다.

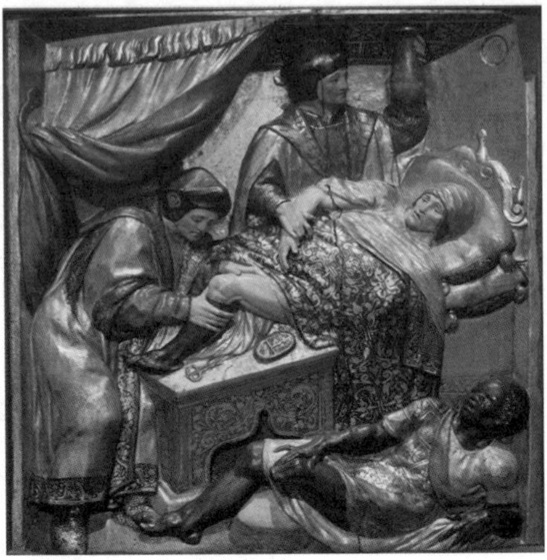

<그림4> 이시드로 비욜도, 채색나무 부조 1547년경
국립조각미술관(바야돌리드, 스페인). zim-38

위의 작품은 이시드로 비욜도 (Isidro Villoldo 1500-1556)가 채색된 나무 판에 「검은 다리의 기적」을 부조(浮彫)한 조각 작품이다. 앞서 살펴보았던 작품들과는 달리 이 작품은 살아 있는 무어인의 다리를 잘라 백인의 다리에 이식시키는 장면을 묘사하고 있다. 작가는 무어인의 고통스런 얼굴을 그대로 적나라하게 담았다.[9] 다리의 공여자인 흑인은 오른손으로 잘린 왼쪽 다리를 잡고 있다. 앞서 살펴본 회화들의 경우, 관람자의 주의는 흰 피부의 몸과 이식된 다리의 검정색 간의 극단적인 대비에 집중될 수밖에 없을 것이다. 그러나 이 부조조각의 경우는 관람자의 주의는 분산된다. 두 성인이 이루는 기적의 치유 장면이

9 흑인의 잘린 다리 아래는 다리를 자를 때 쓰인 것으로 보이는 도마 모양의 판이 놓여있다. 프라키아에 따르면, 이 도마는 당시 스페인 전장에서 외과의사가 병사들을 수술할 때 사용한 주요한 도구들 중의 하나였다(Fracchia 2013, 86).

비중 있게 묘사되고는 있지만, 오히려 바닥에 누워 고통스러워하는 흑인의 생생한 얼굴이 관람자들에게 더 강렬한 인상을 준다. 이식 공여자가 살아있는 존재라는 점에서 관람자의 충격은 매우 클 수밖에 없는 것이다. 이 조각이 보여주는 것은 그러니까 두 유형의 강력한 시각적 물질성이다. 하나는 색채의 대비가 만들어 내는 불안정한 흑백의 조화이며, 또 다른 하나는 다리의 부재에 의한 불완전한 균형이 그것이다. 첫 번째 불안정성의 조화는 그 자체로 신의 위대한 권능을 명증하지만, 두 번째 불완전한 균형은 이 지상(地上)의 배타적인 타자성을 드러낸다.

「검은 다리의 기적」을 표현한 중세 스페인의 작품들 중 많은 경우에서 에티오피아인의 존재는 의도적으로 무시되었다. 또한 위의 그림처럼 살아있는 존재, 살아 있는 채 절단된 모습의 흑인이 그려진 작품들이 관찰된다. 이러한 이유는 스페인이라는 나라의 역사와 밀접하게 관련이 된다. 노예무역에서 만들어진 흑인의 삶에 있어 피부색 그 자체는 하나의 사회적 조건의 표지이자 자유 부재의 색채였다. 흑인은 누구라도 곧 노예를 의미했다. 당시의 스페인의 관람자가 「검은 다리의 기적」의 예술작품들을 대하는 태도는 바로 이러한 맥락 속에서 이루어졌을 것이다. 유럽사회와 기독교적 전통 속에서 『황금전설』의 에티오피아인이 말해주는 것은 '아프리카'와 '흑인'이라는 두 용어와 개념이 서로 호환이 가능하다는 점이다. 이러한 것은 고대와 기독교의 시작 시기로 거슬러 올라간다. 그런데 스페인 제국의 경우 '흑인'이나 '아프리카인'이라는 단어는 대체로 '노예'를 의미했다. 그리고 이 '노예'라는 지위가 부여되는 대상은 터키 출신의 백인 노예를 제외하곤, 사하라 사막 이남의 아프리카 인이나 아프리카 대륙의 아프리카 인, 그리고 북 아프리카의 베르베르인, 이베리아 이슬람교인 등 모두를 포함했다(Fracchia ibid., 81).

인간의 몸이 상업적인 매매 대상이 된 건 인류의 역사 속에서 매우 오래된 이야기이다. 현재에도 인신매매는 여전히 빈번하게 관찰된다. 노예제도는 바로 인간 자체를 상업적으로 활용한 가장 전형적인 경우인데, 아리스토텔레스의 오래된 생각을 상기해 보자면, 그는 노예를 '살아있는 도구(outil vivant)'로 정의한다. 이는 인간의 존재를 본질적으로 타자들에게 유익한 것이냐 아니냐하는 기준을 설정하는 것이다. 노예를 만드는 것, 그것은 단지 그의 인격과 몸의 점유만이 아니라 그의 생명 혹은 삶을 하나의 '쓸모 있는 몸(corp utile)'으로 환원하는 것, 그러니까 타인을 위해 어떤 도구적 기능을 수행하는 육체를 의미하는 것이다(Agacinski 2010, 140). 당시 백인과 절대적인 주종관계에 놓여있던 흑인에 대한 생각도 이러한 틀에서 바라볼 수 있을 것이다. 자케(1983. ibid., 41)에 따르면 중세와 르네상스 시대에 외과 의사들이 의료목적으로 사용할 수 있는 시신들은 사형수들이나 무연고 시신 등, 사실상 모든 경우 소외계층에 속한 사람들이었다. 흑인의 경우는 이 소외계층에 속할 뿐만 아니라 신체가 훼손당할 만큼 무시당한 인종에 불과했다는 것은 부인할 수 없는 역사적 사실이다.

비욜도의 부조조각은 무엇보다 깊은 곳에 숨은 타자에 대한 공포를 상기시킨다. 흑인에게는 자신의 검은 다리가 백인의 몸의 일부가 되는 것이 마치 카니발리즘(cannibalism)을 연상시키는 폭력으로 다가올 것이다. 자신의 다리가 백인의 몸에 '먹히고' 결국 그의 일부가 된다. 백인 환자는 흑인의 몸을 통해 자신이 필요로 하는, 다리가 지닌 기능적인 면을 흡수하고 육신의 치유를 얻는다. 그러나 이는 검은 다리를 자신의 것으로 가져가는 백인의 쪽에서도 마찬가지이다. 자기 몸에 이식된 타자의 신체 일부는 정체성에 대한 혼란과 공포를 가중한다. 사실 이 양방향의 두려움과 공포는 「검은 다리의 기적」의 역사적 해석 속에 그대로 함의된 것으로 볼 수 있다. 스페인의 경우 이슬람의 오랜 지배와 무어인의 추방, 그리고 노예무역 등 역사의 다양한 당시의 상황들이 「검은 다리의 기적」의 예술작품들 속에서 반영된다. 프라키아에 따르면 「검은 다리의 기적」에 대한 스페인적 해석에는 서로 다른 인자들이 작동된다. 스페인인들은 '무어인들'에 의해 재차 식민지화되지나 않을까하는 불안과 공포를 지니고 있었고, 당시 절정에 이른 대서양 노예무역과 이로 인해 생겨난 여러 민족과의 필연적인 혼합을 통제하고자 하는 욕망도 도사리고 있었다. 식민지 정책에서 비롯한 아프리카 소수 민족들의 유입으로 다양한 인종과 민족의 혼성은 불가피했으며, 이로 인해 스페인 제국의 힘이 약화되는 것이 두려웠던 것이다. 노예제도의 외상(外傷)적 현상은 스페인 제국이 형성되는 동안 「검은 다리의 기적」의 도상(圖像) 속에서 에티오피아인의 정체성에 영향을 미치고 왜곡하게 된다(Fracchia ibid., 90). 「검은 다리의 기적」은 역사의 흐름 속에서 주체와 대상이 뒤바뀌며 만들어진 오랜 기억들이 스며들어 있다고 할 수 있을 것이다.

5. 나오는 말

지금까지 우리는 『황금전설』에 수록된 「검은 다리의 기적」을 중심으로 이를 매체의 관점에서 살펴보았다. 매체는 각기 고유한 언어를 지니고 있다. 매체의 특성은 곧 그 언어의 특성이며 다른 매체와 구분되는 변별적인 역할도 이 언어가 수행한다. 문자 텍스트라는 매체는 언어기호라는 특권화된 기호를 통해 사건이나 현상을 세밀하고 정제된 방식으로 묘사할 수가 있다. 그러나 그것은 독해자가 그 언어기호를 알아야 텍스트의 의미를 해독할 수 있다는 한계도 지닌다. 따라서 이미지는 문자를 모르는 사람들에게는 효과적인 소통의 도구가 될 수 있다. 『황금전설』을 통해 신의 위대함을 찬양하고자 했던 종교기관들은 이를 잘 알고 있었다. 『황금전설』에 실린 수많은 에피소드들은 회화를 비롯한 다양한 예술매체들을 통해 재해석되었고, 우리의 논의 대상인 「검은 다리의 기적」도 마찬가지였다. 중세와 르네상스 유럽의 수많은 예술가들의 손을 거쳐 탄생한 수많은 작품들은 「검은 다리의 기적」에 담겨있는 종교적 차원의 본질적인 메시지를 그 감상자들에게 잘 전달해주고 있다.

텍스트가 이미지로 변용될 때 가해지는 한계는 오히려 이야기의 본질을 효과적으로 드러내게 하는데 기여하는 듯이 보인다. 변용된 「검은 다리의 기적」의 많은 이미지들은 두 성인의 치유 이야기 중 가장 극적인 모습을 담고 있다. 이는 매체가 갖는 본질적 속성이 많은 부분 이야기의 표상방식의 차이에서 찾을 수 있다는 것을 의미한다. 앞서 다룬 『황금전설』에서 보듯이, 텍스트는 두 성인에 의한 환자의 치료가 어떤 방식으로 이루어졌는지 구체적인 흐름을 보여준다. 반면에 그림은 『황금전설』을 원천 텍스트로 하고 있지만, 문자 텍스트가 목표로 하는 핵심적인 에피소드를 시각적으로 드러내 보이고자 한다. <그림1>, <그림2> 그리고 <그림3>에서 본 것처럼, 많은 회화 작품들은 검은 다리의 모습을 가장 주요한 장면들 중의 하나로 묘사하고 있다. 따라서 그림은 무엇보다 문자 텍스트에서는 드러나지 않은 시각적인 효과, 즉 흰색의 다리와 검은 다리 간의 피부의 차이를 극명하게 관람자에게 보여준다. 이 종교적 이미지가 목표로 하는 것은 간단하다. 가장 극적인 순간을 시각적으로 보여 주는 것. 「검은 다리의 기적」은 환자의 기적적인 치유와 더불어 이 치유의 기적을 표지하는 흔적을 환자의 몸에 남겨놓는다. 환자의 다리는 본래의 피부색인 흰색과 에티오피아인의 피부색인 검은색의 대비를 통해 신의 은총과 권능을 보여준다. 그림 매체는 '눈으로 확인할 수 있는' 가장 확실한 증거를 보여줌으로써, 텍스트와 차별화된다. 증인의 존재와 역할은 텍스트에서는 상당히 중요하며, 이는 언어기호로 세세한 설명이 이루어진다. 그러나 이를 생략한 <그림3>에서처럼, 증인들의 출현은 회화적으로 잉여적이 될 수 있다. 환자의 검은 다리만으로도 두 성인의 치유의 기적은 가장 극적인 순간을 표현하기 때문이다.

그러나 「검은 다리의 기적」은 '종교적 색채'만을 지닌 것은 아니었다. 이 색채의 대비가 만들어 내는 이질적인 효과는 근본적으로 또 다른 문제를 동시에 안고 있었다. 「검은 다리의 기적」은 무엇보다 육체적인 구원을 통해서 영과 육이 하나가 됨을 보여주는 기독교적인 교리의 완성이다. 다리 한 쪽을 잃은 환자를 구원하는 일은 부족한 다리를 제공해줄 공여자가 필요한 일이다. 이식의 수혜자와 공여자 사이에서 만들어지는 희생과 수혜의 문제는 인종의 문제로 옮아갈 수 있다. 공여자의 피부색이 검기 때문이다. 흑인의 다리가 백인의 몸에 이식되어 생명을 구하는 기적이 신의 영역의 것이지만, 이 천상의 기적은 어디까지나 지상에서 일어나는 많은 문제와 연결될 수밖에 없는 것이다. <그림4>는 이러한 점을 잘 보여준다. 이 그림은 그림이 만들어진 당시의 정치, 문화, 그리고 종교 등의 시대적 인자들을 반영하고 있다. 시각적 물질성은 문자 텍스트가 이미지로 변용되었을 때 강화되고, 이것이 인종주의적 해석을 만들어 내는데 작용할 수는 있다. 하지만 무엇보다 인종주의적 해석은 사회, 문화, 그리고 정치적인 환경과 무관하지 않다. 이교도인 무어인과 유태인의 추방, 노예로서 흑인에 대한 서구의 편견 등 다양한 인자들이 많은 예술작품 속에 녹아있다. 『황금전설』의 이야기 화자는 왜 에티오피아인을 무어인으로 지칭했는지 알 수는 없다. 종교로 혹은 피부색으로 구분되는 외부에서 온 타자는 그 작품이 생성된 사회의 정신과 문화를 원천으로 기록되고 묘사된다.

「검은 다리의 기적」은 현재를 살고 있는 사람들에게 다양한 방식으로 수용될 것이다. 종교를 연구하는 학자부터 이를 숭배하는 몸이 아픈 환자까지, 그리고 종교인부터 직업 의사까지, 여전히 많은 사람들이 두 성인의 이룬 치유의 기적을 서로 다른 목적으로 찾고 있다. 그리고 본래의 종교적 목적에서 출발한 예술작품들은 제작 당시의 시대적 의미를 넘어, 인종과 피부색이 여전히 인간의 사회에서 작동되는 현실에서 지속적인 현재성을 갖고 있다.

참고문헌

김준한, 김지은. 2015. '『황금전설』' 프랑스어 번역사 연구 시론. 통번역학연구 19-3.

Barkan, Leonard. 1996. "Cosmas and Damian: of Medicine, Miracles and the Economies of the Body." *In Organ Transplantation: Meanings and Realities*, eds. Stuart J. Younger, Renée C. Fox, and Laurence J. O'Connell, 221–251. Madison: University of Wisconsin Press.

Bynum, Caroline Walker. 1990. "Material Continuity, Personal Survival, and the Resurrection of the Body: A Scholastic Discussion in Its Medieval and Modern Contexts." *History of Religions* 30/1: 51-85.

Duffin, Jacalyn. 2009. *Medical Miracles: Doctors, Saints, and Healing in the Modern World.* Oxford/New York: Oxford University Press.

Duffin, Jacalyn. 2013. *Medical Saints: Cosmas and Damian in a Postmodern World.* Oxford/New York: Oxford University Press.

Guitard, Eugène-Humbert. 1958. "L'iconographie des saints Côme et Damien: Marie-Louise David-Danel, Iconographie des saints médecins Côme et Damien." *Revue d'histoire de la pharmacie* 159: 454-456.

Hankoff, Leon. D. 1977. "Why the Healing Gods Are Twins." *The Yale Journal of Biology and Medicine* 50: 307-319.

Harris, James Rendel. 1906. *The Cult of the Heavenly Twins.* Cambridge: Cambridge University Press.

Jacquet, Judith-Danielle. 1983. "Le Miracle de la Jambe Noire." In *Les miracles, miroirs des corps,* eds. Jacques Gélis and Odile Redon, 23-52. Paris: Presses Universitaires de Vincennes.

Kees, Zimmerman. ed. 2013. *One Leg in the Grave Revisited: The Miracle of the Transplantation of the Black Leg by the Saints Cosmas and Damian.* Groningen : Barkhuis.

Lalanne, Stanislas and Michel Dubost. 2009. *Le nouveau Théo(livre1): Les saints. L'Encyclopédie catholique pour tous.* Paris: Mame.

Maggioni, Ferdinando and G. Maggioni. 2014. "A Closer Look at Depictions of Cosmas and Damian." *American Journal of Transplantation* 14: 494-495.

| 제2장 |

문학 미디어의 변화와 장르확장

마넬 로우레이로의 작품 『종말일기Z』를 중심으로

고슬기

1. 들어가는 글:
미디어, 현재 문학 작품의 전달 방식

'문학의 위기'라는 말이 더 이상 어색하지 않은 요즘, 그것에 더해 '문학의 죽음'이라는 이야기가 나오는 것도 더 이상 낯선 일이 아니다. 문학의 죽음 원인에 대해 많은 학자들은 그것이 영화, 텔레비전, 컴퓨터와 같은 새로운 매체의 등장에 기인한다고 한다. 인쇄된 매체에 의존하는 문학이 매체의 변화와 함께 거기에 적응하지 못하고 죽어가고 있다고 주장하는 것이다. 하지만 일부 학자들은 또 문학은 예전만은 못해도 다른 매체를 통해 여전히 유효하고 또 계속해서 유효할 것이라고도 한다. 이런 상반된 의견은 문학이라는 것을 어떻게 정의하느냐에 따라 좌우되는 것 같다. 고전적인 문학 개념과 좀 더 확장된 미래의 문학 개념에는 분명 차이가 있을 것이기 때문이다.

본 논문에서는 2007년에 처음 소설을 발표해 현재 6편의 단독저서 소설과 1편의 공동저서 작품을 갖고 있고, 비영어권 작가로는 예외적으로 미국에서 베스트셀러에 올라서 세계적인 베스트셀러 작가가 된 스페인 갈리시아(Galicia) 태생의 변호사 출신 작가 마넬 로우레이로(Manel Loureiro)의 데뷔과정과 작품의 성격을 살펴보고 그것을 통해 현재 우리가 당면한 미디어의 변화와 장르확장이라는 현상을 탐구해보고자 한다. 문학상이나 출판사를 통해 데뷔하는 고전적인 방법과는 다른, 블로그 글쓰기라는 또 다른 미디어를 통하는 방식을 취해 조금씩 사람들의 주목을 받고, 그 주목이 세계의 수많은 사람들의 것으로 변하고 마치 다 익은 열매가 떨어지듯 정식 소설책들을 출판하기 이르러, 현재는 전업 작가가 되어 세계적으로 많은 독자를 거느리게 된 마넬 로우레이로나는 작가와 작품의 형성과정, 그리고 일기와 흡사한 블로그의 짧은 글들이 어떻게 소설, 영화, 게임 등의 장르로 확산되었는지 등을 살펴보면서 문학의 현재 상황과 앞으로의 상황을 전망해 보고자 한다.

2. 서사문학 미디어의 변화에 따른 작가 데뷔방식의 변화

2.1. 서사문학 미디어의 변화

서사문학의 미디어는 인쇄술의 발명과 발달 이전에는 주로 음성언어였다. 음유시인들 혹은 유랑극단의 음성언어를 통해 이야기는 전달되었다. 그 당시의 감상자들은 소리와 몸짓으로 이루어진 문학을 시각과 청각을 통해 감상했다. 그때도 역시 문자가 존재하기는 했지만 문자는 특수계층의 전유물이었고 값비싼 양피지에 일일이 필사한 문서들은 지금으로 보면 터무니없이 비싸서 아무나 소유할 수 없는 귀한 물건이었다.

15세기 중반 경 구텐베르크가 금속활자와 인쇄기를 만들면서 스토리텔링 방식은 새로운 국면을 맞는다. 음성과 몸짓으로 전달되거나 또 양피지 등에 필사하는, 너무나 제한적인 방식을 통해 전달되던 서사문학은 인쇄술의 발달과 종이의 보급으로 대량으로 활자화되고 또 대량으로 배포된다. 일종의 종이 묶음인 책은 대중들에게 보다 저렴한 가격으로 널리 보급되었고 문자는 더 이상 상류층과 지식층의 전유물이 아닌 것이 되어 높았던 문맹률은 급속도로 떨어졌다. 이에 따라 지식인들을 중심으로 시민계급이 형성되었고 근대사회로 가는 계기가 된다. 아울러 문자가 기반이 된 예술장르인 문학도 역시 대중화되어 점차 대부분 사람들이 즐길 수 있게 되었다.

하지만 최근의 상황을 보면 마샬 맥루언이 '구텐베르크-은하계'로 지칭한 인쇄물의 시대는 이제 작별을 고하고 있고 인터넷의 발달로 문학은 책이라는 인쇄물이 아닌 다른 방식으로 독자들에게 전달되고 있다. 종이로 된 '책'이라는 미디어는 디지털화 되어 전자책(Electronic book, eBook)과 같은 형태로 다양화된 지 오래다. 편리성만 따지자면 전자책의 종이책에 대한 장점은 수없이 많다.[1] 특히 읽는다는 행위는 보거나 듣는 예술 감상 행위보다 더 기호화 되어있기 때문에 종이책을 읽는 것과 전자책을 읽는 것의 차이는 독자의 입장에서 보면 거의 없다. 이에 종이책에 대한 전망은 더 어둡다.

하지만 이런 우려와는 다르게 종이책은 청각예술 장르인 음악을 전달하는 매체였던 테이프, CD 등의 소멸과는 다른 길을 걷게 될 것이라는 의견도 다수 존재한다. 책은 양피지에 손으로 적었던 시대부터 재생을 위한 플레이어를 살 필요가 없어서 한 권의 책이 하드웨어(종이다발)와 소프트웨어(콘텐츠) 양쪽을 겸비하고 있기 때문이라는 것이다(신타로 2016, 119). 즉 새로운 하드웨어가 보급됨에 따라 소프트웨어가 그것을 100% 따라가지 않기 때문에 종이책은 전차책과 앞으로도 오랫동안 공존할 것이라고 주장한다. 이런 주장은 로우레이로의 의견과도 일치한

1 대부분 용량의 차이 때문에 생기는 물리적 편리성이다.

다. 『종말일기Z(Apocalipsis Z)』의 작가는 책의 미래에 대해서 역시 1700년이나 존재해 왔던 종이책은 쉽게 사라지지 않을 것이며 앞으로도 전자책과 함께 공존할 것이라고 말한 바 있다(María L. Viñas, 웹인용).

책의 미래에 대해 여러 의견들이 등장하는 가운데 책의 콘텐츠인 소설은 전망이 어두운 편이다. 즉 기술 발전으로 다양한 오락 활동이 새롭게 등장함에 따라 오락의 일종인 문학읽기는 다른 멀티미디어 방식의 오락거리에 자리를 빼앗기고 있다. 기술의 발전은 인간들을 빠름과 편리함에 길들여지게 했고 더 이상 사람들은 착수하는데 시간이 걸리는 오락 활동을 점점 기피한다. 그 결과 놀이와 오락의 동물(호모 루덴스)인 인간은 단순한 읽기에서 벗어나 시청각적인 방식, 더 나아가 가상현실을 실현하는 미디어를 통해 자신의 오락에 대한 욕구를 충족한다. 읽기의 성격 중 오락 충족의 성격[2]이 점점 약해짐에 따라 읽기의 대상물에서 순수문학은 점점 사라져가고 있고, 이대로라면 문자로 된 텍스트는 사회생활에 어쩔 수 없이 필요한 실용문, 그리고 짤막한 인터넷 기사들과 메신저의 메시지 정도만 남을 것이라는 비관적인 생각을 피할 수 없다.

그런 의미에서 매체 변화에 따른 만화의 진화는 의미하는 바가 크다. 만화는 컴퓨터의 발전과 더불어 웹툰이라는 새로운 형식으로 진화했다. 감상자의 입장에서 봤을 때 웹툰이 종이로 된 만화와 크게 다른 점은 스크롤을 내려서 감상하는 방식이

---

2 요컨대, 기분 전환(오락)은 안락의 조건 중 하나이다. 그리고 그것이 책을 구할 때 일반 독자가 추구하는 것으로 보인다(루빌루아 2014, 271).

라는 것이다. 이는 새로운 매체에 효과적으로 적응한 결과 나타나게 된 특징이다. 현재 주요 포털 사이트들의 웹툰파트는 수많은 작품들이 게시되어 있으며 성공한 웹툰 작가들은 방송에 출연 하는 등 인기를 끌고 있다. 또 주로 성공을 거둔 웹툰들은 영화나 드라마 등 다른 장르로 확장되어 계속 재생산 되고 있다. 웹툰 시장 매출은 2018년에 1조원에 이르게 될 것이라는 전망도 있다(한기호 2016, 219).

한편 종이책의 콘텐츠가 전자매체를 통해서도 생산되기 시작한 이래 작가-독자 개념도 더 이상 확고하지 않다. 일찍이 신문의 독자 논평으로 시작 된 독자의 글쓰기는 현재 그 범위가 점점 커지고 있다. 요즘은 하나의 인터넷 기사에 수많은 댓글이 달리며 심지어 때로는 그 댓글이 기사보다 더 뛰어난 문장력을 자랑하며 더 많은 진실을 담고 있기도 하다. 이렇게 오늘날의 사람들은 수많은 동영상 콘텐츠를 보고 즐기고 또 업로드하고 평가하면서 제공자와 수요자가 동시에 되고 예전과는 다른 상호소통성이 첨가된 방식으로 즐거움을 느낀다.

하지만 직접 시각과 청각으로 보고 듣는 즐거움과는 다르게 기호 해독을 통해 도달하게 되는 읽는 즐거움은 여전히 우리들에게 유효하다. 수많은 소설[3]들 중에 특히 우리들을 사로잡는 소설들이 있고 여전히 열광적인 독자들은 존재한다. 특히 인터넷의 발달은 예전과는 다른 방식으로 특정한 소설작품을 빠르게 세계적인 베스트셀러 반열에 오르게 한다. 인터넷은 이런 의

3 예전보다 소설의 전체 판매량은 줄었지만 종류는 더 많아졌다.

미로 또 다른 문학 미디어이다. 문자라는 미디어가 아직은 건재하고 문자의 해석을 통해 좀 더 고차원적인 즐거움을 느끼는 독자들이 있는 한 문학은 계속해서 명맥을 유지할 것이다. 문학의 시대가 종말을 고하고 있는 것은 피할 수 없는 사실이지만 쓰기와 읽기가 계속되는 한 문학은 새로운 미디어를 타고 새롭게 변모해 갈 것이다.

2.2. 인터넷 발달과 작가들의 상황

인터넷의 탄생과 함께 웹상에서는 많은 활동들이 생겼다가 번창하기도 하고 소멸하기도 한다. 인터넷 보급 초창기의 전자우편 위주의 인터넷 활동을 지나 웹상에서의 동호회 활동, 그리고 한 때 개인 블로그의 일종인 미니홈피와 테마별 블로그가 인터넷 활동의 대부분을 차지했었고 현재 사용자들은 게임과 멀티미디어 감상, 인터넷을 통한 강의청취, 인터넷 쇼핑 등 다양한 활동을 하고 있다. 또 인터넷은 휴대폰과 결합되어 스마트폰으로 발전해 손 안에 들어온 지 오래 되었으며 현재는 스마트폰을 통해 언제 어디서나 각종 검색, 게임, 메신저, 웹툰 감상 등 다양한 인터넷 활동을 할 수 있다. 게다가 인공지능(AI)이 발전함에 따라 스마트폰의 기능은 점점 더 확장되고 있다.

하지만 결과적으로 스마트폰을 사용한 그런 다양한 활동에 자리를 내준 책과 문학의 입지는 점점 좁아져 가고 있다. 두껍고 어려운 책은 사라진지 오래고 책이라는 존재조차도 위협받고 있다. 또 책은 너무나 흔한 물건으로 전락해서 도서관과 중고서점에 무료 혹은 저가로 넘쳐나고 있고 서점에서 수요자들이 구입하는 책들의 대부분은 문학이 아닌 여행안내서, 처세술서, 자기계발서 등 실용적인 책들이나 혹은 학습을 위한 외국어 교재, 초, 중, 고등학교 학습지나 교과서 혹은 시험을 위한 수험서들이다. 또 문학도서라고 해도 팔리는 책들은 대부분 아동, 청소년 문학이나 학교에서 권장하는 고전문학 들이다. 이에 소설은 점점 더 안 팔리고 있고 특히 국내 소설의 경우, 2008년 11월 신경숙 작가가 『엄마를 부탁해』로 밀리언셀러로 등극한 이후 더 이상 10만부 이상의 높은 판매고를 이룬 작품은 찾아보기 힘들다. 2014년 가장 많이 팔린 국내소설인 성석제의 『투명인간』은 겨우 5만부를 넘었다(한기호 2016, 218). 이런 상황이다 보니 순수문학을 지향하는 동시대 작가들은 몇몇 인기 작가들을 제외하고는 생존하기 힘든 상황을 맞고 있다.

2.3. 기존의 여러 형태의 등단 방식과 최근의 방식

작가라는 직업이 점점 그 입지를 잃어가고 있지만 그래도 글쓰기에 매료된 작가지망생들은 여전히 존재한다. 이제까지 작가가 되기 위한 방법은 문학상을 통해 데뷔하는 것이 일반적인 방식이었다. 출판사나 문학잡지 혹은 신문사에서 주관하는 문학상을 수상하면 작품이 출판되며 그것을 통해 작가로 데뷔하게 된다. 조정래, 박범신, 이문열, 한강, 신경숙, 박완서, 은희

경, 김애란, 박민규 등 대부분 현재 활동하고 있는 기존작가들이 이런 방식으로 등단했다.

또 문학계 혹은 출판계 지인을 통하는 방법도 있다. 박경리, 김진명, 김훈 등이 지인의 추천 혹은 도움으로 작품을 출판했고 인기를 얻어 작가로 데뷔했다. 직접 출판사에 작품을 보내는 방법도 있긴 하지만 알려진 사례는 별로 없다. 그리고 심지어는 자비로 출판하는 경우도 있었다. 1994년 무명작가 제임스 레드필드는 『천상의 예언』을 자비로 출판해서 작가가 직접 배포하러 다녔고 입소문을 통해 결국 10만부 판매에 도달하며 이후 세계적으로 알려져 200만부 이상의 판매고를 올린다(루빌루아 2014, 310). 그밖에 이미 다른 분야에서 유명해진 유명인이 그 유명세를 업고 출판하는 경우도 있다.[4]

하지만 최근 인터넷 블로그, 동호회의 대중화로 인해 작가의 데뷔 방법도 더 다양해졌다. 특히 재능은 있지만 작가로 진출하는 길이 여의치 않은 작가지망생들과 글쓰기를 좋아하는 일반인들은 인터넷을 통해 연재를 시작하기도 한다. 이렇게 시작한 작가지망생들 중 대부분은 시답잖은 반응을 얻고 잊히기 마련이다. 하지만 그 중에서 탁월하고 눈에 띄는 글재주를 가진 사람들은 주목받기 시작하고 입소문을 타고 독자수가 눈덩이처럼 불어나기도 한다. 소설가 김영하의 경우 PC통신 하이텔에 짤막한 꽁트들을 올렸고 독자들의 반응이 뜨거운 것을 보고 자신에게 작가적 재능이 있다는 것을 깨달았다고 한다. 또 그

---

4 주로 여행서나, 요리책 등의 실용서와 가벼운 에세이들이다.

는 자신의 글을 보고 한 출판사 사장이 글을 의뢰했고 글을 쓰기 시작했다고 한다. 또 열광적인 독자층을 가진 작품들은 인터넷을 통해 알려진 경우가 많은데 이는 순전히 독자들의 숫자만으로 대중성을 획득했기 때문일 것이다. 2001년 인터넷 사이트 소설 연재란에 『그 놈은 멋있었다』를 연재하여 인기를 얻기 시작하여 많은 후속작들이 영화화 되는 등 인기몰이를 한 귀여니(본명 이윤세)가 가장 알려진 경우이고 『구르미 그린 달빛』도 인터넷을 통해 공개 되어 인기를 끌고 드라마로까지 제작되었다. 또 『해를 품은 달』의 원작자 정은궐도 원래 인터넷 연재 사이트로 활동을 시작한 작가이다.

하지만 이런 식으로 작품이 만들어지고 작가로 데뷔하는 방법에도 문제가 있는 것은 사실이다. 기본적인 문학적 수준에 도달하지 못한 필자들이 인기에만 영합해 문장을 써 내고 문학성이 떨어진 작품들이 질서 없이 우후죽순 생겨남에 따라 독자의 입장에서는 좋은 작품을 골라내기 힘들며 또 뛰어난 작품들이 오히려 독자에게 다가갈 수 있는 기회를 잃을 수 있다는 것이다. 이는 인터넷의 일반적인 문제점[5]과도 일치한다.

그럼에도 불구하고 모든 개인들이 인터넷이라는 동일한 조건의 도구를 사용해서 독자들의 지지를 얻고 대중성을 획득하는 방식은 경쟁사회의 기본적인 구조이기도 하고 이론상 동등한 기회를 갖는다는 점에 있어서 부정적으로 볼 수만은 없는 것이 사실이다.

5 인터넷에는 많은 자료들이 있지만 좋은 자료들과 안 좋은 자료들이 무질서하게 배치되어 있어서 막상 자신이 원하는 자료들을 찾기 힘들다.

최근 문학에 관심을 가지고 있다면 들어 본 적이 있을만한 작가들 중 인터넷 사이트나 블로그를 통해 데뷔한 작가들이 꽤 있다. 스웨덴의 세계적인 베스트셀러 작가인 프레드릭 배크만의 경우, 개인 블로그에 올린 글이 인기를 얻게 되자 독특한 캐릭터의 인물이 두드러진 『오베라는 남자』를 출판하고 베스트셀러가 되었다. 또 이 작품은 영화로도 제작되었다. 작가는 현재 후속 작품들이 대성공을 거둔 가운데 활발하게 활동하고 있다.

3. 마넬 로우레이로와 그의 작품

3.1. 작가와 작품

마넬 로우레이로는 1975년 스페인 서북부에 위치한 갈리시아(Galica) 지방의 작은 도시 폰테베드라(Pontevedra)에서 태어났다. 그리고 역시 갈리시아에 있는 산티아고 데 콤포스텔라(Santiago de Compostela) 대학교에서 법학을 전공했다. 대학 시절에 지방 TV 사회자와 여러 프로그램의 시나리오 작가 일을 했었고 그런 일들을 하면서 자신이 타이핑을 좋아한다는 사실을 발견했다고 한다. 졸업 후 무난히 변호사가 되어 폰테베드라에서 아내와 함께 안정적인 삶을 꾸려나가고 있었다. 그는 작가가 되기 전의 상황을 회상하며 다음과 같이 말한다.

> 나는 그 당시(글을 쓰기 시작하기 전)에 지방변호사였다. 완벽한 부르주아의 삶으로 가는 길에 접어들었었다. 고급 차를 몰면서 향후 50년간의 편안하고 윤택한 삶을 살 수 있는 완벽한 길이었다. 하지만 모든 그것들은 공중으로 날아갔고 나는 지금의 이 삶을 살기 시작했다(Marcos del Río, 웹인용).

마넬 로우레이로는 2005년의 마지막 날 첫 번째 글을 자신의 블로그에 올린다. 이 작은 씨앗이 훗날 대형 베스트셀러 소설이 되고 또 영화나 게임으로 장르 확장 될 것이라고는 작가 자신도 전혀 알 수 없었다고 한다.

인터넷에서 주목을 받은 『종말일기Z』는 2007년 스페인에서 책으로 출판된다. 좀비 3부작 중 두 번째 작품인 『종말일기Z: 암흑의 날(Los días oscuros)』은 2010년에 출판되었고 세 번째 책 『종말일기Z: 정의의 분노(La ira de los justos)』는 1년 후인 2011년에 발간되었다. 로우레이로의 좀비 소재 3부작은 유럽, 미국, 남미 등지에서 베스트셀러에 올랐다. 이후 20여개의 언어로 번역되어 50여개의 국가에서 출간되었다. 우리나라에는 현재 1, 2편이 번역되었고 1편은 출판된 지 1년 만에 4쇄 인쇄에 도달한 바 있다.

데뷔 3부작의 큰 성공으로 전업 작가가 된 그는 2013년에는 좀비물도 아니고 배경도 현대나 미래가 아닌 20세기 초를 배경으로 한 대서양을 횡단하는 여객선 안에서 벌어진 미스터리한 사건을 그린 『마지막 승객(El último pasajero)』를 발간한다. 이어서 2년마다 한 편씩 작품을 냈는데 2015년에는 『섬광(El fulgor)』, 또 2017년에는 『이십(Veinte)』이라는 작품을 발표했다. 특히 좀비 3부작 이후의 첫 번째 작품이었던 『마지막 승객』은 2013년 당시 미국에서 예약판매 1위에 올랐다. 로우레이로는 현재에도 역시 자신이 태어난 폰테베드라에 거주하며 집필활동을 계속하고 있다.

3.2. 『종말일기Z』의 장르적 특징

로우레이로의 첫 번째 소설인 『종말일기Z』는 어떻게 블로그의 짧은 일상 글이 웬만한 베스트셀러 장르문학 작품에 손색이 없을 정도의 장편 대중 소설로 발전되었는가를 잘 보여준다. 또 일기라는 장르적 특성을 잘 살려서 사실성에 기여했고 또 책의 묘사가 중반 이후로 갈수록 상세해지고 스토리도 복잡해진다.

그가 유명해 진 후 행해진 인터뷰에서 왜 처음에 글을 쓰기 시작했냐는 질문에 그는 "변호사라는 직업 상 따분하고 화를 돋우는 법률 문서에 둘러싸여 있어서 상상력으로 이끄는 글쓰기가 필요했다고 말한다. 즉 따분한 일상 속에서 머리를 식히기 위해 글을 쓰기 시작했다"는 것이다. 또 항상 자신이 존경하는 위대한 스릴러 작가들의 뒤를 따라 공포추리물 소설을 쓰고 싶었다고 덧붙인다. 또 다른 매체가 아닌 블로그를 통해 글을 올린 이유를 다음과 같이 덧붙인다.

> 블로그에 글을 걸어 놓는다는 것도 마지막에 우연히 떠오른 생각이었고 그것은 하나의 도전이었다. 나는 글을 써서 서랍에 보관하는 대신 "혹시 알아? 누군가가 그것을 읽고 좋은 의견을 줄 수도 있잖아?"라고 내 자신에게 말했다. 즉각적으로 눈덩어리는 커지기 시작했다. [...] 그것을 인터넷이 걸어놓은 것이 내 삶에서 가장 훌륭한 생각 중의 하나였다는 사실은 언급할 가치조차 없다(Athman, 웹인용).

그의 막연한 바램처럼 블로그에 올린 글은 갑자기 50명의 독자가 생겼고 6개월이 지나자 거의 50만 명으로 늘었다. 그리고 그의 운명을 바꾸게 된다.

그러면 여러 장르 중에서도 왜 공포물을 택했고 또 왜 특별히 좀비를 소재로 했냐는 이어지는 질문에 작가는 "좀비를 소재로 한 것은 우연 혹은 운명이었다."고 한다. 『종말일기Z』를 블로그에 올리기 하루 전 마침 케이블TV에서 청소년기에 강하고 신선한 충격을 주었던 좀비영화의 고전 <새벽의 저주(Amanecer de los muertos)>[6]를 방영했는데 그것은 그가 글을 쓰기 시작하는데 기폭제로 작용했고 특히 좀비물 집필 착수에 큰 동기를 부여했다고 한다.

그렇게 동유럽에서 시작된 좀비바이러스가 유럽에서도 가장 끄트머리에 있는 자신의 도시에 도달하는 설정의 소설이 시작되었다. 그는 유일한 비현실인 '좀비가 창궐한 세상'을 최대한 현실에 가깝게 사실적으로 쓰려고 노력했고 그것은 그에게 새로운 도전이었다. 배경 또한 자신이 태어나고 계속 거주하고 있어서 손바닥처럼 가장 잘 아는 갈리시아 지방의 폰테베드라 주변으로 설정해서 최대한 사실적으로 보이게 하였다.

그가 시작한 글의 장르가 일기라는 것도 사실성에 일조했는데 그는 마치 매일매일 일기를 쓰는 것처럼 꾸준히 일인칭시점으로 글을 써 나갔다. 작품 내내 주인공 화자의 이름이 안 나와서 독자들은 주인공의 이름조차 알 수 없는데 이도 역시 일기

---

6 좀비 영화의 선구자라고 할 수 있는 조지 A. 로메로 감독의 1978년 작 영화와 그것을 2004년 리메이크한 잭 스나이더 감독의 같은 이름을 가진 영화가 있다. 마넬 로우레이로는 리메이크 작품을 보았을 가능성이 크다.

라는 특성상 그렇다. 자신의 일기에 자신의 이름을 쓸 이유는 없기 때문이다. 또 어느 순간부터 주인공은 텅 빈 주택가에 혼자 남기 때문에 사회적 상황에서 정체성을 부여하는 고유명사인 이름은 그리 중요한 것이 아닌 것으로 보인다. 또 일기문은 사건이 일어난 후에 기술하는 특징이 있기 때문에 며칠 전의 상황을 기록하기도 하고 때로는 사건의 여파로 그 날 바로 기록하지 못하고 다음 날로 미루는 경우도 생긴다. 2월 7일 오후 1시경에 쓴 집밖으로 나가서 탈출을 시도하겠다는 내용의 일기가 끝난 후 같은 날 오후 9시 경에 쓴 간단한 메모는 이런 일기문의 특성을 보여준다.

> 2월 7일 오후 9시 1분
>
> 나는 살아있다. 지치고 두려움에 떨고 몹시 놀랐지만 그래도 살아있다. 루쿨루스도 어쩌면 나보다 더 잘 지내고 있다. 우리는 매우 안전한 은신처에 머물고 있다. 오는 길에 몇 가지 물건을 잃어버리긴 했지만, 여전히 전투준비 완료다. 신이시여, 저 밖에는 수천의 그것들이 있습니다. 지금 당장 그 모든 일에 대해 기록해야 하지만 나는 너무도 지쳤다. 충분히 휴식을 취한 뒤 며칠 뒤에 써야겠다.
>
> 오늘 내 생애 처음으로 총을 쏘았다. 하지만 결코 마지막 사격이 되지는 않을 것이다(마넬 로우레이로 2013, 127).

이렇게 글쓰기를 나중으로 미루는 효과는 사실성을 보여준다는 점도 있고 또 독자들에게 아직 기술하지 않은 그 사건에 대해 궁금증을 유발시키기도 한다. 중요한 사건의 전술 전에 문장을 끊어서 독자들을 궁금하게 하는 전략은 연재소설의 경우와 유사한데 위의 인용문에서는 그것을 한 번 더 미룸으로서 더더욱 궁금증을 유발한다. 그리고 일기를 쓰는 중간에 다른 사건이 벌어져 글이 중단되기도 한다. 그리고 다음 일기에 왜 쓰기가 중단되었는지를 설명하고 이어쓰기도 한다.

> 어제 루쿨루스를 무릎에 앉힌 채 일기를 쓰고 있을 때 우리의 기묘한 은둔처 일층에서 무슨 소리가 났다. 간장이 오그라드는 것 같았지만 총을 들고 아래층으로 내려갔다. 샅샅이 집 안을 살펴보았지만 아무것도 찾지 못했다. 잘못 들은 모양이다. 스트레스를 받은 데다 몸이 지쳐 그런 것 같다. 환각을 일으켰거나 아니면 더 나쁘긴 하지만 전쟁 신경증일지도 모른다.
>
> 다시 하던 얘기로 돌아가자(같은 책, 132),

작가는 1인칭 화자를 통해 12월 30일 금요일 오전 8시 40분에 첫 번째 글을 올렸는데 평범하고 일상적인 글로 보인다. 아마 실제로 작가가 그날 아침에 한 행동들을 그냥 사실적으로 쓴 것일 수도 있다.

> 비릿한 비 냄새에 잠이 깼다. 커튼을 걷어보니 장대비가 쏟아지고 있다. 커피를 마시고 정신을 차려야겠다. 빗발은 여전하다. 아무래도 오늘은 일진이 사나울 것 같다. 뉴스를 들으며 샤워를 했다(같은 책, 11).

그리고 그날 쓴 블로그의 마지막 부분에 거대한 재앙의 징조를 무심히 던져 놓는다. 즉 허구를 일상 상황에 끼워 넣으면서 『종말일기Z』의 1편 부제인 '종말의 시작(El principio del fin)'을 알리는 듯하다.

> 뉴스캐스터는 카프카스 산맥에 있는 구소련의, 이름이 '땅(-stan)'으로 끝나는 지역에서 일어난 폭발 사고 소식을 전하고 있었다. 러시아 군대가 주둔하고 있던 한 지지를 공격한 반군들에 대한 뉴스도 나왔다. 너무 끔찍해서 라디오를 탁 내려쳤다. 잘못하면 출근 시간에 늦을 것 같다(같은 책, 13).

두 번째 블로그는 4일 후인 1월 3일에 올린다. 작가는 '벌써 여러 날째 이 블로그에 새 글을 올리지 못했다'는 말로 시작하며 연말이 낀 그간의 있었던 일들을 이야기하다가 카프카스 산맥 근처의 다게스탄이라는 구소련 땅에서 벌어지는 분쟁에 대한 이야기로 옮겨간다. 그런 식으로 스페인, 특히 갈리시아와는 상당히 멀리 떨어진 소아시아 근처의 사건이 주인공의 주변으로 다가오기 시작하는 것이다.

> 이 재난은 점점 가속도가 붙는 것 같다. 마치 눈사태처럼 말이다. 처음엔 자그마한 조약돌에 불과했지만 곧 호박돌만 해지더니 아무도 모르는 사이에 거대한 산사태가 되어 우리를 향해 쏜살같이 밀려오고 있다. 제기랄(같은 책, 77).

첫 블로그 글은 2페이지 정도로 짧았지만 글이 계속됨에 따라 블로그 분량은 점점 길어진다. 특히 같은 날 두 개의 글을 올리기도 한다. 블로그를 시작한 지 한 달이 지난 시점에 인터넷이 끊어지며 인터넷과 함께 블로그는 영원히 소멸되지만 주인공은 노트를 사용하며 일기쓰기를 멈추지 않는다. 아무도 읽지 않을 수도 있는 글을 남긴다는 것은 다음 인용문의 내용처럼 인간의 본능이라는 것을 말하고 싶어 하는 것 같기도 하다.

> 전국적인 정전으로 인해 인터넷은 더 이상 존재하지 않는다. 결딴이 난 것이다. 이젠 끝장이다. 내 블로그도 죽었다. 모든 인터넷이 죽은 것이다. 나한테 남은 거라곤 하얀 익스플로러 화면뿐이다. 서버들은 며칠 전에 폐쇄되었다. 내 블로그가 이만큼이니 오래 지속된 것은 기적에 가까웠다. 모든 면에서 우리가 얼마나 전기에 의존하고 살았는지를 생각하면 놀라움을 금할 수 없다. 우리는 19세기의 모든 결함과 함께 그 시대로 되돌아왔다. [...] 나는 이 일기를 계속 쓸 것이다. 내가 보고 느낀 것을 기록해 놓아야 한다. 이 하얀 여백에 내 생각을 정리해 놓아야 한다. 그렇지 않으면 한두 달 안에 미쳐 버릴 테니까. 이 일기는 나를 증명하는 것이다. 이것은 내가 경험한 것을 털어놓을 수 있는 유일한 공간이다. 내게 무슨 일이 일어난다 하더라도 내가 이 끔찍한 시간을 어떻게 살았는지를 알려주는 기록만은 남을 테니까. 그리고 어떤 식으로든 위안이 될 테니까(같은 책, 101-102).

또 계속 발전만 하는 문명사회를 19세기로 돌려놓았다고 말한다. 그리고 자신의 글쓰기 방식도 컴퓨터에 타이핑하는 방식에서 노트에 필사하는 방식으로 역행한다.

자신의 집 안에서 고양이와 하루하루를 버티던 주인공은 역시 혼자 남은 옆 집 남자와 소통한다. 이웃 남자는 자신의 차를 이용해 탈출하여 안전한 곳으로 가려는 계획을 말하지만 며칠 후 좀비의 습격으로 그들 중 하나가 되고 만다. 주인공은 집 안에 갇혀 서서히 죽어 갈 수도 있다는 두려움으로 이웃집 남자에게 얼핏 들었던 계획에 따라 폰테베드라의 강 하구에 있는 탐보(Tambo) 섬으로 피신할 계획을 세우고 기회가 오자 그 계획을 실행한다. 좀비들의 시선을 다른 곳으로 돌리고 그는 고양이 캐리어와 본인이 죽인 좀비가 된 군인의 무기 등을 챙긴 짐을 가지고 강 하구에 도착한다. 그리고 잠수복을 입고 물에 뛰어들어 요트 정박장으로 가는데 요트는 하나도 남아있지 않다. 그는 수많은 사람들이 좀비의 공격을 받고 전부 요트를 타고 바다로 도망가려 한 상황을 생각해 보았고 일시에 너무 많이 몰려서 결국 몰살당한 상황을 상상하며 끔찍해 한다. 하지만 미처 닻을 거두지 못한 빈 요트를 발견해 승선하고 닻을 풀어 탐보 섬으로 간다. 하지만 탐보 섬에서도 좀비들의 실루엣을 멀리서 목격하고 안전한 하늘(일종의 집단 피신처)를 향해 30km 정도 떨어진 비고(Vigo)항으로 향한다. 중간에 물자 조달을 위해 작은 어촌마을인 부에우(Bueu)에 정박하게 되고 겨울폭풍이 거센 가운데 배에서 내려 작은 상점으로 잠입한다. 그리고 거기서 침대에서 머리가 날아간 여성의 시체를 목격하고 의자에 묶여있는 세 살 가량의 남자아이 좀비와 그리고 그 집의 아버지로 보이는 아래층의 남성 좀비를 사살한다.

이 작품의 중간쯤에 자리 잡고 있는 2월 16일에 쓰인 이 일기로 작가는 본격적으로 좀비 소설에 진입한 것으로 보인다. 주인공이 한 평범한 가정의 비극을 목격한 이 부분은 마치 눈에 보이는 듯 영화와 같은 생생한 묘사가 압권이다. 차마 좀비가 된 세 살 난 아이를 자신이 죽이지 못하고 자살한 어머니와 아이의 고통을 덜어주기 위해 숨통을 끊고 괴로워하는 주인공의 모습은 사뭇 감동적이기도 하다. 또 13페이지에 달해 많이 길어진 일기의 분량은 그의 블로그가 이미 많은 독자를 확보했고 로우레이로의 글도 탄력이 붙어 본격적인 궤도에 올랐음을 추측할 수 있다.

이 책은 4개의 큰 장으로 나뉘어져 있는데 1장의 '블로그'와 2장의 '일기'에 이어 3장의 '비고' 그리고 4장의 '지옥편'으로 나뉘어 있다. 3장의 '비고'라는 장으로 넘어가자 서술방식은 일기형식에서 더 다양화 된다. 3장에서는 주인공은 운전축 고장으로 비고 항 근처에서 정박 중인 자렌 키비슈호를 발견하고 기쁜 마음에 배를 옆에 대고 그 위로 올라간다. 하지만 거기에서 그가 만나게 된 것은 총을 겨누고 있는 다양한 국적의 선원들이었다. 우크라이나인인 선장은 그의 그간 행적을 들어보고 일단 그를 환영하며 그간 비고항에 있었던 일을 들려준다. 즉 선장의 이야기가 소설에 개입되며 서술방식은 더욱 더 다양해지고 또 다양한 등장인물들이 추가되어 스토리는 더 복잡해지기 시작하는 것이다. 또 그간의 좀비문학에서 잘 볼 수 없었던, 마치 프리퀄(prequel)[7]의 역할과 비슷한, 벌어진 상황 이전의 이야기가 선장이라는 새로운 인물의 입을 통해 기술된다.

로우레이로는 새로운 스토리 전개와 서술 방식과 더불어 좀비 청정지대인 카나리아 제도를 언급하면서 이 소설이 계속 되리라는 것을 또 암시한다. 이후 카나리아 제도는 『종말일기Z』 3부작 중 2편 『암흑의 날』의 배경이 된다.

그러나 생존자들을 만났다는 즐거움은 얼마 못 간다. 자렌키비슈호의 선장인 우샤코프는 주인공에게 비고를 잘 아냐고 묻고 그가 그 도시를 잘 안다고 하자 고양이를 인질로 붙잡아 비고의 우체국에 보관중인 소포를 찾아오라고 위협한다. 언데드들이 들끓는 도시를 뚫고 도시 반대편의 우체국까지 갔다와야하는 상황에 직면한 주인공은 어쩔 수 없이 스페인어가 가능한 우크라이나인인 프리첸코와 일등항해사, 그리고 네 명의 파키스탄 선원과 함께 위험천만한 임무수행을 시작한다.

그는 그 다음날 밤 11시에 쓴 일기에서 24시간 동안 일어난 일을 다음과 같이 현재의 상황을 알리며 시작한다.

> 나는 아직 살아 있다. 온통 부딪쳐서 멍이 든 채로, 내 잠수복은 넝마조각이 되었다. 하지만 나는 살아 있다. 충격에서 벗어나려고 아직도 안간힘을 쓰고 있다. 참으로 긴 하루였다. 지금 내가 원하는 것은 단 몇 시간만이라도 푹 쉬는 것뿐이다. [...] 지금 우리는 약탈당한 조그만 식료

7 한 영화작품이 성공을 거둘 경우 시간적으로 그 영화 이전의 이야기가 후속 영화로 나오는 경우가 있다. 그런 작품을 프리퀄이라고 한다. 하지만 이 개념은 영화 이외에도 스토리가 있는 서사작품에서도 널리 쓰인다. 일기의 경우 그 날의 일을 쓴 이후에 그 일보다 이전의 일을 서술하면 프리퀄이 된다.

품점에 숨어 있다(같은 책, 212-213).

비고항에 상륙해서 현금수송차를 발견하고 연료와 배터리를 가까스로 구한 후 그곳을 함께 빠져나가는 상황은 여러 날에 걸쳐 서술된다. 작가는 모든 상황을 세밀하게 묘사한다. 특히 대부분 영화에서는 자동차가 모든 장애물을 밀어내고 부수며 앞으로 나아갈 수 있을 정도로 막강한 힘을 가진 물건으로 그려지지만 작가는 섣불리 그런 방식으로 사건을 해결하지 않는다.

차에 치인 사람들에 대한 법의학 보고서를 읽은 게 생각났다. 대부분의 경우 희생자는 사망하지만 그를 친 차의 차대와 완충 장치, 타이어, 차의 조종 장치도 심각한 손상을 입는다. 현실은 영화와는 전혀 다른 것이다. 자동차는 파괴되지 않는 것이 아니다. 뒤집히거나 충돌했을 때는 두말할 것도 없고 쉽게 고장 나고 심각한 손상을 입는다(같은 책, 236).

영웅적인 모습으로 차의 속도를 올려 모든 언데드들을 깔아뭉개며 탈출하는 대신 주인공은 힘겹게 낮은 속도로 언데드들의 무리를 헤쳐 나간다. 오히려 느리게 지나가면서 보이는 좀비들의 끔찍한 모습 묘사에 더 치중하는 것처럼 보인다.

검은 얼룩이 있는 찢어진 셔츠를 입고 머리에 깊은 상처를 입은, 피가 말라붙은 지저분한 금발 머리의 여덟 살 정도의 소녀가 10여분 동안 계속 창문에 달라붙어 있었다. 소녀는 한 손으로는 백미러를 잡고 다른 손으로는 창문을 두드리며 지긋지긋하게 울부짖었다. 너무 가까워서 소녀의 지저분한 입과 검고 끊어진 핏줄이 벌집처럼 불거진 창백한 피부가 선명하게 보였다(같은 책, 237).

좀비들의 무리에서 어느 정도 벗어나서 고가도로를 지나다가 장애물이 있어서 무리하게 돌진한다. 하지만 전형적인 영웅주의 영화와는 다르게 차량은 장애물을 뚫지 못하고 망가져서 고가도로 20미터 아래의 길로 떨어진다. 1명의 사상자와 2명의 중상자가 생겨서 힘겹게 주변에 보이는 약탈당한 식료품 가게로 피신한다.

가게에 들어간 주인공은 감성적인 측면을 보인다. 주인공의 인간적인 면도 사실성 획득에 기여했고 그런 점 때문에 많은 독자들의 공감을 이끌어 내었던 것 같다. 주인공은 식료품 가게에 어질러 있던 별모양 파스타 스프를 목격하고 공격당하기 전의 세상에 대한 아련한 생각에 눈물을 펑펑 쏟는다.

국수 스프 다발이 찢어져서 마구 뒤섞여 있고, 바닥에는 작은 별들로 온통 뒤덮여 있었다. 이유는 모르겠지만 그 광경은 내가 본 다른 어떤 잔혹한 장면보다 더 심하게 감전당한 것처럼 나를 뒤흔들었다.

너무 지쳐서 무너져 내리듯 벽에 기대 바닥을 뒤덮은 그 모든 파스타를 바라보았다. 비가 오는 날이면 엄마와 함께 국수를 끓이던 생각이 났다. 그 생각을 하니 너무 생생하고 고통스러웠다. 그 고통을 미뤄둬 왔는데, 이제는 도도한 강물처럼 내게 덮쳐 왔다. 소리를 죽이며 통곡했다.

굵은 눈물방울이 얼굴을 타고 흘러내렸다(같은 책, 246).

부상당한 파키스탄인이 고통 속에 죽어가고 얼마 안 있어 좀비로 변한다. 술에 취해 자고 있던 일등 항해사가 그 상황을 인지하고 총으로 자신의 부하였던 그것의 머리를 박살낸다. 그 소리에 자극받아 철문을 부수고 들어 온 좀비들에게 항해사와 살아남은 두 명의 파키스탄 선원들이 총격을 가하는 사이 무기가 없는 주인공과 프리첸코는 좁은 창고로 숨어 들어간다. 결국 원정대의 나머지 사람들이 전부 몰살당한 가운데 24시간 넘게 두 명의 생존자가 창고에 머물며 바깥을 살피던 차에 멀리서 경적 소리가 들리고 좀비들은 그 소리에 이끌려 밖으로 빠져나간다.

작가는 파키스탄 선원이 괴로워하며 죽어가는 장면과 좀비로 변해가는 장면, 그리고 맞닥뜨린 좀비들을 없애는 방법 등의 묘사도 상당히 사실적으로 수행한다. 인간이었을 때 아름다웠을 것 같은 좀비소녀를 처리하는 장면은 끔찍한 고어영화를 떠올리게 한다.

그가 소녀의 근육과 힘줄을 베어버리자 검은 피가 소녀의 목에서 뿜어져 나왔다. 기관을 자를 때는 연골을 찢을 때처럼 긁히는 듯한 소리가 났다. [...] 프리첸코의 식칼이 목뼈를 단숨에 잘라 버렸다. [...] 이제는 내 차례다. 다시 돌아가 식칼을 꺼내 그것의 목에서 남아 있는 것들을 난도질 해버렸다. 뒤로 기울어진 그것의 쇄골을 식칼로 내려쳤다. 이제 그것은 머리는 한 가닥 심줄에 매달려 있고 팔 반쪽이 잘라진 채 길 한

복판에서 미친 듯이 뛰고 있었다(같은 책, 279-280).

드디어 소포가 있는 VNT의 본사에 들어가는데 성공한 두 사람은 천정에 밧줄로 목 매달린 시신을 목격하고 경악한다. 그리고 주인공은 그렇게 된 상황을 상상한다.

> 그 가엾은 사내는 처음부터 거기에 숨어 있었다. 그러다 처음으로 언데드가 비틀거리며 거리를 지나가는 모습을 보았을 것이다. 그는 다른 사람들과 다름없이 행동했다. 도움의 손길이 도착할 때까지 거기서 숨어 지내는 것이었다. [...] 그것이 그 가엾은 악마의 혼자만의 지옥이 시작된 날이었다. 텅 빈 스낵 자판기와 깨진 유리가 그의 유일한 음식 조달처가 곧 끝장이 날 거라는 증거였다. 더러운 세탁물과 손때 묻은 잡지들이 바닥에 쌓여 있었다. [...] 가엾은 자식. 얼마 후 그는 배고픔과 목마름, 외로움과 광기를 더 이상 참을 수 없었으리라(같은 책, 285).

그곳 창고에서 머무는 동안 주인공은 프리첸코가 헬리콥터 조종사이고 산불이 잦은 갈리시아 주정부에서 특별 고용해 산불을 진압하는 일을 하고 있었다는 것을 알아낸다. 그리고 작은 부품 고장으로 그의 헬리콥터가 근처 산림 캠프에 서 있다는 말을 듣는다. 우크라이나에 주문해서 대재앙의 시작 전에 도착한 그 부품은 잘못해서 선장한테 전달되었고 그 부품만 있으면 헬리콥터를 움직일 수 있기 때문에 둘은 선장이 원하는 소포와 그들이 원하는 부품을 차질없이 바꿀 계획을 세운다.

이렇게 다음 이야기 전개를 암시하며 1권의 세 번째 파트인

'비고'가 끝난다.

> 모든 일이 순조롭게 풀렸으면 좋겠다. 다음번에 일기를 쓸 때는 루쿨루스와 함께 있을 것이다. 가야할 시간이다. 출발이다(같은 책, 293).

1권의 네 번째 파트인 '지옥편'의 주요 내용은 주인공과 프리첸코의 모험이다. 모험이 본격적으로 시작되기 전에 주인공은 반동인물 자렌 키비슈호의 선장 우샤코프와 거래하기 위해 배로 올라간다. 그가 선장이 원하는 하얀 여행가방을 건네자 선장은 기다렸다는 듯이 그를 죽이라고 선원들에게 명령한다. 하지만 주인공은 진짜 가방은 해안에서 프리첸코가 갖고 있다고 하며 고양이와 프리첸코의 소포, 그리고 무기와 식량을 달라고 한다. 한 번의 위기가 있었지만 주인공과 프리첸코, 그리고 고양이 루쿨루스는 위험에서 벗어나서 우샤코프의 소포를 포함한 꽤 많은 짐을 싣고 헬리콥터가 있는 곳으로 향한다.

고속도로에 들어서자 낯익은 도로는 지옥이 되어있다. 작가는 당연하고 낯익은 모습을 일그러뜨려 종말을 맞은 세계의 모습을 묘사한다.

> [...] 또 다른 중요한 사고현장을 목격했다 .대략 사오십 대의 자동차와 버스, 백, 트럭들이 산더미처럼 쌓여 있었다. 아마도 그것들로부터 도망치거나 그냥 그것들을 피하려다 연쇄 충돌을 일으킨 것 같다. 그 충격이 얼마나 강했는지 한 작은 스마트 자동차가 트럭 밑에 깔려 아코디언처럼 접혀 있었다.

[...] 새카맣게 탄 두개골 두 개가 삐죽 솟아 있었다. 불에 그슬린 대여섯 구가 넘는 시체에서 떨어져 나온 조각들이 여기저기에 버려져 있었다. 지옥을 방불케 하는 충격적인 광경이었다(같은 책, 320).

엔진이 망가져서 한 고급 자동차 대리점으로 피신한 그들은 피해를 입지 않은 내부를 확인하고 기뻐한다. 그리고 물탱크로 작용하기 때문에 아직도 작동하는 샤워시설에, 남아있는 가스통을 연결해 오랜만에 더운 물로 샤워를 한다. 그들은 자동차 대리점에 있는 가장 튼튼한 차를 고르고 출발 준비를 한다. 하지만 프리첸코가 우샤코프의 소포를 억지로 열다가 도난방지 시스템이 작동하는 바람에 폭발하여 부상을 당하는 사건이 벌어지면서 소설은 또 다시 긴장상태로 들어간다.

폭발음으로 좀비들이 몰려들고 주인공은 간신히 부상당한 프리첸코와 짐을 싣고 밖으로 나간다. 그리고 차에 장착되어 있는 GPS가 작동하는 것에 놀란다. 인공위성은 대재앙의 영향력에서 벗어나 있었던 것이다.

[...] 사회는 붕괴되어 언데드가 접수했지만 인공위성들은 우주의 절대 고독 속에 잠겨 수천 킬로미터 아래에서 날뛰는 혼돈에는 아랑곳없이 여전히 그들의 조용하고 침착한 행보를 계속하고 있다. 인공위성들은 지금도 작동하고 있고, 지상의 통제가 사라지거나 모종의 사건으로 영원히 쓸모없는 것이 될 때까지 앞으로도 오랫동안 자신의 일을 계속할 것이다(같은 책, 333).

주인공은 의약품을 구하기 위해 일단 병원으로 가기로 결정하는데 GPS가 가장 가까운 병원이 메익소에이로(Meixoeiro)라는 사실을 알려준다. 밤중에 병원에 도착한 그들은 병원 안까지 들어오는 데 성공했으나 병원 안에는 한때 환자였던 좀비들이 몰려있고 밖에서도 계속 그것들이 몰려든다. 게다가 주인공도 미끄러운 병원 바닥에서 넘어지면서 갈비뼈가 부러지는 부상을 당한다. 부상당한 프리첸코의 휠체어를 밀며 탈출을 위해 복도 저편으로 나아가다가 소아과를 발견한다. 병원 내 소아과 병동의 모습은 평범하고 다정한 분위기의 장소가 어떻게 그로테스크한 공간으로 변했는지 보여준다.

> 머리 위에 걸린 커다란 흰색 표지판에는 '소아과'라는 글자가 파란색 글씨로 크게 씌어 있었다. 초원에서 풀을 뜯는 소떼, 어릿광대, 데이지꽃 등 어린이들이 그린 그림들이 벽에 걸려 있어 보육 학교에 온 기분이었다. 어린 환자들이 더 편안해하도록 만든 것이리라. 하지만 그림에 점점이 직힌 핏자국 때문에 망쳐 버렸다. 방 한복판에서 거대한 고기 가는 기계를 돌린 듯한 광경이었다. [...] 우리 바로 앞에 환하게 미소 짓는 커다란 어릿광대 그림이 걸려 있다. 그는 말라붙은 핏덩어리가 뺨에 붙은 줄도 모르고 우리를 물끄러미 바라보았다. 그는 장갑을 낀 손으로 커다란 오색 풍선을 잡고 있었다. 노란 멜빵바지에는 핏방울이 떨어져 있고 이빨에는 말라붙은 뇌 조각이 끼어 있었다. 그 모습은 정말 악마 같았다. [...] 입에 희생자의 조각들을 물고 있는 모습을 보니 영락없는 미친 포식자였다(같은 책, 363).

그들은 비교적 안전한 병원 로비에 도착했지만 거기서는 물리적인 고통과는 차원이 다른 심적인 비통함을 느낀다. 실종자를 찾는 수백 개의 사진과 메모를 발견했던 것이다. 그들은 최대한 빨리 병원에서 나가려는 마음에 탈출구를 찾기 위해 바람이 들어오는 방향으로 이동한다.

고양이가 없어진 것을 깨달은 주인공은 프리첸코를 휠체어에 놔둔 채 고양이 소리에 이끌려 물이 차 있는 지하로 내려간다. 그리고 새로운 국면을 맞이하게 될 생존자들을 만나게 된다. 루시아라는 소녀와 50대인 세실리아 수녀는 구출될 수도 있다는 희망을 가진 채 완벽하게 격리된 공간에서 생존하고 있었다. 병원의 비상용 발전기가 작동하고 냉동고에는 2년 동안 먹을 수 있는 양의 식품이 있다. 자체적인 상수도 시설도 있으니 물도 정상적으로 공급된다.

심각한 부상을 입은 주인공과 프리첸코는 두 여성 생존자의 보살핌으로 그곳에 머물면서 건강을 회복한다. 4월 22일에 끝난 일기도 7월 중순이 되어야 다시 이어진다. 게다가 날짜도 정확하게 되어 있지 않고 그냥 '7월 중순 오후 3시 40분'이라고 되어있다. 1편이 마무리 되는 이 부분에서는 더 이상 날짜관념과 일기형식은 의미를 잃어가고 있는 듯하다.

이에 따라 네 번째 파트에서는 점점 '일기'적인 특성이 사라지고 평범한 1인칭시점 소설로 변하는 징조를 보인다. 즉 형식은 점점 일반적으로 변화되고 내용은 점점 특별해지는 것이다. 점차 대중성이 강한 보통 소설로 변모해 가고 있는 것으로 보인다.

마지막 일기는 그로부터 2개월이 지난 9월 중순에 쓰인다.

건조한 날씨에 산불이 나고 화마는 아무런 방해 없이 갈리시아 전역을 집어삼키기 시작한다. 안전한 피난처에 있던 프리첸코는 동물적 감각으로 산불의 냄새를 맡고 사태의 심각성을 깨달아 동료들과 같이 자신의 헬리콥터가 있는 곳으로 이동한자고 말한다.

주인공은 헬리콥터가 있는 격납고에 도착하여 프리첸코가 비행준비를 하는 것을 지켜보고 마지막 일기를 쓴다. 그들은 안전지대라고 알려진 대서양의 스페인령 카나리아제도(Islas Canarias)의 테네리페(Tenerife) 섬을 목적지로 삼는다. 장거리 비행이라 급유가 문제였지만 루시아는 산불을 끌 때 쓰는 물을 담는 자루에 연료통을 채우는 방법을 생각해 그 문제를 간단히 해결한다.

주인공은 마지막 장에서 그때까지 써 왔던 9개월간의 생존 일기를 격납고 안의 탁자에 올려 놓으려고 한다. 작품의 마지막 페이지에 도달한 작가는 2편에서는 작품의 주인공에게 모든 이야기 전개를 맡기는 것을 그만두고 또 이제 더 이상 일기 형식이 아닌 평범한 소설 형식으로 작가 자신이 글을 이어나갈 것을 선언하는 것 같기도 하다.

> 이곳에 누군가 남아 있다면 그에게 기회가 없을까봐 걱정이다. 미래에 누군가가 여기로 올 가능성은 거의 희박하다.
>
> 하지만 혹시라도 그런 일이 생길 경우를 대비해 내 일기를 비닐봉지에 넣어 격납고 안에 있는 탁자 위에 올려놓을 것이다. 모든 게 엉망이 되고 도중에 사고라도 나면 어떻게 될까? 적어도 누군가가 이 글을 읽

는다면 9개월 동안 한 무리의 사람들이 생존을 위해 열심히 싸웠다는 것을 알게 될 것이다(같은 책, 421).

블로그에서 일기로 또 1인칭 시점의 소설로 장르변화를 한 것 이외에 이 작품에는 블로그 문학의 하이퍼텍스트적이 특징인 독자 참여적 측면이 어느 정도 보인다.

작가는 고전적인 닫힌 창작방식에서 벗어나 독자들과의 소통을 통해 유동적인 전개를 표방하였다. 비선형적 구조를 취하며 여러 사람의 참여로 완성되는 진정한 하이퍼텍스트 문학에는 다다르지 못했지만 로우레이로는 글을 쓰기 시작한 이후로 글을 블로그에 올릴 때마다 독자수가 늘어나기 시작했고 독자의 논평과 댓글을 참고하여 다음 글을 작성했다. 독자가 글쓰기에 적극적으로 참여하지는 않았지만 독자의 영향은 작가의 스토리전개에 많은 영향을 끼쳤다. 작가는 한 인터뷰를 통해 독자들의 반응에 따라 미리 생각했던 것과는 달리 소설전개를 바꾸기도 했다고 한다. 이에 따라 원래 작가는 주인공의 반려묘인 루쿨루스가 죽는다는 설정을 구상했으나 일부 독자들의 만류로 고양이를 죽이지 않고 끝까지 함께 데려간다.

루쿨루스, 주인공의 고양이에 대해 이야기 해 볼까요?

루쿨루스는 여러 이유로 환상적인 등장인물입니다. 처음에는 완전한 주변인물로 설정되었고 고양이는 1편의 4분의 1 지점에서 죽을 예정이었습니다. 그런데 갑자기 사람들이 그 고양이에 애정을 느꼈다는 것을 알게 되었습니다. 그리고 인터넷에 500명 이상의 고양이 팬들의 클

럽이 생겼습니다. 그래서 이 세 번째 책을 쓰기 시작했을 때 루쿨루스가 죽을 수도 있다는 소문을 냈습니다. 그랬더니 나에게 다음과 같은 종류의 이메일이 도착했어요. "만약 루쿨루스를 죽인다면 당신이 한 일에 책임을 져야 할 것입니다." 많은 사람들이 그 무정부주의적이고 반항적인 정신과 고양이를 동일화 시켰다는 것을 알 수 있습니다(Adrián Vázquez Sanisidro, 웹인용).

작품 안에서도 주인공이 루쿨루스를 잃어버렸을 때 그를 찾지 않고 그냥 떠날 생각을 하지만 끝까지 챙긴다. 애완동물에 대한 일부 독자들의 의견을 반영한 작가의 태도는 작품의 일부인 다음 글에서 잘 드러나 있다.

잠시 루쿨루스를 그의 운명에 맡기는 건 어떨까 생각해 보았다. 하지만 곧 그 생각을 지워 버렸다. 루쿨루스는 단순한 애완묘가 아니라 내 동반자이기 때문이다. 그 고양이는 내 이전 삶과의 마지막 연결고리다. 루쿨루스를 잃는다는 것은 내 영혼의 일부를 잃는 것과 같다. [...] 루쿨루스를 찾아야만 한다. 그 가엾은 고양이는 쓰레기더미 속에 숨어 겁에 질려 바들바들 떨고 있을 것이다(마넬 로우레이로 2013, 378).

그것은 단순한 고양이지만 내게는 그놈을 찾아야 하는 도의적인 책임이 있다. 우리가 함께 지낸 모든 시간을 생각하면 그놈을 잃는다는 것은 상상조차 할 수 없다. 반려동물을 키우는 사람이라면 내 마음을 이해하고도 남을 것이다(같은 책, 379).

이후 고양이는 소설의 플롯을 이끌어 가는 중요한 역할을 하는데 특히 안전한 피신처를 찾는데 결정적인 도움을 준다.

3.3. 베스트셀러가 된 경로와 이유

고전적인 관점에서 베스트셀러의 요건이 되는 3T란 시점(Timing), 과녁(Target), 책제목(Title)을 일컫는다(이한수, 웹인용). 하지만 이런 요건은 비문학에 더 적용되는 것 같다. 문학작품의 대중성 획득은 오히려 재미와 가독성이라고 볼 수 있다. 왜냐면 대중은 책을 오락거리의 일종으로 여기기 때문이다.

마넬 로우레이로의 경우 블로그에 글을 올리기 시작할 때 타이밍과 독자층을 생각했을 것 같지는 않다. 전술했듯이 작가는 전혀 자신의 글에 대한 기대감과 목적의식이 없었을 것이 분명하기 때문이다. 단지 그는 좀비라는 소재를 선택했고 자신의 동네까지 좀비 바이러스가 퍼진 무섭고 고립된 상황을 상상하여 최대한 사실적으로 장면과 심리를 묘사했을 뿐이었다. 오히려 그에게 온 행운은 적극적인 성격의 최초의 독자들을 확보했다는 것일 수는 있다. 독자들은 로우레이로의 글을 온라인과 오프라인 친구들에게 적극 추천했을 것이고 이에 따라 독자 수가 기하급수적으로 늘어났을 거라는 사실을 유추할 수 있다.

또한 작가가 글쓰기에 사용한 스페인어라는 언어적 특성도 있다. 스페인어는 4억 6천만 명의 모국어 사용자를 갖고 있어서 3억 3천만 명의 모국어 사용자를 가진 영어를 제치고 세계 언어 사용 순위 2위에 랭크되어 있고 인터넷에서도 4-5위 정도로 사용되는 언어이다. 실제로 로우레이로가 올린 블로그의 글이 스페인어 권 독자들에게 인기를 얻기 시작했고, 스페인이 아닌 스페인어를 사용하는 나라들인 멕시코와 칠레에서 각각 라디오 출연 연락을 받고 신문에서 그를 기사화 한다.

하지만 미국에서 베스트셀러에 등극했다는 것은 특별히 주목할 만하다. 영어권 작가가 아니면서 미국에서 베스트셀러에 오르기는 힘들다. 미국출판 시장은 보수적이어서 전통적으로 영어권 이외의 작가가 성공하는 경우가 굉장히 드물기 때문이다.

미국에서 1950년대부터 모든 장르를 통틀어 1000만부 이상 팔린 책이 대략 80권 정도 되는데 그 중 포르투갈어로 쓰인 파울로 코엘료의 『연금술사』를 비롯 타 언어권 책은 10여권에 불과하다. 대략 20세기 후반의 슈퍼 베스트셀러는 4분의 3이 앵글로색슨계이다(루빌루아 2014, 93).

미국 출판 시장은 이렇게 폐쇄적인 경향이 있어서 최근까지 계산한 역대 베스트셀러 작가들 목록에도 『해리포터』 시리즈로 유명한 조앤 K. 롤링, 스릴러 소설의 대가 제임스 패터슨, 『윔피 키드』 시리즈의 제프 키니, 그리고 우리나라에서도 인기몰이를 한 댄 브라운, 스티븐 킹, 존 그리샴 등 영, 미 작가들이 자리를 차지하고 있다. 영미권이 아닌 베스트셀러 작가들 목록에는 프랑스에서 매년 신선한 작품을 발표하며 베스트셀러 반열에 오른 아멜리 노통브, 그리고 밀레니엄 시리즈의 스웨덴 출신 작가 스티그 라르손 정도이다.

로우레이로의 작품은 스페인 현대 소설가 중에서도 몇 안되는 작가들만이 도달한 판매량인 20만부 판매를 달성했다. 스페인 작가 중에 미국에서 20만부의 벽을 넘어선 작가는 하비에르 시에라(Javier Sierra)[8]나 『바람의 그림자』로 국내에도 알려진 카를로스 루이스 사폰(Carlos Ruiz Zafón) 정도이다.

작가는 자신의 소설이 미국에서 큰 무리 없이 받아들여진 이유가 영화와 같은 묘사에 기인할 수도 있다고 한다. 그는 한 인터뷰에서 자신도 다른 많은 사람들처럼 TV에 길들여진 세대라고 말하며 앵글로색슨적인 영화적 묘사가 미국에 거부감 없이 안착할 수 있도록 해 주었다고 말한다(María L. Viñas, 웹인용).

또 좀비라는 소재도 베스트셀러의 대열에 오르기 위한 시기 적절한 주제였다고 평가된다. 밀레니움의 끝과 2012년 종말론에 편승한 자연재해와 전염병과 같은 세기말적인 소재들은 문학작품과 영화와 같은 서사장르에 많이 사용되기 시작했으며 현재까지도 서사장르 뿐 아니라 게임, 만화 등에서 소재로 널리 사용된다.

'좀비'의 기원은 노예로 강제 이주된 흑인들이 아이티에서 발전시킨 부두교에서 찾을 수 있다. 사실 부두교에서 저주를 내리는 좀비는, 시체가 깨어난 존재가 아니다. 원한을 가진 사람이 주술사를 찾아가면, 주술사는 약물을 하나 준다. 그 사람이 약물을 복용하면 심장이 멈추게 된다. 하지만 죽은 것이 아니라 가사 상태에 빠진 것이다. 장례를 치른 후에, 그에게 어떤 약물을 다시 먹이면 가사 상태에서는 풀려나지만 의식이 완전하지가 않다. 약간의 치매 상태가 되는 것이다. 과거를 제대로 기억하지 못

8 역사, 추리, 스릴러 소설가로 2006년 『비밀스러운 저녁식사(La cena secreta)』로 미국 판매 6위에 올랐다.

하고, 현실의 판단력이 뒤떨어지는 상태가 된 좀비는 단순노동에 쓰기 위하여 어디론가 팔려간다(김봉석, 임지희 2013, 113).

이런 기원을 갖고 있는 좀비는 점점 문학과 영화를 통해 진화해 왔다. 최초의 좀비영화들은 시체가 일어나서 흐느적거리며 사람을 공격하는 좀비를 데뷔시켰고 이후 2000년 이후에 나온 <28일 후>와 또 같은 시기에 나온 영화들에서 좀비들은 더 위협적으로 변하며 살아있는 인간 못지않게 뛰어다니며 생존자들을 공격해서 공포감을 극대화 한다.

또 좀비라는 괴물은 이전에 등장했던 괴물들처럼 미지의 기원으로부터 혹은 비현실적인 변신 등을 통해 갑자기 등장한 인간모습과 상이한 괴물들이 아니라 우리 주변 사람들의 모습을 갖고 있다는 점에 있어서 더 현실적인 괴물이다. 즉 외계인과 같이 외부에서 온 적이 아니라 내부로부터의 적이라 더 직접적이다.

또한 좀비는 바이러스화 되어 순식간에 퍼지고 최근에 인류에게 전세계적인 공포감을 조성했던 에볼라, 메르스, 조류독감 등의 창궐과 같은 종말적 공포를 더 크게 느끼게 한다. 이렇게 공해나 오염물질로 생겨 내부적으로 잉태된 전염병의 일종인 좀비바이러스가 우리의 가족, 이웃에게 전염되어 그들이 괴물로 변하고 급속하게 전세계로 번져서 인류가 종말한다는 설정은 인구증가로 인한 공해와 새로운 전염병의 등장, 그리고 자본과 문명의 과도한 발전으로 인한 인간성 말살과 같은 많은 문제를 안고 있는 현재에 시기적절하여 수없이 많은 작품에 적용되고 또 확산되고 있다.

3.4. 『종말일기Z』의 문학장르적 특징과 탈 문학장르

좀비장르는 사실상 영화에서 먼저 선을 보였고 이후 문학쪽으로 확산되었다. 그리고 특성상 좀비 서사물이 게임으로 제작될 경우 1인칭 슈팅 비디오게임으로 나오는 경우가 많다. 하지만 특이하게 이 소설은 보드게임으로 재탄생되었다. 좀비 보드게임은 잘 안 알려져 있기는 하지만 보드게임 중에서는 꽤 인기가 많다고 한다(elena, 웹인용).

장르적으로 볼 때 『종말일기Z』는 소설이다. 하지만 이 작품은 다른 많은 장르와 거미줄처럼 연관되어있다. 작가는 청소년기에 충격을 주었던 영화 <새벽의 저주>를 다시 시청하며 그 처음 느낌을 기억하고 좀비를 주제로 한 공포 스릴러를 쓰기 시작했다. 그 글은 이후 소설로, 또 소설은 베스트셀러로, 그리고 현재에는 영화제작을 앞두고 있다. 가히 영화 <새벽의 저주>가 리메이크 되고 또 여러 과정을 거쳐 재가공 되며 또 다시 한 번 다른 새로운 영화로 재탄생했다고 볼 수 있다.

또 이 작품은 기본적으로 문학이지만 내부적으로 많은 문학장르와 연관을 맺고 있다. '일기'라는 장르는 이 소설의 기본적인 형식이고 또 작품의 시작부분은 전통적 일기 장르가 아닌 일종의 블로그 글이다. 더욱이 블로그 글은 이후 소설의 일부가 되긴 했지만 처음에는 실제로 블로그 글이었다. 또 형식상 짧게 끊어지는 일기라는 점에 있어서 이 소설은 연재소설과 닮아있다. 한 단락마다 마무리를 하지 않은 채 끊어지면서 독자들의 호기심을 유발한다는 점은 연재소설의 장점을 적절하게 취한 것으로 보인다.

일기의 특성으로는 연대기성, 개인적인 주관성, 그리고 진정성을 들 수 있다(최은아 2012, 99). 또 일기는 기본적으로 일인칭이고 화자가 겪었던 일을 기술하는 형식이기 때문에 과거형을 사용한다. 또 독자는 일인칭 화자의 눈으로 사건을 겪게 되어 사실성이 뛰어나다. 같은 일기 형식의 또 다른 좀비 문학 베스트셀러인 『하루하루가 세상의 종말』이라는 작품도 널리 알려져 있는데 이 소설에서는 실제로 여러 국제분쟁에 참여했던 미군 소속 현직 군인 J. L. 본이 좀비가 창궐한 세상에서 어떻게 살아남을까를 상상하며 역시 온라인으로 작품을 게재했다. 이 작품도 역시 『종말일기Z』처럼 한 개인의 처절한 생존일기이며 특히 작가가 실제로 전쟁에 참여한 현직 군인이라는 점에 있어서 군사용어, 무기 등의 해박한 지식이 드러난다. 또 작품에는 실제 일기처럼 밑줄이 쳐 있거나 사진을 첨부되어 있기도 하다.

이처럼 『종말일기Z』는 작품 내에서 블로그와 일기 등의 장르와 연관되어 있고 작품 외적으로는 영화와 게임 등으로 확장되었다는 사실을 알 수 있는데 이는 다른 많은 장르문학 들의 모습과 다르지 않다. 이는 현대 소설이 더 이상 소설장르에만 머물지 않고 다른 여러 장르들과 관련을 맺고 있다는 사실을 잘 보여주고 있는 것이다.

4. 나가는 글:
앞으로의 문학

서사문학 중에서도 오락의 기능을 하는 순문학은 기술의 발전으로 인해 나오게 된 TV나 게임 등과 같은 다른 오락 활동에 밀려 점차 사라져가고 있다. 하지만 또 인터넷의 발달로 수많은 사람들의 다양한 글들을 클릭 하나로 읽을 수 있다. 또 점차 번역 기능이 강화되면서 언어가 다르더라도 전 세계의 다양한 사람들과 소통이 가능해 지고 있다. 문학은 이에 전달식이 아닌 상호 소통형으로 변해가고 있는 것 같다. 개개인은 쉽게 블로그를 생성하고 글을 올릴 수 있고 이론상 그 글은 접속만 가능하다면 전 세계의 사람들이 읽을 수도 있는 가능성을 지닌다.

단지 정식으로 출판사와 계약을 맺거나 문학상에 응모해서 데뷔하게 되고 또 작가의 길로 들어서는 이 전의 방식은 이제 점점 한정적으로 변해가고 있다. 오히려 베스트셀러가 되어 시장성을 획득한 작품은 이제 문학상을 받은 작가의 작품이 아니라 인터넷에서 인기를 끈 작품이다.

스페인 갈리시아에서 변호사로 평탄한 생활을 하고 있던 마넬 로우레이로의 작가로서의 성공과정은 그래서 우리에게 시사하는 바가 크다. 영화나 문학 애호가에 불과했던 그는 어느 순간 블로그에 기분전환을 위해 글을 올리고 그 글은 아무런 강제성 없이, 마치 그가 창조한 좀비바이러스처럼 순식간에 많은 독자들을 감염시킨다. 자연스럽게 작가가 지어낸 일기형식의 블로그 글 모음은 '종말일기Z'라는 이름을 갖게 되고 여러 출판사에서 그것의 시장성을 알아보고 책으로 출판한다. 작가는 독자들의 응원과 자신의 글의 가능성을 믿고 『종말일기Z』 3부작을 완성해 출판하면서 세계적인 베스트셀러 작가의 목록에 이름을 올린다. 그리고 한국어를 비롯한 20여개의 언어로 번역되어 50여개의 국가에서 출간된다. 이렇게 '종말일기Z'라는 바이러스는 지구를 돌고 돌아 우리나라에도 번역 소개되었고 좀비장르 애호가들의 사랑을 받고 있다. 아울러 이 작품의 서사내용은 영화나 게임과 같은 다른 매체를 형식으로 재창조 되고 있다.

스마트폰과 가상현실, 그리고 인공지능의 도래 등에 따른 매체의 발전은 문자를 매개로 한 '책'이라는 매체를 소멸시킬 것이라는 비관적인 전망 앞에 마넬 로우레이로는 그런 발전을 오히려 역이용하여 앞으로의 문학이 어떻게 나아가야 할 것인가를 보여주는 것 같다. 문학이 과거의 폐쇄적이고 일방적인 주입식 전달방식에서 벗어나지 못한다면 비관론은 현실이 될 것이며, 매체의 발전을 역이용하여 독자들에게 열린 공간을 제공하고 상호 소통하는 유희의 장으로 작용한다면 새로운 문학은 더욱 더 큰 가능성을 지닌 서사문학 장르로 오랫동안 인류의 좋은 친구가 될 것이다. 따라서 마넬 로우레이로와 그의 작품은 현재 문학의 모습과 앞으로의 전망을 잘 보여준다고 평가할 수 있다.

참고문헌

김봉석, 임지희. 2013. 『좀비사전』. 프로파간다.

김요한. 2007. 『디지털 시대의 문학하기』. 한국학술정보.

김욱동. 1993. 『문학의 위기』. 문예출판사.

노르베르트 볼츠. 2000. 『구텐베르크-은하계의 끝에서』. 윤종석 옮김. 문학과지성사.

마넬 로우레이로. 2013. 『종말일기Z』. 김순희 옮김. 황금가지.

발터 벤야민. 2007. 『기술복제 시대의 예술작품』. 최성만 옮김. 도서출판 길.

사사키 도시나오. 2010. 『전자책의 충격』. 한석주 옮김. 커뮤니케이션북스.

셔먼 영. 2008. 『책은 죽었다』. 이정아 옮김. 눈과마음.

알레산드로 루도비코. 2017. 『포스트디지털프린트: 1894년 이후 출판의 변화』. 임경용 옮김. 미디어버스.

엘빈 커넌. 1999. 『문학의 죽음』. 최인자 옮김. 문학동네.

우치누마 신타로. 2016. 『책의 역습』. 문희언 옮김. 하루.

유현주. 2003. 『하이퍼텍스트』. 연세대학교출판부.

최은아. 2012. "일기에서 SNS로." 『독일어문화권연구』 21: 97-125.

최을영 외. 2001. 『베스트셀러와 작가들』. 인물과 사상사.

프레데리크 루빌루아. 2014. 『베스트셀러의 역사』. 이상해 옮김. 까치.

크레이그 모드. 2015. 『우리시대의 책』. 백원근 옮김. 마음산책.

한기호. 2016. 『인공지능 시대의 삶』. 어른의 시간.

이대희, “‘오베라는 남자’는 어떻게 2030을 유혹했나?” http://www.pressian.com/news/article.html?no=129058, 2015.
이한수, “3T가 ‘대박 열쇠’” http://news.chosun.com/site/data/html_dir/2007/06/10/ 2007061000509.html, 2007.
정용희, “대중문화 속 어슬렁거리는 ‘좀비들’” http://weekly.khan.co.kr/khnm.html?artid=201012081739041&mode=view, 2010.

Adrián Vázquez Sanisidro, “Entrevista con Manel Loureiro” https://apocalipsisz.es/entrevista-con-manel-loureiro/, 2011.
Anónimo, “Así es Manel Loureiro”, El mundo http://www.elmundo.es/cronica/2014/07/27/53d38951ca4741d3048b456f.html, 2014.
Alejandro Espiño, “Manel Loureiro: "Si cuando empecé con Apocalipsis Z me dicen que tendría este éxito, pensaría que están locos"” http://pontevedraviva.com/cultura/795/manel-loureiro-se-ca ndo-empecei-apocalipsis-z-dinme-este-exito-pensaria-estan-tolos/?lang=es, 2012.
Athman, “Entrevista a Manel Loureiro, autor de “Apocalipsis Z” y “Los Dias Oscuros” http://athnecdotario.com/2009/12/13/exclusiva-entrevista-a-manel-loureiro-autor-de-apocalipsis-z-y-los-dias-oscuros/, 2009.
Dolmen, “Entrevista a Manel Lourero , autor de apocalipsis z”

https://www.blindworlds.com/publicacion/14652, 2012.

elena, “Entrevista a Manel Loureiro, autor de Apocalipsis Z” http://apocalipsisz.com/2017/10/18/entrevista-manel-loureiro-autor-apocalipsis-z-1a-parte/, 2017.

María L. Viñas, “Manel Loureiro: "Me imaginé a Stephen KIng en su casa de maine intentando pronunciar Loureiro"” https://www.elprogreso.es/articulo/noticias/manel-loureiro-me-imagine-stephen-king-en-su-casa-de-maine-intenta ndo-pronunciar/20130719121600280579.html, 2013.

Marcos del Río, “El abogado gallego que se quitó la toga y vende más que Stephen King” https://www.vice.com/es/article/kwja49/entrevista-manel-loureiro-el-ultimo-pasajero-315, 2015.

Silvia Agosto Riera, “Entrevista al escritor Manel Loureiro”, Letra 15 http://www.letra15.es/L15-05/L15-05-61-Encuentros-Entrevis ta-a-Manel-Loureiro.html, 2016.

| 제3장 |

백남준의 퍼포먼스 아트와 인터미디어

전선자

1. 머리글

예술이란 원래 '독립된' 의미를 실행하는 단순한 체계가 아니다. 오히려 사실을 인식하는 데에서부터 시작했다. 그래서 예술은 실제로 사회적 실천이 된다. 예술에서 갖는 의미는 어느 시대건 그 역사적 배경과 상황과 깊은 관계를 맺고 있다. 20세기 초 모더니즘(modernism)[1]은 현대예술의 독립적인 가치들의 총집합을 의미하면서도 또한 현대예술에서 비판적 재현의 한 형태를 가리켰다. 그러나 모더니즘의 이론에서, 한편에선 그 근

1 모더니즘은 역사적으로 1860년대 프랑스의 사실주의와 인상주의에서 시작해 한 세기 후 미국의 추상표현주의에서 정점에 이르는 예술양식들을 가리킨다. 그 특징은 예술가들의 고전적인 표현형식과 태도를 의식적으로 탈피한 예술양식들을 말한다. 그러나 내용적으로 보면, 모더니즘이 정치, 경제, 기술의 변화로 나타난 환경과 그 환경에 대한 일련의 태도로 간주될 때는 '모더니티(modernity, 현대성)'에 대한 경험과 동일하게 취급된다. 1863년 샤를 보들레르(Charles Baudelaire, 1821~1867)가 1863년 『르 피가로(Le Figaro)』에 과거와 다른 '현대적' 감각 즉 모더니티를 "일시적인 것, 덧없는 것, 순간적인 것으로서 예술의 반을 차지하고 나머지 반은 영원한 것과 불변적인 것이다"라고 정의했듯이, 초기모더니즘은 '현대예술(Modern Art)'의 이념적 토대가 되어 주었을 뿐이다. 그러므로 모더니즘은 '현대예술'과 동일하게 취급되지 않는다. 훗날, 한 매체만 고수하는 추상표현주의의 평론가 클레멘트 그린버그(Clement Greenberg, 1909~1994)는 1940년대부터 모더니즘의 형용사를 '모더니스트(modernist, 현대주의의)'로 사용했다. 그런데 최근의 (대중과 소통하기 위해 다양한 미디어를 활용하는) '컨템포러리 아트'나 '인터미디어' 경향의 예술인 '포스트모더니즘'에서 사용하는 형용사는 '모던(modern, 최신의)'이다.

본조건을 “예술은 ‘보기’ 위해서 만들어 진다”는 것을 고수했지만, 다른 한편에서는 이미 그 시작에서부터 스스로 다다, 초현실주의 등 ‘비판적’ 아방가르드[2] 형태 속에서 자신과는 다른 ‘타자(others)’를 갖고 있었다(우드 2003, 15). 이렇게 모더니즘은 ‘본질주의(essentialism)와 맥락주의(contextualism)’라는 두 개념의 한계 속에서 전자에서는 회화의 ‘추상예술’이 성립되었고, 후자에서는 산업시대의 산물이 예술적 오브제가[3] 되는 ‘레디메이드’로 그 윤곽을 잡아갔다. 마치 양대 축을 이룬 듯 크게 이 두 유형이 지속된다. 그 후, 모더니즘은 역사적 격동기에 외부적으로는 자유와 자율성에 대한 잠재력을 갖고 독립적인 예술로서 비평정신을 잃지 않으며 파시즘과 독재에 저항했지만, 내부적으로는 1930년대부터 정치적 위기 속에서 비판적 아방가르드 형태가 제도에 편입되거나 소멸되었다. 그런 모더니즘이 1940년대 ‘뉴욕’에서 “매체-특수성(medium-specificity)”을 내세운 ‘추상표현주의(Abstract Expressionism)’에서[4] 다시 살아나 전후재건과 함께 예술계의 주도권을 갖게 된다(우드 2003, 21; 해리

---

2 ‘아방가르드(Avant-garde)’는 프랑스어로 ‘전위, 선봉’의 의미를 갖는데, 예술에서는 기존 예술의 인식과 가치를 부정하고, 전통의 고정관념을 해체해 ‘새로운’ 예술개념을 추진하는 운동으로서 ‘전위적이고 급진적인 예술사조’를 말한다. 입체주의, 표현주의, 추상파, 다다이즘, 초현실주의 등을 총칭한다. 또 ‘혁신’을 추구하는 경향과 인물을 지칭하기도 한다.

3 ‘오브제(object)’는 프랑스어로 ‘물체, 객체’를 의미하나, 예술에서는 ‘대상(the object)’을 지칭하면서 한 편으로는 예술 활동에서 나온 ‘생산물(products)’에 대한 문제제기 즉 주제에 대응해 합리적인 일상의 의식을 파괴하는 물체 본연의 존재방식이고, 다른 한편으로는 모더니티의 넓은 역사와 관련된 예술의 ‘목적(purpose)’에 관한 것 즉 본래의 기능과 의미를 잃은 상태의 대상은 우리가 미처 생각지 못했던 어떤 연상 작용이나 효과를 얻게 해 준다(우드 2003, 29).

슨 1997, 41~45).[5] 반면에 전쟁 이전의 비판적 아방가르드 유형은 전쟁 이후에도 계속 매도되고 무시되었다. 예를 들어, 발터 벤야민(Walter Benjamin, 1892~1940)은 초현실주의와 볼셰비즘을 자신의 비평적 사고의 양대 요소로 언급한 것 때문에 50년대 중반까지 영어권 국가에서 거의 알려질 수 없었다. '레디메이드'를 창안한 마르셀 뒤샹(Marcel Duchamp, 1887~1968)마저도 그 시기에 제대로 조명을 받지 못했다. 전후 1940년대 후반부터 세계가 핵시대로 돌입했고, 냉전시대의 도래로 서서히 재편되면서, 예술계에서도 다시 기본 규칙에 대한 변화가 일어났다.

먼저 미국 뉴욕에서 존 케이지(John Cage, 1912~1992), 로버트 라우센버그(Robert Rauschenberg, 1925~2008), 재스퍼 존스(Jasper Johns, 1930~), 그리고 영국에서 팝 예술가 리처드 해밀턴(Richard Hamilton, 1922~2011) 등이 뒤샹을 다시 널리 알리기

---

4 유럽 전통과 관계없는 '순수하고 원시적인 새로운 예술언어'를 찾고자 한 추상표현주의 화가 잭슨 폴록(Paul Jackson Pollock, 1912~1956), 클리퍼드 스틸(Clyfford Still, 1904~1980), 바넷 뉴먼(Barnett Newman, 1905~1970), 마크 로스코(Mark Rothko, 1903~1970) 등은 끊임없는 탐구로 얻어낸 자신감과 스케일로 추상작업을 해왔다. 그것은 '그린다는 행위 자체에 중점을 둔 액션적인 제작 태도'에서 시작됐다. 여기서 그들은 자동기술법의 강조, 전면 균질적(全面均質的)인 공간 구성, 드립 페인팅을 개발해 '지시나 방향을 가진 서사적인 형상들'을 초월했다. 더욱이 평론가 클레멘트 그린버그의 '평면성'과 '매체-특수성' 등을 내세운 이론은 그들의 실천을 현실적으로 가능케 해 주었다. 차후 이론가 마이클 프리드가 합세해, 이 두 평론가의 진보적 사고가 추상표현주의의 성취를 이끌었으나 그 이면에는 당시 모더니즘의 제도적 기반인 화랑, 미술관, 출판물의 확대가 보강되었기에 가능했었다.

5 미국에는 전후 재건 때부터 1950년대 중반까지 '회화적 리얼리즘'이 거의 주류였었다. 이 유형은 (매카시즘(McCarthyism)을 연상 시킬 정도로) 훗날 보수주의와 정치적 억압과 동일시되고 있다. 그런 와중에도 실험성이 매우 강한 뉴욕의 '추상표현주의' 화가들은 진보적 이론의 탐구와 여러 장르의 실험 작가들과 갖은 밀접한 교류 덕분에 극적으로 모더니즘을 소생시킬 수 있었다.

시작했다. 그러나 이것은 신세대를 고취시킨 비판적 아방가르드 예술이라기보다는, 먼저 비판적인 전통의 아방가르드 선배들을 찾아내고 이를 재조명해 보려는 의지에서였다. 당시에는 절정에 도달한 '추상표현주의'가 '순수하고 원시적인 예술언어의 창조'를 모토로 유럽의 전통을 거부하고 '과거를 지워버리고 새로운 문화를 창조'하는 것에 집중한 후에 만든 규정을 강화하고 있었다. 그것의 일환으로 추상표현주의의 평론가 그린버그는 평면성(flatness)을 모더니즘 회화의 본질로 내세웠다. 이를 회화의 전제조건으로 하면서 '매체 특수성'을 주장한 그는 캔버스, 물감, 돌, 나무, 금속 등 그 매체의 속성과 표현에 전념해서 관람자의 심미적 경험을 목표로 하는 것이었다. 이로써 그는 '주어진 매체 내에서 비판적으로 성취해야 할 미적 기준'을 세운 것이다. 또 그는 '평면성(이차원성)'이 다른 어떤 예술도 갖지 못하는 회화만이 갖는 유일한 매체의 조건임을 강조하며, 회화의 유일한 성취 영역인 캔버스 표면에 대한 솔직한 인정과 자각은 자기비판적인 '모더니스트 회화'가 집중해야 할 조건이라고 말했다. 이때 평면성의 성립은 '전면의 균질한 공간 구성'(도판 1)으로서 그 평면은 본질적으로 "회화적 텍스츄어화"(색채 자체가 캔버스의 조직들과 하나가 되는 것)가 이루어져야 한다고 했다. 이를 위해 색채와 형상이 "화면 전체를 메우든 못 메우든 그것들이 어떤 '추가물'이 아니라 그 색채와 형상이 캔버스와 똑 같은 차원에서 그리고 그 속에 통합된 실재성"으로 존재해야 한다는 것이다(우드 2003, 21). 바로 마크 로스코의 작품(도판 2)이 이러한 전통을 가장 잘 보여준다. 그러므로 '평면적인 회화'는 르네상스 시기부터 이차원의 평면에서 삼차원적 공간 환영을 만들어 냈던 회화인데(도판 3), 이제 다시 그 허상을 깨고 스스로 이차원의 평면으로 돌아가야 하는 것이다. 이 같은 원리는 이미 폴 세잔(Paul Cézanne, 1839~1906)의 작품(도판 4)에서부터 조금씩 진전해 온 '단순화된 회화적 형태'이지만, 이를 더 강조함으로써 '형태가 표현하게 되는 것'이 '관람자의 개별적인 감정에 민감하게' 영향을 주는 일이 되어야 한다는 것이다. 다시 말해서, (서사적이고 묘사적인 특징에서 벗어난) '정화된(purified)' 예술(도판 5) 또는 '시각적 음악(visual music)'과 같은 회화는 관람자에게 느낌과 감정을 개별적으로 주는 예술로 진화해야한다는 것이다. 이 사고방식이 '보기' 위해서 만들어지는 예술 중 하나인 '추상예술', 그 예술의 실제적 요소였다. 그런데 1949년부터 1년간 노스캐롤라이나주(州)의 '블랙 마운틴대학'에서 독일 <바우하우스(Bauhaus)> 교수였던 요제프 알버스(Joseph Albers, 1888~1976)에게서 "허상만이 속이는 것은 아니다(Nur der Schein trügt nicht)"라는 사유와 함께 '시각적 인지의 주관성(편견)'에[6] 대해 배운 젊은 추상표현주의의 '이단아' 로버트 라우센버그는[7] '불확정성'과 '우연성'의 작곡가 존 케이지를 역시 그곳에서 알게 된다. 케이지는 라우센버그에게 그 대학에서 가장 중요한 인물이자 '절대적 신뢰 관계'를 갖고 있었다. 케이지의 생각에 공감한 라우센버그는 '긍정'과 '부정'의 전형을 내포한 백(<하얀 페인팅>, 1951)(도 6)과 흑(<무제(애슈빌 시민)>, 1952)의 모노

6 https://de.wikipedia.org/wiki/Josef_Albers

크롬 작품을 제작했다. 전시회에서 <하얀 페인팅>은 빛에 의한 관람자의 그림자가 백색의 캔버스 위에 나타나는 것이 마치 '활주로에 내려앉는 먼지처럼'(케이지) 자연스럽게 보였다. 그리고는 그는 "나는 미리 계획된 결과를 완성하기 위해 (...) 그림을 그리고 싶지 않다. (...) 나는 색채가 나에게 예속되는 것을 원하지 않는다. (...) 그것이 내가 흰색 또는 검은 색으로 이뤄진 그림을 그리는 이유 중 하나"라는 인식을 밝혔다. 그는 추상표현주의 이론에 반대하며 '우연'과 '불확정성'이라는 자연의 구조적 원칙이 '수동적인' 매체인 캔버스 영역 위에서 자유롭게 작동하도록 한 것이다(랜츠너 2014a, 10~13). 곧이어, 루드비히 비트겐슈타인(Ludwig Wittgenstein, 1889~1951)의 후기 철학에서 찾아낸 '의미는 말을 사용할 때 발생한다(The Meaning is the use)'는 명

7 1951년의 전시회에서 사람들이 라우센버그의 <하얀 페인팅> 작품들을 젊은 반항아의 별 이유 없는 제스처로 보아 넘겼으나, 그 후 그는 <지워진 데 쿠닝의 드로잉>(1953)으로 '무서운 아이'(enfant terrible)라는 별명을 얻었다. 1953년경부터 스스로 '콤바인 페인팅(Combine Paintings)' 이라고 부른 여러 가지 오브제와 추상표현주의 붓놀림을 함께한 작품을 제작해 '그린다'라는 행위와 '현실'을 동일하게 다뤘다(도 7). 오브제로는 가족사진을 포함한 돌, 머리카락, 차바퀴, 박제동물, 봉제동물인형, 낡은 양말, 1950년대 만화, 고철, 옛 대가의 작품, 친구의 드로잉, 떨어뜨린 물감들이다. 이 사물들을 거칠게 칠해진 화면에 붙이거나 결합시켜 실용품과 예술품이 한 회화공간에 함께 존재하게 함으로써 각각의 차이를 없앴다. 콤바인 회화는 그 크기가 인간의 시야와 일치 했는데, 여기서 일상의 것들이 현실을 상징하면서, 그림을 지각하는 경험 속에서 이 모든 데이터들이 일종의 다이어그램으로 이동할 수 있게 했다. 바로 이것들의 정보 처리와 인식을 통한 정신적인 활동 그 자체가 이 '콤바인 페인팅'의 실제 요소였다. 그 외에도 해프닝, 무대장치, 판화 등 그의 활동의 범위가 넓어, 작곡가 존 케이지와 현대무용가 머스 커닝햄(Merce Cunningham, 1915~2009)과도 협업했고, 재스퍼 존스와 함께 추상표현주의에서 팝 아트와 개념예술로 전환한 현대예술의 중요한 작가이다.

제를 수용해 작업한 미국화가 재스퍼 존스(랜츠너 2014b 8~13)와[8] 그리고 '무작곡'의 작곡가 존 케이지 등에 의해서 작품에서 '자신과 다른 타자'의 존재를 인지한 신세대 전위작가들이 뉴욕에서 "전류가 흐르듯 충격적인"(랜츠너 2014b, 10) 예술계를 만들었다. 그들은 '매체-특수성'에 갇혀 자신의 주관성에만 매몰됐음에도 승리에 도취한 추상표현주의에 맞서서, 다양한 매체의 활용과 표현방식을 위해서 '비판적' 아방가르드 선배들을 찾아내고 재조명하기 시작했다. 이 과정에서 생긴 '비판적인 움직임'들은 그들이 찾아가는 새로운 예술적 경향의 간극에 놓인, 바로 언젠가 도달해야 할 영역의 전(前) 단계와도 같았다. 이 단계에서 그들은 그간 인정받지 못한 오브제로 특정 매체에 얽매이지 않는 방향에서 자신들의 작품을 제작하기 시작했다. 존 케이지 역시 환경 속의 소음을 매개로 활용한 '무작곡' <4분33초>(1952)을 작곡했고(도 9), 잠시 재직했던 블랙 마운틴 대학에서

---

8 재스퍼 존스는 1954과 1955년에 가장 호소력이 있는 미국 문화의 상징인 국기를 선택해 <깃발(Flag)>(도 8)을 제작했다. 거기서 감정적인 요소를 없애고 국기문양 상태로만 남게 해 '이것이 깃발인가 아니면 깃발 그림인가' 라는 문제를 제기했다. 그는 "나는 회화가 언어여야 한다고 믿는다."고 말하며, 언어는 환경에 반응하면서 진화하고, 단어의 의미는 단어들이 발화하면서 문맥에 묶인다는 것을 여기서 아주 일상적인 이미지를 선택해 가장 보편적 개념에서 그 문제를 제기했다. 그는 회화작품 <깃발>에서 물감에 고착제 역할을 하는 뜨거운 밀랍을 섞은 납화방법을 이용해 인위적이며 예술적 가치를 지닌 대상(object)으로 구현했다. 따라서 이 작품은 그려진 화면이면서 이차원적 평면성을 지닌 오브제(대상)이라는 이중적 구조를 갖는다. 동시에 이 형식은 모방이 아니라 '사물 그 자체'라는 의미를 지닌다. 즉 언어가 규범의 장치로 작동할 때 언어는 의미를 생산하는 것처럼, '이것은 깃발입니다'라는 '발화행위'를 하는 것처럼 오브제로서 의미를 생산하는 예술형식이다. 그는 추상표현주의와 결별하며 '개념적인(conceptual)' 예술로 전향하며 '대중적인 예술(popular art)'을 예고했다.

여러 장르를 통합한 즉 시문학, 음악, 무용, 시각예술 등이 통합된 '인터미디어' 경향의 <저녁행사>(1952)를 연출했다.

역시 같은 시기, 유럽대륙에서도 구세대의 굴레에서 벗어나려는 젊은 세대들의 크고 작은 '비판적 움직임'이 여러 나라에서 개별적으로 일어나고 있었다. 특히 연합군의 주둔으로 문화예술 활동이 다양했고 한결 자유로웠던 독일라인지역은 뒤셀도르프의 <제로 ZERO> 그룹(전선자 2014, 375)과 혁신적인 갤러리스트 장-피에르 빌헬름(Jean-Pierre Wilhelm), 쾰른 서부독일방송국의 <전자음악 스튜디오>, 쾰른의 아방가르드예술가 마리 바우어마이스터(Mary Bauermeister) 등이 즉 뉴욕의 전위예술가들처럼 '미지(未知)'의 세계로 이행(移行)하고자 전방위적으로 실험하는 아방가르드예술가들의 활동의 장(場)들이[9] 우후죽순으로 생겨나 이미 서로 밀접하게 교류하고 있었다.[10] 이런 이곳에, 1958년 여름, 존 케이지가 독일 다름슈타트 <새로운 음악을 위한 국제계절강좌(Internationale Ferienkurs für Neue Musik, Darmstadt)>에 초빙되면서, 그의 '비판적 움직임'의 하나인 '우연의 음악'이자 "과정으로서 작곡"이 이곳에서 공연되었

---

9 당시 독일 라인지역의 전위 예술가들은 이런 실험활동의 개별구역들을 "섬들(Inseln)"이라고 불렀다.

10 당시 여러 대륙에서 젊은 실험예술가들의 그룹들이 우후죽순으로 생겼을 뿐만 아니라 서로 긴밀하게 교류하며 함께 공동전시회도 개최했다. 그런 그룹들은 <Gruppo ARTE CONCRETO>(1946, 아르헨티나), <ZERO> 그룹(1957, 독일), <GRAV>(프랑스 파리), <GUTAI> Gruppe(1954-70, 일본), <NUL>(1960, 홀란드), <Nouveau Realisme>(파리), <AZIMUTH>(밀라노) 등등이 있었다.

다.[11] 이 케이지의 실행은 그의 유럽 작곡가들과 예술가들과 갖은 여러 교류 속에서 '어떤 형태의 예술로서 접근 방식이 되는 경향'을 찾는데 다양한 영감을 주면서, 그런 경향들이 이곳 라인지역 안으로 급속히 확산되었다. 뉴욕에서 케이지는 '네오 다다'라는(1958) 말이 언론에 언급될 정도로 추상표현주의의 '이단아들'에게 뒤샹의 예술 개념과 자연의 우연성에 관한 영감을 주었는데, 이곳 라인지역에서도 역시 그는 전류가 흐르듯 '충격적인 예술계의 문화적 전초기지'가 되게 영향을 주었다(랜츠너 2014a, 10). 그래서 당시 독일 남서쪽 프라이부르크 음악대학에서 공부하고 있던 백남준도 그 직후(1958년 가을) 쾰른으로 이사했고, 음악가로서 '청각적 요소와 시각적 요소를 통합'한 "총체예술"(케이지)이 되는 "행위예술(Aktionskunst, Performance Art)" 공연(1959부터)으로 독일 언론으로부터 "문화테러리스트"라는 별칭을 받으며 이 '라인지역의 아방가르드' 대열의 핵심에 들어선다.

백남준(白南準, Nam June Paik, 1932~2006)은 우리에게 '비디오 아트(Video Art)의 아버지' 또는 '미디어 아트(Media Art)의 선구자'로 더 잘 알려져 있다. 그러나 그는 본래 "무조성(atonal)"을 기반으로 '12음 기법'의 전위적인 작곡을 한 아놀드 쇤베르크(Arnold Schoenberg, 1874~1951)에 대한 졸업논문으로 1956년 봄 도쿄대학을 졸업한 후, 가을에 독일 뮌헨대학으로 현대음악을 공부하러 왔었다. 그 다음해, 그는 독일 다름슈타트의

---

11 1958년 여름부터 다름슈타트에서 <피아노를 위한 음악>, 가을 뒤셀도르프 <갤러리 22>에서 <Music Walk>을 초연했다.

국제음악연구소(Internationales Musikinstitut Darmstadt)가 여름마다 주최하는 <새로운 음악을 위한 국제계절강좌>에서 전자음악의 대가 칼하인츠 슈톡하우젠(Karlheinz Stockhausen, 1928~2007)의 강연과 공연을 통해 '전자음악'에 입문하고, 그 다음 해인 1958년에는 당시 그곳에 초빙된 존 케이지를 알게 되면서 모든 장르의 경계를 넘나드는 '통합(총체)적인' 시야를 갖게 된다. 그는 그곳에서 케이지의 강연 "변화, 불확정성, 소통"(케이지 2014, 20~66)을 듣고, 그의 공연 <피아노를 위한 음악>을 본 후 그의 음악 세계는 획기적인 전환점을 갖게 된다. 게다가 같은 해(1958) 가을, 처음으로 유럽에서 <다다: 한 운동의 기록물>(1958년9월5일~10월19일)이라는 주제로 '다다회고전'이 뒤셀도르프 미술협회에서 열렸다. 이 전시회는 독일뿐만 아니라 당시 유럽과 미국의 젊은 실험예술가들에게 강한 자극을 주었는데(Block 1987, 65-66; 조정환/전선저/김진호 2011, 135)[12], 그들은 다다의 도발적이고 무정부적이면서도 때론 사회건설적인 예술개념과, 현실과 분리된 예술개념에 대한 다다의 비판정신에 처음

12 존 케이지가 1958년 여름 다름슈타트에 머물렀고, 10월 14일에 뒤셀도르프에서 공연을 했으므로 Susanne Rennert는 그도 이 다다회고전을 분명 보았을 것이라고 말한다. 또 그가 뉴욕으로 돌아간 후 뉴욕의 <새로운 사회연구소>에서 그의 실험음악 강의에는 주역과 선불교 외에도 작곡가 에릭 사티, 마르셀 뒤샹 등 다다이스트들에 대한 내용들이 심도 깊게 다루어졌다.

으로 직면했었다(Schwitters 1981, 79/335).[13]

'다다전시회'의 영향으로 유럽의 많은 젊은 예술가들은 자신의 삶과 예술이 서로 동화되기 위해 힘썼는데, 이에 대한 특별한 실험이 "행위예술(Performance Art)"에서 나타났다. 그것은 바로 '현실'에 대한 연출(Inszenierung)이었고, 그 속에서 그들은 '현실'에 대한 '새로운 접근'을 시도할 수 있었다. 그러나 거기서 깨달은 문제는 '현실을 어떻게 미학적으로 작품 안에 적용할 것인가'가 아니라, '현실에 있는 그대로를 어떻게 드러내 보일 것인가'였다(백남준, 2010, 289).[14] 그러므로 이것은 자연히

---

13 '다다'에 관한 모든 기록물들에는 다다이스트들이 표명한 '다다 Dada' 즉 어린아이가 흔들 목마를 타며 자연스럽게 외치는 단순하고 유치한 음절인 의성어 '다다'에서부터 예술의 인위적인 진지함과 과장됨에 경멸을 표하는 소망들까지 <레디메이드>와 함께 들어 있었다. 재현의 형식을 완전히 거부한 '반(反)예술'에 대한 떨칠 수 없는 매력을 당시 전후 젊은 예술가들은 곧바로 자신의 시대와 삶과 상응하는 예술적 의미와 실천으로 수용해 실험하기 시작했다. 그래서 50년대 말부터 유럽에서도 '네오-다다'에 대한 이야기가 언급된다. 다다이스트 쿠르트 슈비터스(Kurt Schwitters, 1887-1948)(도 10)는 자신의 『메르츠』 잡지(1923-32)의 창간에 있어서 다음과 같이 『메르츠』에 대해 썼다. "전쟁 중에 모든 것은 끔찍한 아수라장이었다. 학교에서 배운 것은 쓸모가 없었고, 쓸 만한 새로운 아이디어들은 아직 준비가 덜 되었다. (...) 모든 것은 무너져 내려버렸고 새로운 것들이 그 파편들 속에서 만들어져야만 했다. 그리고 그것이 바로 메르츠(Merz)다. 그것은 내 안에 일어난, 당연히 그래야만 했던 혁명과도 같았다." 이런 대목에서 다다이스트들의 지향이랄 수 있는 즉 슈비터스가 콜라주에 사용한 낡은 파편 같은 사물들은 곧 '현실'이자 인위적 산물이 아닌 '실재'로 존재하는 것들이다. 우연히 발견되어 선택된 그런 소재들은 콜라주로 붙여진 작품공간 안에서 '모호'한 상황을 연출하나, 가식 없는 현실이기에 관람자의 인식에 따라 매번 다른 의미로 다가온다.

14 결과적으로 보면, 백남준의 이 '새로운 접근'의 완벽한 가능성은 그의 전자미디어에 관한 박식한 지식과 '정교한 기술' 덕분에 소니의 비디오카메라 포타팩(Portapak)이 출시된 1965년에 이를 구입함으로써 이뤄졌다. 전자 TV와 녹화기, 그리고 녹화테이프의 결합이 '비디오 아트'의 시작을 알렸다.

예술가의 시선에 달린 문제였다(아바디 1995, 9-11).[15] 그 '다다'전시회에서 <레디메이드>가 보여 주었듯이, '현실을 자기 것으로 만드는' 그 순간 예술가의 행위는 '미학'의 범주에서 '행위'의 영역(발견, 선택, 제시)으로 옮겨졌었기에, 이제 예술적 행위는 미적 문제가 아니라, '윤리적' 문제가 되었다. 왜냐하면 그 순간 가장 중요한 것은 예술가의 '선택'이기 때문이다. 더구나 선택의 정당성을 보장해 줄 수 있는 것은 아무것도 없었고, 그 선택은 절대적으로 '우연'의 몫이었다. 그렇다면 '예술적 행위를 어떻게 한정지어야 할 것인가'라는 문제가 제기되었는데, 그것은 '예술가의 태도(Attitude)'에 달렸다(우드 2003, 44~45; 백남준 2010, 288; 루시 스미스 1995, 24).[16] 이것은 이제 행위예술가가 '어떤 기준이 되는 틀(연극적 시간, 장소, 인물)을 따르지 않는 행위' 즉 '제식 행위'처럼 자신의 몸(medium)과 함께 그 순간 단 한번만 실행되는 예술적 행위의 상태('메시지'를 담은 '미디어' 상태)에 있기 때문이다. 그래서 행위예술가는 목표를 위해 다양한 매체와 여러 구성요소들을 선택해 계획할 수 있었다. 즉 한 구조로 기획된 형

---

15 일상 속에서 '산업시대의 실용품'인 기성품을 작가가 그 실재를 자기 것으로 만드는 것이 <레디메이드>의 '예술적 행위'이자 그 실제적 '이행'으로 이뤄진 예술적 오브제이다. 이를 당시 예술가들은 랭보식의 '실재를 꿰뚫어 보는 자(voyant)'가 아니라 철저히 '실재를 자기 소유화하는 자(regardeur)'가 되어야한다고 했다. 파리의 누보 레알리스트들의 표현을 빌리자면 '바라보는 자'가 아니라 '실재를 탈취하는 자'가 되어야 했다. 신사실주의 그룹의 기획자인 평론가 피에르 레스타니(Pierre Restany, 1930-2003)가 그 그룹의 예술가들에게 '현실에 대해 새로운 인식을 갖고 접근할 것'을 주문하는 그룹 「선언문」(1960년 4월 16일)에서도 이를 언급한다.

16 당시 '작가의 태도'에 대한 사유가 넓게 확산되어, 국제적인 관심을 크게 끈 1969년 런던의 전시회 주제가 <태도가 형식이 될 때(When Attitudes Become Form)> 이었다.

식인 "인터-미디어(inter-media)"가 자연스레 이루어지게 되었다. 그러므로 '행위예술'에서 행위자는 다양한 장르의 예술경계를 넘나들면서 그 간극과 그 교차에서 그 어떤 것을 알아내고 또 아직 체험하지 못한 그 어떤 것들을 여러 경향의 가능성을 위해 매체들과 함께 계속 실험할 수 있었다.

1958년 여름에 케이지의 강연과 공연으로 마치 번개를 맞는 체험을 한 후, 그리고 가을에 '다다전시회'에서 '예술가의 태도'에 대한 각성을 갖게 된 백남준에게 겨울은 "음악으로 다다를 완성"하는 목표를 갖게 된다. 그리고 그 형식은 음악이 아닌, 형식과 장르가 경계에 있는 '퍼포먼스 아트'를 선택한다(백남준 2010, 204-205). 1959년 11월 13일 금요일 저녁 8시 독일 뒤셀도르프의 <갤러리 22>에서 행한 약6분간의 행위예술 <오마주 존 케이지(Hommage à John Cage)>가 그의 첫 퍼포먼스작품이다(Rennert 2005, 31).[17] 그는 이 작품을 스스로 "소리예술(sound-kunst)"이라고 했다. 그러므로 이것은 청각(소리)과 시각(예술)의 통합이다. 이 퍼포먼스의 주요요소는 맨 먼저 "소리(sound)"이다. 이것은 그가 여러 미디어들을 활용해 만든 '소리음악'의 재료(medium)이다. 그 다음의 주요요소는 '행위'이다. 이 시각적인 요소는 그의 '몸'이 '움직이는 오브제로서' '날 것 그대로의' 소리와 그 효과를 위해 가시화 되는 행위이다. 세 번째 주요요소는 '시각적 · 청각적 요소'를 통합적으로 '콜라주한 (단 한번만

---

17 이 작품은 뒤셀도르프 첫 공연이후, 쾰른(1960년6월)에서 그리고 스톡홀름, 오슬로, 코펜하겐(1961년10월)에서 공연되었다. 그 후로도 많은 중요한 행위예술 작품들이 또 작곡되고 공연되었다.

일어나는 우연의) 형식'이다. 고로 백남준의 이 예술적 행보는 처음부터 음악이라는 경계를 넘나들며, "소리+예술"이라는 새로운 개념을 표출하기 위한 여러 미디어들 간의 중첩과 교차를 '과감한' 방식으로 실험한 것이다. 더구나 퍼포먼스 속에서 그의 신체는 '살아 있는 역동적인 오브제'이자, 각종 매체들과 연계된 '관계'의 경계를 넘나들며 '리미널(liminal)'한 시공간 속의 체험매체가 되어 그 '절정의 순간'에 '아우라'를 발생시킬 수 있었다(Paik 1992, 49-53; 백남준 2010, 206, 397-403; 데커 2001, 37; 전선자 2014, 375~408).

백남준의 이러한 '미디어에 관한 상상력'은 서양적 관념에서 나온 것은 아니다. 그는 첫 행위예술작품인 <오마주 존 케이지>에서 뒤샹과 케이지를 넘어서는 새로운 "양식" 하나를 만들겠다고 했다. 그러므로 이 양식은 미래지향적이고, 또 변화를 이끌어 내는 '새로운' 표현형식을 제시하는 것이 되어야 했다. 이를 위해 그는 아직 '미지'의 영역으로 존재하는 예술영역으로 가려고 한다. 그것은 다양한 미디어의 중첩과 콜라주가 교차하는 방식으로 실험되고, 동시에 유럽전통음악에서 해방된 '소리'와 기획되지 않은 '무위의 행동'이 '가시화'되는 '행위'로 추구했다. 바로 "어느 장르에 넣기가 곤란한 새로운 예술적 동향" 사이에 놓인 특별한 지점을 드러내며, 아직 형성되지 않은 어떤 경향을 가리키며, 나아가는 것이다. 이런 상황을 켄 프리드먼(Ken Friedman, 1949~)은 "인터미디어(intermedia)"라고 말한다(Breder/Busse 2005, 51). 인터미디어는 원래 시각예술에서 여러 '미디어간의 중간 영역'을 뜻하지만, 그것은 미지의 다음 단계로 이행하는 '과정'이라는 의미를 내포하고 있다. 피카소가 1912~1914년 사이 <기타> 작품들에서 콜라주(collage) 방식에다가 나무와 철사, 깡통과 마분지를 더 사용함으로써 나타나는 '아상블라주(assemblage)' 전(前)단계 과정이 이 같은 예이다(도 11). 이와 같이 어떤 경향으로 가는 과정이 이미 라우센버그의 <하얀 페인팅>과 존스의 <깃발>에서도 드러났듯이, 이러한 표현형식으로서 백남준의 행위 즉 '움직이는 오브제'는 이 움직이는 신체의 고유 '리듬'에다가 '각 매체의 고유 가치'를 지닌 소리매체들을 사용하나 그 매체의 원래의 기능을 '제거한 소리' 즉 '원시상태의 소리'를 소재로 한 구성을 기획했다. 이러한 인터미디어 형식을 그는 그의 서한들에서 언급했었다.[18] 그러므로 그 행위 작품이 무엇(어떤 매체)으로 그가 원하는 "안티 음악 Anti-musik(무음악a-music)"을 만들고, 어떻게(어떤 장르를 중첩 또는 교차시키면서) "소리 예술(소리+콜라주 예술)"을 만들어 내는지, 또 그의 "행위로 하는 음악"이 (구체음악과 전자음악과는 달리) 무엇(어떤 예술)을 목표로 했는지를 백남준이 서한에 언급한 '미디어'들과 함께 분석하는 것이 본 논문의 목적이다. 따라서 이 분석은 곧 그의 행위예술 속의 "인터미디어" 현상을 분석하는 것이 된다.

18 백남준이 <다름슈타트 국제음악연구소> 소장 슈타이네케박사에게 보낸 편지 중 퀼른에서 발신한, 1958년 12월 8일자와 1959년 5월 2일자, 두 편지가 <오마주 존 케이지>에 관한 구상들이며, 유일한 백남준의 "행위음악"의 기본 틀을 알리는 글로서 여기서 언급된 것이다. 이 모든 편지들은 다름슈타트 국제음악위원회에 보관되어 있다.

2. 인터미디어

쇤베르그의 "무조성(無調聲)" 사용(1908년부터)은 '12음 기법의 발견'(1921)으로 이어져 백남준에게는 쇤베르그가 전위음악의 최전선을 의미했었다. 존 케이지의 "무(無)작곡(Akomposition)"은 '불확정성'과 "우연성"을 소재로 한 "과정으로서 작곡(Komposition als Prozeß)"(Rennert 2005, 12)이라는 음악의 새로운 영역을 개척해 냄으로써 백남준에게는 "놀라움과 절망" 그 자체였다. 여기서 그는 "절망"과도 같은 "놀라움"을 느꼈다고 했다. 아마도 그 때의 체험이 그가 훗날 신문 칼럼에 쓴 "게임에서 이긴다는 것은 그 게임의 룰에 복종해서 이길 수도 있지만, 그 룰 자체를 변경해서 이길 수 도 있다는 것을 알아냈다"(김용옥 1999, 229)는 그의 진술이 형성된 계기가 되었을 것으로 보아진다. 어쨌든 그 결과로, 백남준의 예술적 첫 행보는 서양음악의 프레임 안에 있는 변주곡(variation)이 아니었다. 그는 서양음악에 대한 "안티음악"이자 그들에게는 "아주 슬픈 무(無)음악"이 되는 것을 기획했다. 이 "무음악"은 서양적 사고 안에서 이해하기 힘든, 다시 말해서 서양인에게는 '파괴'로 인식되는 소리(聲)로 제작된 서양음악의 "안티테제"이다. 그는 이 논제의 실천을 뒤샹의 '소변기가 예술품이 되는'(도판 12) "반예술(anti-art)"의 개념에서처럼, 음악에 다시 시·청각복합-예술장르의 멀티미디어 현상을 도입해 이것에 일괄된 '새로운 개념'을 제안하고 그리고는 '음악의 새로운 존재론'을 기획한다.

백남준은 이를 위한 그의 첫 예술작품의 기본 틀을 자신의 동양적 사유 속에서 찾아냈다. 더 이상 음악의 범주와 의미를 서양음악에만 의존하지 않고 동양의 문화적 요소로 기획한 그의 의도가 다행히 그의 서한들 속에 들어있다. 그는 첫 공연을 준비하면서 그의 첫 번째 멘토인 볼프강 슈타니네케(Wolfgang Steinecke, 1910~1961) 박사에게[19] 미디어와 관련되는 비품들의 사용 설명을 곁들인 두 편의 편지를 썼다. 그러므로 이 두 서한을 살펴보겠다(Paik 1992, 49~53; 백남준 2010, 397~402).

2.1. 행위예술 〈오마주 존 케이지〉의 초안

독일 다름슈타트의 <국제음악연구소> 소장 볼프강 슈타이네케 박사에게 보낸, 쾰른에서 발신한(1958년 12월 8일자와 1959년 5월 2일자) 두 편지가[20] <오마주 존 케이지>(도판 13)에 관한 구상

---

19 수산네 레너르트가 언급하길 백남준의 두 번째 멘토는 뒤셀도르프 <갤러리 22>의 주인인 장-피에르 빌헬름이고, 세 번째는 부퍼탈 파르나스 화랑주인 롤프 예를링이라고 했다.

20 이 편지들은 현재 다름슈타트 국제음악위원회에 보관되어 있다. 원래 이 작품의 공연이 1959년에 다름슈타트에서 열릴 예정이었으나 이루어지지 못했고, 같은 해 11월 13일에야 뒤셀도르프 <갤러리 22>에서 초연되었다.

들이며, 백남준의 "행위음악", "행위예술"의 기본 틀을 알리는 유일한 내용들이다.

먼저 그의 작가적 태도는 당시 케이지의 "무작곡"을 넘어설 수 있는 개념을 뒤샹의 "반예술"개념 속에서 찾았다. 그것이 "12음 기법의 매너리즘(Zwölfton Manierismus)"에 대한 신중하면서도 '복구되지 않을' 대조로서 창작된 "무음악·안티음악"의 경지이다. 그는 1958년12월8일자 서한에서 이 의미를 이렇게 밝혔다(Paik 1992, 49; 데커 2001, 37; 백남준 2010, 402-403).[21]

> " (...)
>
> 그리고 저는 <오마주 존 케이지>의 새로운 부분을 썼습니다. 그것은 바로 "순수 연극 théâtre pure"입니다.
>
> 쇤베르크가 "무조성 atonal"을 썼습니다. 존 케이지는 "무작곡 a-composition"을 썼습니다.
>
> 저는 "무음악 a-music"을 썼습니다.
>
> 이를 위해서 보통 정도의 피아노나 그랜드 피아노 그리고 아주 형편없는 '장치된' 피아노와 스쿠터 한 대가 필요합니다.
>
> 피아노는 건반 악기로만 사용되는 것이 아니라 현악기, 피치카토, 타

21 "Ich schreibe ein neues Stück "hommâge à M. John Cage." Es ist eine "theâtre pure." Schönberg hat geschrieben "atonal." John Cage hat geschrieben "Akomposition." Ich schreibe "Amusik." (...) Natürlich - es ist sehr traurige "Amusik"(Tonkunst), ein klingende Schwitters. John Cage hat grosses Interesse gezeigt an dieser Idee." 한글번역문에는 전공적인 용어 사용에 있어서 약간의 오류가 있다. 예를 들어 "Tonkunst" "acte gratuite" "Variеté" 같은 단어의 정확한 개념파악을 위해서는 시정될 필요가 있어 그 원문을 여기서 함께 사용한다.

악기로도 사용될 것입니다. 음악가들이 신문을 읽고, '관객들과 얘기하고', 그랜드 피아노를 밀고, 피아노를 뒤집을 것입니다. 피아노가 무대에서 관객들이 있는 바닥으로 떨어질 것입니다. 관객들은 무대를 향해 폭죽을 던져 터트리고, 권총을 쏘고, 유리잔을 깰 것입니다. 그리고 스쿠터가 무대 뒤에서 도착합니다.

게다가, 여러 가지 장난감, 일기 예보, 뉴스, 라디오 스포츠 중계, 부기우기, 물, 녹음기 소리 등, 다시 말해 기능적으로 자유로워진 소리들이죠..

당연히 - 이것은 아주 슬픈 "무음악" (소리예술 Tonkunst)이며, 소리로 표현된 슈비터스입니다.[22] 이 생각에 존 케이지도 큰 관심을 보였습니다.

5월까지는 모두 끝내려 합니다. 만족스럽다고 생각될 때 보여드리겠습니다. 저 스스로 '연습' 혹은 '습작'이라고 생각되는 작품을 받아보시지는 않을 것입니다. (...)

추신: <오마주 존 케이지>의 주요 부분은 녹음테이프로 음악을 녹음했습니다. (전자음악도 아니고 '구체적인' 음악도 아닙니다.) 행위가 중요하지만 이 작품에서는 그리 큰 부분을 차지하지 않습니다."

여기서 백남준은, 다다이스트들이 사용한 일상의 '오브제'처럼, 서양음악과 예술의 전통적인 제재(題材)와 소재(素材)는 전

22 쿠르트 슈비터스는 독일 하노버에서 활동한 다다이스트이다. 시, 회화, 조각, 그래픽 디자인 등 다양한 장르를 섭렵하며 설치미술을 창안했고, 훌륭한 콜라주 작품들을 많이 남겼다(도 10). 다다잡지 『메르츠(Merz)』를 출간했다. 주석 13을 참조 바람.

혀 사용하지 않는다. 그는 동양적인 문화요소 속에서 제재를 찾고, 생활용품 속에서 소재를 찾아냈다. 즉 '12음 기법의 매너리즘'에 대한 대조로서 그의 예술작품의 구조는 소리를 만드는 모든 소재가 '무위의 행동'에 의해 가시화되는 것이다. 또 이 구조의 "시·청각적 복합 콜라주"(Rennert 2005, 19)가 '소리로 표현된 슈비터스'로 제작되어야 한다는 것이다. 그렇다면 이 작품은 어떤 기능을 추구하는가. 그것은 먼저 그의 동양적인 문화요소에서 추출한 그의 '영감'에 기인하는데 이것이 여기서 어떤 일을 추진해냄으로써 그 기능을 가능하게 했다고 보아진다. 이 관점을 드러내는 그의 두 번째 서한(1959년 5월 2일자)에서 이에 대한 그의 구체적인 구상을 살펴볼 필요가 있다(Paik 1992, 50~53; 백남준 2010, 397~401).

" (...)

1악장은

"마르셀 뒤샹+도스토옙스키=쿠르트 슈비터스"

버라이티 쇼(다원성)≠변주곡[23]

이것이 바로 숭고함이 근본적으로 추악함과 코미디와 분리될 수 없다는 증거입니다. 그래서 모든 관객은 막 <마태수난곡>을 끝까지 듣고 온 사람의 자세로 공연을 관람해야 합니다. 물론 슈투켄슈미트 씨처럼 그다지 섬세하지 못한 기자는 이런 정신적 요구를 수용하지 못할 것입니다. 소재는 콜라주(로 된) - 라디오와 언어입니다. 언어 Sprache는 음

23 "Marcel Duchamp+Dostoevsky=K. Schwitwers"/ Varieté≠Variation"

성 Phonetik과 억양 Intonation이 충분히 구별되지만, 의미 Semantik가 아직 구성되지 않은 그런 원시적인 상태여야 합니다. 리듬 Rhythmen은 호흡 Atmung과 행동 Aktion, 그리고 활력 Dynamik과 일치하도록 만들어졌습니다. 이는 리듬과 활력을 분리시켜서 다루는 젊은 유럽 작곡가들의 방법과 대치됩니다. [...]

2악장은

가능한 한 지루하게:
프루스트, 팔레스트리나, 선,
그레고리오 합창, 미사전례,
파리의 카페, 삶, 섹스,
그리고 먼 곳을 바라보는 개처럼"

저는 끊임없이 이어지는 놀라움과 실망(1악장) 그리고 극도의 지루함(2악장)을 만들어내면서 일상의 법칙에서 벗어났습니다. 다시 말해, 음악가의 음악의 세계에서 벗어난 것입니다. 제2악장은 열정과 어리석음이 동시에 작용하여 이룬 독일의 경제 기적에 대한 경고입니다. 여기에 다름슈타트에서 제가 직접 비용을 들여 운송해올 '장치된 피아노'와 또 다른 '장치된 피아노' 한 대가 등장할 것입니다. 두 번째 '장치된 피아노'는 많이 훼손하지 않을 것입니다. 건반 열 개의 현만 제거할 생각입니다. 피아노 준비는 존 케이지의 방법과는 다릅니다. 피아노 외에 나는 다른 장난감들도 사용할 것입니다(자동차, 피치파이프, 탱크 등).

3악장은 철학적인 음악이기보다 음악으로 하는 철학이 될 것입니다. 확성기로 아르토와 랭보의 시구를 외칠 것입니다. 제가 그 시들을 행위와 함께 외칠 것입니다. 무대 위에서 자기 기능을 벗어난 기능적 행동을 통해 "무위의 행동(acte gratuite)"이 가시화할 것입니다. 이는 오늘날 질식 상태에 있는 뮤지컬에 하나의 탈출구를 제시할 것입니다.

이 지점에서 피아노(50 마르크)를 뒤집고, 유리잔을 깨고, 달걀을 던지고, 종이를 찢고, 살아 있는 닭을 풀어 주고, 오토바이가 등장할 것입니다.

하지만 이것은 유머가 아닙니다. 다다이스트 가운데 유머를 목표로 접근하지 않고 결과로 낳은 이들만이 살아남았습니다. 예를 들어, 뒤샹, 에른스트, 아르프, 슈비터스(이제 그의 작은 콜라주 한 점의 가격이 5만 마르크나 됩니다) 같은 사람들입니다. 저는 다다이즘을 음악으로 더욱 완성하고 싶습니다. 비록 다다이즘이 속물들(philistines)에게는 금기시되고 있지만 말입니다. 오늘날, 헨체(Hans Werner Henze, 1926~)와 뷔페(Bernard Buffet, 1928~1999)는 옛날 헨델, 루벤스, 리스트, 힌데미트, 스트라빈스키, 피카소처럼 숭상되고 있죠. 저는 새로운 스타일(양식)을 찾았다고 확신합니다. 이것은 지금까지 남아 있는 아리아에 바탕을 둔 새로운 음악이 절대로 아닙니다. [...] 제가 여러 번 말씀 드렸지만, 단지 '데뷔'하기 위해서 스튜디오에서 공연하기에 중간 정도의 수준밖에 되지 않은 '작업물'을 내놓고 싶진 않습니다.

퍼포먼스는 아주 간단합니다. [...] (공연은) 약 10분 정도면 충분합니다. 공연일은 되도록 늦게 잡고(충분히 연습을 할 수 있도록), 공연장도 넓지 않은 곳으로 정하려고 합니다. (왜냐하면 '장치된 피아노'의 소리가 그리크지 않기 때문입니다.) 그리고 관객들이 제작부의 프로그램이나 무대 준비를 보아서는 안 되기 때문에 이 곡은 공연이 시작되면 바로 연주할 예정입니다. 선생님께서 '12음 기법의 매너리즘'에 대한 이 중요한 (그리고 비복귀적인) 안티테제에 기회를 주실 것을 희망하고 또 (허락하신다면) 그러시리라고 저는 믿습니다. (하지만 저는 쇤베르크나 슈톡하우젠을 여전히 좋아하고 있습니다.) 저는 쾰른의 스튜디오에서 제 작곡의 공간적 개념을 현실에 옮길 작정입니다. [...]

2.2. 행위예술 〈오마주 존 케이지〉의 인터미디어 현상

이 <오마주 존 케이지> 공연에 대한 사진과 동영상은[24] 없다. 그럼에도 그의 두 서신 속에는 본 연구자가 추려낼 수 있는 미디어에 관한 자료가 충분히 들어있다. 이를 바탕으로 그의 예술적 야심을 미디어 활용 측면에서 분석해 본다. 먼저 그가 자신의 행위예술의 개념을 전달하기 위해서 사용한 매체들을 언급하자면, 행위자의 신체, 언어, 보통 피아노와 '장치된' 피아노,[25] 아르토와 랭보의 시구, 확성기, 라디오의 일기예보·뉴스·스포츠 중계·부기우기·물소리를 녹음한 테이프와 녹음기, 스쿠

24 당시의 유일한 퍼포먼스 동영상은 1962년의 <플럭서스 페스티벌>에서 찍은 영상뿐이다.

25 1940년 케이지가 처음으로 '장치된' 피아노를 고안해 냈다. 그는 피아노 건반 88개가 낼 수 있는 소리 외에 더 많은 소리가 필요했다. 그래서 필요에 따라 피아노 현에 종이, 고무, 나사, 필름 등등을 끼워 넣어 원하는 타악기 소리를 만들어 냈다. 이런 장치들을 한 피아노를 '장치된 피아노'라 부른다.

터, 자동차·탱크 같은 장난감과 피치파이프, 종이, 유리잔, 살아 있는 닭, 달걀, 음악가들과 관객들이다. 이 모든 것들은 일상 속에서 쉽게 접할 수 있는 것들이라는 점이 곧 일상과 예술이 서로 일치하도록 기획되었음을 드러낸다. 그럼 그가 이런 매체들과 어떻게 퍼포먼스를 진행했는지 살펴보자.

그가 "숭고함이 근본적으로 추악함과 코미디와 분리될 수 없다"(1악장)는 것은 그의 동양적 사유에서 나온 그의 '발상'이다. "놀라움과 실망(1악장)"을 안겨준다는 이 비유는 모든 실재에는 상호대립적인 '양면성'을 갖고 있다는 전제를 상기시키면서, 그것들은 둘이 아니라 '하나'이며, 이 두 양면이 교대로 변화하는 움직임 속에서 하나의 총체적인 결과가 나온다는 것이다. 이것이 이 작품의 제재(題材)이다. 그래서 그는 장시간의 공연인(4시간짜리) <마태수난곡>을 다 듣고 온 사람처럼 이 짧은 공연을 감상해 주길 바란다고 했다. 그리고는 더 나아가 인간의 어둡고 추악한 측면에서 '구원'에 이르는 길을 찾는 소설 <카르마조프 형제>를 쓴 도스토옙스키에다가, 플러스(+)로 '인위적'(허위적) 표현이 없는 실용적인 대량생산품을 <레디메이드>라는 예술품으로 만들어 직관적으로 현대예술의 정신성을 일깨워준 뒤샹을 합한(=) 것이 바로 (현실을 그대로 드러내는 콜라주 작품을 만든) 쿠르트 슈비터스라고 증언한다. 그래서 이 대목에서 그는 '세상에 존재하는 모든 소리'가 음악이 될 수 있음을 '원시상태의 언어'에서 증명하고자 했다. 동시에 '리듬'에 의해 표현된 그의 '언어'는 "호흡"과 시각성이 강조된 "행위"로 중첩되고, "활력"과 일치시키고 교차시키면서 "젊은 유럽작곡가들의 방법과 대치"되는 화성(和聲)없는 즉 가장 자연스런 "음성"과 "억양"을 표출해 내고자 했다.

그 다음, 백남준은 "극도의 지루함"(2악장)을 만들어 보편적인 '일상의 법칙' 뿐만 아니라 유럽의 "음악가의 음악의 세계"에서도 벗어나려고 기획했다. 동양에서는 '지루함'이 '고상함'을 의미하기도 한다(백남준 2010, 198). 여기서 그는 서양의 고루한 '지루함'을 동양의 '고상함'으로 교체시키겠다는 계획이다. 즉 이것은 전후 냉전시대가 도래하고, 서와 동으로 이등분된 유럽의 정치판도 속에서도 '유럽의 50년대 후반은 국제적인 각성과 궐기로 아주 개방적인 상황'이었음에도 불구하고 독일이 여전히 유럽중심주의적인 사고로 일상에서건 음악의 세계에서건 자기중심적인 실천을 하고 있다는 사실을 일깨워주기 위해 그가 "독일의 경제 기적"을 빗대어 "경고"하고 있다(Rennert 2005, 10). 다시 말해서, 당시 독일 연방공화국의 아덴아우어(Adenauer)정부는 '경제 재건과 나치즘의 배격'에만 몰두하고 있었다. 그것은 생활관습에 내재된 극도의 "열정(근면함)과 어리석음(일방적 사고)"이 동시에 엮어낸 결과일 뿐이라고 말하는 것이다. 그래서 그는 이 대목에서 두 대의 피아노를 이에 걸맞게 사용한다. 즉 서양고전음악의 상징인 피아노는 감미롭게 연주되는 것이 아니라 총보의 지시대로 '행위'로 연출된다. 그것은 "피아노가 건반악기로만 사용되는 것이 아니라 현악기(현으로 켜고), 피치카토(현을 뜯어서), 타악기(두드려서)로 사용되고, 그랜드 피아노를 밀고, (형편없이 망가진) 피아노를 뒤집을 것이며, 피아노가 무대에서 관객들이 있는 바닥으로 떨어질 것"이라고 한 것이다.[26] 소리와 행위 모두가 레디메이드의 오브제처럼 제 기능에서 벗어나 있다. 이 모든 매체들이 내는 소리들은 모두 '일회성'으로서 "행위"에 의해 그 순간의 도발적인 힘을 가시화할 것이다. 장난감들도 총보에 맞춰 행위자가 내는 의성어와 함께 극단적인 시각이미지를 만들어 낼 것이다. 그래서 "확성기로 아르토(Antonin Artaud, 1896~1948)와 랭보(Jean-Arthur Rimbaud, 1854~1891)의 시구를 외치는" 행위가(3악장) 이어지는데, 그것은 바로 '신체의 상징적인 표현과 소리, 그리고 리듬을 중시하며, 고함과 몸짓의 전위적인 표현이 무대와 객석을 폭력적으로 융합시키려는 경향'을 띤 아르토의 <잔혹연극(Theater of Cruelty)>(또는 부조리극(Absurdes Theater)을 연상시키고 있다. 또 확성기에서 나오는 시구는 시 낭독의 '이질적인' 행위이자 단순한 충동의 "무위적 행동"으로서 소리와 콜라주 된 시각이미지이다. 이 대목에서 그는 이 '난폭한' 시각이미지를 최고조로 끌어 올린다. 피아노의 전복에 덧붙여 조심스레 다루어야 하는 계란을 벽에 던지고 또 깨지기 쉬운 유리잔을 깨며, 종이를 찢는 등 금기시 하는 인습적 사고에 정반대가 되는 '파괴적인 행위'를 잇달아 한다. 그가 바라는 것은 바로 부조리하고 비호감적인 소리와 이런 행위의 시각성이 우선적으로 행위자 자신에 의해 자발적인 충동과 불확정적인 '무위의 행동'으로 표현되어 기존음악의 "안티테제"가 되게 하는 것이다. 이로써 이 소리와 행위의 융합이 관객에게는 "충격"을 주는 것이자 동시에 그것에 대한 "효과"가 일어나게

---

26 다 망가진 피아노는 물질적인 가치를 갖지 않기에 그런 피아노를 파괴하는 것은 학대도 아니고 반달리즘도 아니다.

만드는 것이다. 이렇게 사용된 모든 매체들은 "파괴"를 위한 것이 아니라 "충격"에 초점이 맞춰져 있다고 그는 말했다(백남준 2010, 397-399). 이것이 바로 관객의 '부정적인 놀람'(3악장 마지막)으로서 그들의 즉각적인 인식체계에 반응을 이끌어낼 것이며, 곧 바로 행위자를 향해 피드백이 생기도록 설정한 것이다. 관중석에서는 이미 야유로 '음악가들이 신문을 읽고', '관객들과 얘기를 하고' 있는데, 이런 관객들도 역시 "무대를 향해 폭죽과 권총을 쏘고, 유리잔을 깨는" 행위를 한다. 이때 "무대 뒤에서 등장하는 (난폭한 소리로서 분류할 수 있는) 스쿠터"의 굉음으로 행위자는 응답을 한다. 이렇게 진행함으로써 관람자의 행동이 자연스레 공연에 능동적인 '참여'라는 결과를 낳도록 하는 것이다. 그래서 3악장이 "음악으로 하는 철학"으로서 수동적인 관객의 태도에 자극을 주어 관객이 스스로 "오늘날 질식 상태에 있는 뮤지컬에 하나의 탈출구"를 만들어 낼 수 있는 가능성을 제시하게 하는 것이다. 이것이 바로 관객의 몫으로서 그가 작품 속에 구상한 자신과 다른 '타자'라고 보아진다.

2.3. 백남준의 '새로운 예술 개념'과 "인터미디어" 양식

"인터미디어"라는 용어는 켄 프리드먼(Breder/Busse 2005, 51)에 의하면, 1966년 플럭서스(Fluxus) 예술가이자 이론가인 딕 히긴스(Dick Higgins)가 뉴욕에서 발행하는 『Something Else Newsletter』(1966)에 그의 에세이를 투고하면서 탄생했다고 말한다. 이미 뉴욕예술계에서는 50년대 초부터 여러 매체를 넘나들며 실험하는 예술가 라우센버그와 존스 외에도 상당수의 젊은 무명의 예술가들이 있었고, 이들 모두는 뉴욕의 <새로운 사회연구소>에서 존 케이지의 강의에 참여한 바 있다. 딕 히긴스도 그 중의 한 실험가로서 이 에세이에서 당시 '아직 이름이 붙여지지 않은 상태의 어떤 예술의 경향'을 묘사하기 위해서 "인터미디어"라는 용어를 사용했다. 실제로 '인터미디어'를 만들어내는 예술가들 중 대부분이 플럭서스 예술가들이거나 그들의 동료들이었다(Breder/Busse 2005, 52).[27] 인터미디어를 실행한 예술가들의 시도는 간단하고 원시적인 것부터 기술적으로 정교하게 발달된 것까지 다양한 범위에 걸쳐져 있었다. 프리드먼은 이제까지의 인터미디어 역사를 4단계로 설명했는데, 첫 번째 역사가 1950년대 후반부터 60년대 초반에 이르는 시기로서 백남준을 비롯한 플럭서스 멤버들과 그들의 동료 예술가들의 계획된 작품개발의 역사가 된다고 말한다. 이 역사 속에서 프리드먼은 백남준을 첫 번째로 언급한다. 그런데 이 역사는 또한 '개념예술(concept art)'의 첫 번째 역사(1961년까지)와도 연결된다. 헨리 플린트(Henry Flynt)가 정의한 이 첫 번째 개념예술의 정의는 '그 근원적인 요소가 아이디어(idea)인 예술 형태'를 말했다.

27 인터미디어 예술에서 활약한 많은 예술가들이 플럭서스 활동에도 참여했으며, 거기에는 한국 출신 백남준, 독일의 요제프 보이스(Joseph Beuys, 1921~1986)와 볼프 포스텔(Wolf Vostell, 1932~1998), 일본의 코수기 타케히사와 쿠보타 시게코(Kubota Shigeko, 1937~2015), 리투아니아계 미국인 조지 마키우나스(George Maciunas, 1931~1978)와 요나스 메카스(Jonas Mekas, 1922~), 프랑스의 쟝 두푸이와 로버트 필리오 그리고 벤 보티에르가 포함된다.

예를 들어서, 음악에 있어서 그 근원적인 요소가 '소리(sound)'인 것처럼 말이다. 이것은 1930년대 존 케이지에게 영향을 준 미국으로 이주해 온 프랑스 작곡가 에드가르 바레즈의 '세상의 모든 소리는 음악적 요소로 쓰일 수 있다'는 신념과도 같다. 그 이후 케이지는 '모든 소리를 체계화(동등하게)하는 것이 음악'이라는 철학을 갖게 되었다. 따라서 악기를 두드리는 소리든 소음이든 또는 다른 전통악기의 음이든 서로 다른 모든 음이든, 그 사이의 경계를 없애거나, 음악가가 만들지 않은 음과 소리도 유효하다는 생각은 케이지에게 (나중에 수용한 불교의 영향 없이도) 이미 가능했던 일이었다.[28] 그래서 케이지는 작곡을 '인생의 긍정'이라고 말했다. 그에게 작곡은 "혼돈에 질서를 부여하거나 창조를 통해 진보를 이루려는 시도가 아니라 단순히 우리가 사는 인생 자체를 일깨우는 방식"이라는 것이다(황혜정 2006, 68~69). 이처럼 이 '개념예술'은 예술에 관한 '한 예술의 형태(a form of an art)'를 말했으며, 여기서 '아이디어'는 예술에 관한 것이자 철학적인 연구의 한 형태이며 예술 그 자체가 되는 것이다(Breder/Busse 2005, 52-53).[29] 그렇다면 플린트가 말한 것은 어떤 예술의 개념 하나가 창출되는 데에 있어서 '발상'이나 '아이디어'가 근본적으로 어떤 출발점내지 전환점을 만들어 준다는 것이다. 그런데 이런 것은 언제나 있어온 일이다. 다만 히긴스는

28 케이지가 일상에서 이미 깨달은 것은 우리가 어디에 있든, 우리가 듣는 것은 대부분 소음이라는 것이다. 우리가 그 소음을 무시하면서 듣지 않으려 한다면 그것은 더 잘 들려 우리를 방해한다. 그런데 우리가 그것을 들으려 한다면 우리는 그것을 매력적이라고 생각한다는 것을 알고 있었다.

이런 상황을 간파하고는, 그러한 예술가들의 '아이디어'와 '실천'을 밑천으로 삼아 '인터미디어' 개념을 형성해 나갔다. 그는 인터미디어를 "형태들과 미디어 사이의 경계 변두리에 놓여 있는 예술을 말하는" 것이라 정의하면서, "인터미디어 개념은 예술 형태와 '예술 형태가 아닌 것' 사이에서도 발견된다."고 했다. 그러한 것들에 대한 예들을 들어보자면, 중세 때부터 있어온 '행렬(Prozession)'이 있다. 그것은 당시 변화무쌍하고 화려하고 흥미로운 최고의 구경거리였다. 그래서 가장 위대한 '요리 행렬(culinary pageant)'은 인터미디어로서 그 행렬이 보편화된 이후에는 그것 나름의 여러 예술 형태로 발전되었다. '궁전에서 연행렬(court pageant)'은 퍼포먼스 예술의 중요한 한 형태가 되었고, 순례자들의 여행을 은유적으로 표현한 '가면무도회'도 역시 다시 인터미디어로 형성되었으며, 거대한 해전을 재현한 궁전 내 물이 넘치는 복도에서 음악과 춤과 함께한 연극도 마찬가지였다. 오늘날에도 많은 형태가 인터미디어로 출발한다. '포토몽타주', '예술가들의 책', '스템프 예술(stamp art)', '퍼포먼스 아트', '편지 예술(mail art)' 그리고 '비디오 아트' '미디어아트' '뮤지컬' 등등 모두 인터미디어 영역에서 하나의 단결된 미디어로 부상한 것들이다. 요제프 보이스의 '사회적 조각', '개념예술',

---

29 헨리 플린트가 『선집(An Anthology)』(1961)에 낸 그의 에세이에서 처음으로 정의한 이 개념예술은 1965년부터 요제프 코수스(Joseph Kosuth, 1945~) 등에 의해 발전되어 온 이 보다 더 잘 알려진 '개념예술'과는 다른 것이다. 플린트의 정의는 그가 정의를 내렸던 의도와 일치하지 않았다. 그것은 50년대 후반부터 1961년까지의 그런 예술 경향에 대한 그의 독창적인 생각이었다. 1990년대에 와서야 그는 그가 만든 첫 신조어 '개념예술'을 그의 에세이에서 그런 의미로 사용한 것이 아니라고 (잘못 사용되었음을) 스스로 밝혔다.

‘개념상의 예술(conceptual art)’ 모두가 인터미디어적 표현으로부터 시작되었다. 인터미디어는 가끔 멀티미디어와 혼동된다. 그러나 멀티미디어로부터 인터미디어가 갖는 중요한 차이점은 “서로 다른 미디어를 하나의 형태로 합병시킨 것”이다. 인터미디어의 성공은 새로운 형태들을 가능하게 하는 합병 요소들의 ‘일관성’에 있다(Breder, 53). 바로 이 대목에서, 백남준의 퍼포먼스 융합 속의 2개 이상의 대립적인 요소인 소리와 행위가 1개의 시·청각복합콜라주로 대치(代置)되는 현상을 생각해 볼 수 있다.

그럼 여기서 <오마주 존 케이지>의 소재를 다시 보면, 그것은 ‘소리’ 매체와 ‘행위’ 매체이다. 서한의 추신에서도 이 작품의 주요요소가 녹음된 테이프인데, ‘전자음악’도 아닌 ‘구체음악’도 아닌 라디오의 여러 메시지와 음악을 녹음한 것이다. 이를테면, 그 소리는 라디오의 스포츠 중계나 뉴스, 일기 예보 등을 녹음한 것과 부기우기 같은 음악녹음을 말한다. 이 각각의 녹음들은 ‘고유성을 갖고 생생하게 존재’하는 여러 소리의 조합들로서 “라디오” 방송에서 무작위로 녹음한 것이며, 이미 그 의미의 실용성이 제거된 소리로서 퍼포먼스 속에서는 그저 일상 속의 소리 즉 소음일 뿐이다. 여기서 백남준은 우리가 음악적 소리보다는 이런 일상의 소리 속에서 더 많은 시간을 보낸다는 것을 암시한다. 그러므로 그의 음악 세계에서는 (유럽음악가의 음악의 세계와는 달리) 이런 모든 소리가 음악의 소재(素材)가 되며, ‘지루함’이란 너무도 일상적이기에 그렇게 느끼는 것뿐이지 일상을 무심으로 즉 자연스럽게 보내면 그것은 ‘고상한’ 것이 될 수 있다는 것이다.

특히 그는 "언어"를 언급했는데, 언어가 보통은 언어가 되기 위해서는 기호와 소리가 의미를 암시하고 전달하도록 조합되어야 한다. 그러나 그는 여기서 모든 관습적 조합을 해체한다. 즉 언어가 "음성과 억양이 충분히 구별되지만, 의미가 아직 구성되지 않은 그런 원시적인 상태"로 만들었다고 했다. 즉 의미가 소리로 전달되지 않는 '비언어적(nonverbal) 행위'가 되게 했다. 이것은 언어보다는 '몸으로 이야기하는 것'으로서 이 '논버벌적 행위'가 지구촌 모든 이가 서로 이해할 수 있는 '새로운 문화적 언어"로서 탄생할 수 있음을 피력한다.

그 다음, 그는 사람이 내는 "원시적인 상태의 소리"에 "호흡과 행동, 그리고 활력과 일치하도록" 즉 움직이는 몸과 일치하는 "리듬"을 넣었다고 했다. 모든 리듬은 어떤 것에 대한 '방향성'이고 '느낌'이다. 리듬은 측량이 아니라 "원초적 시간"이다. 그러므로 그가 말한 리듬은 '하늘과 땅 사이에 가득해서 만물이 나고 자라게 하는 힘의 근원'인 '기운' 즉 그가 '몰입(flow)' 한 상태에서 내는 '내면화된 자신의 기운'이 된다(Rennert 2005, 13/24).[30] 바로 여기서 눈여겨 볼 것은, 리듬이란 이미 고대 중국인들이 우주를 이해하는데 사용한 사고이다. 즉 "한번은 음이고 한번은 양인 것이 곧 도이다(일음일양위지도, 一陰一陽謂之道)"(<주역>의 계사(繫辭) 상편)라는 '음과 양, 두 리듬의 변화'의 '과정'에서 '도'가 이루어진다는 동양적 사유이다(옥타비오 파스, 62). 음

30 백남준은 Justin Hoffmann과 갖은 인터뷰에서 자신의 작업에 샤먼적인 면이 있다고 진술했다.

과 양은 창조적인 실재들의 역동성이고, 이 둘이 서로 바뀌고 서로 변화하면서 그 과정에서 총체를 낳는다는 것이다. 음과 양은 서양적 관념은 아니나, 그럼에도 우주의 흐름이나 변화를 리듬의 '모임', '흩어짐', 그리고 '다시 모임'으로 느끼는 것은 인간의 "원초적인 리듬에 대한 직관"에서 싹튼 것이고, 우주에 대한 보편적인 개념이다[31]. 그러므로 음과 양은 "우주의 구체적인 표상(表象)을 품은 기장(記章)이며 이미지"가 된다(파스 1998, 73-76). 그는 이런 이미지에서 '음'이 서양전통음악의 '생성'이었다고 보고, 그 다음의 '양'은 그 서양전통음악의 '해체'로서 그 변화의 과정을 보여주면서 동시에 그 변화의 총체성도 함께 보여 줘야 한다는 생각을 개념적으로 풀어냈다. 바로 이것이 그가 자주 거론한 '파괴는 곧 건설'이라는 뉴턴의 법칙과 (파편화된 폐품이 새로운 예술적 소재가 된) '슈비터스'의 콜라주예술과 상응한다는 것이다. 당연히 여기서는 "리듬"과 "활력"은 유럽의 젊은 작곡가들이 사용하는 '변주곡(Variation)'과는 대치되는 것이다. 그렇다면 그의 행위 자체는 '방향성'과 '느낌'을 줄 수 있는 언어의 리듬뿐만 아니라 여러 매체들이 내는 소리의 '다원성(Variété)'과 함께 현실을 다시 소생시키는 것이 된다. 그러므로 <오마주 존 케이지>의 행위에 사용된 여러 '매체들'의 의미는 그 대상의 고유 의미와 기호와 '동일하지 않다는' 것이 일차적인

31 고대 그리스 철학자 헤라클레이토스(Herakleitos)는 '세계는 서로 반대되는 대립항(삶과 죽음, 깨어남과 잠듦, 젊음과 늙음 등)의 통일 즉 서로 대립해 싸우면서 동시에 서로 융합하는 것'으로서 실제로는 둘이 아니라 '하나'라고 했다. 서로 다투고 있는 만물 사이의 조화를 그는 '모든 생성과 운동을 규정하는 역동적 질서(로고스)'로 설파했다. 이렇게 서로 상응하는 동서양의 사고는 인류 사상의 보편적 개념이다.

매체활용의 일관된 특징이 되며, '퍼포먼스'에 의해서 여러 형태의 매체가 '콜라주'되는 즉 이차적인 융합에서도 역시 "충격"을 목적으로 하는 '일괄된' 현상을 보여 주어 하나의 '인터미디어'를 생성한다. 그럼으로써 그의 인터미디어 현상 속에서 '비언어적' 행위는 마치 '이것이 지구촌의 새로운 문화언어이다'라는 의미로 "수행 발화(performance utterance)"(오스틴 1992, 24-32)되어 그의 "음악에 대한 철학"이 되고, 동시에 콘서트가 아닌 "순수 연극"으로 공연될 수 있는 것이다. 이것이 그가 창조한 그 "새로운 양식"이며, "음악으로 '다다'를 더욱 완성"시키겠다는 그의 '새로운 예술 개념'이 된다.

"행위예술"은 그 자체로 여러 장르의 경계에 위치한 예술장르이다. 조형예술 속에서 '행위예술'은 '퍼포먼스'의 선구자이자 개척자이지만, 개념적으로는 행위예술은 '프로세스 예술', '바디 아트', '퍼포먼스' 그리고 '해프닝'과 교차되고 중첩되며, 실험연극과도 아주 유사하다. 행위예술이나 퍼포먼스는 드라마나 연극공연과는 달리 내용적인 구조가 없으며, 각본도 없고, 확실한 윤곽만 제시하는 총보만 존재한다. 총보만 따르는 행위예술은 자신에게 속한 고유 시간 내에서 예술가가 진행하는 과정이며, 이 과정은 직접 몸의 '움직임'과 몸의 '리듬'으로 이루어진다. 그리고 이 과정의 핵심매체는 행위를 하고 있는 예술가 자신이다. 여기에는 연극적인 배역도 없고 동화될 인물도 없다. 그 대신 교환 또는 대체가 불가능한 행위자가 처음부터 끝까지 연출하기에 행위자의 아우라 형성이 또한 가능하다. 그래서 '행위'는 한 편으로는 '과정의 예술'이지만, 다른 한 편으로는 그

예술형식이 인류문화의 근본 요소인 '제식'과 관련된다. 이런 행위예술의 발생과 관련해 우리는 맨 먼저 고대 사회의 샤먼의 '제의'를 전제로 들 수 있듯이 역시 당시의 사회문화와 관련된 전제들도 들 수 있다. 그래서 여기서는 사회와 관련된 사회문화적 특징을 살펴보면, 국제적으로 아주 개방적인 상황을 맞은 유럽예술계가 '전환기'를 맞고 있었다는 점이다. 그의 맹렬한 예술적 탐색은 일부는 꾸밈없이 또 일부는 고전개념의 해체와 개념화 그리고 행위주의적인 경향 또는 장르들의 중간 사이로 가는 경향이 강하게 표출한 극단적인 형태로 나타났다(Rennert 2005, 10). 그런데 그가 찾는 표현양식이 '과정'에 '몰입'된 형식이기에 그는 다시는 그 전처럼 연출하지 말아야 하는 것도 알고 있었다. 즉 "우리는 같은 강물에 두 번 발을 담글 수 없다"는 헤라클레이토스의 말처럼, 그것은 매 순간마다 선보이는 행위에서 맨 처음이자 단 한번뿐인 '눈에 보이지 않는 일시적인 감정과 감성의 아우라'를 분출할 수 있다는 것이다. 그는 이것이 "찰나" 이지만 "정신적 환희"로서 자신이 먼저 느껴지길 원했다(벤야민 2008, 21-23/108-118; 백남준 2010, 205~206). 그는 한 인터뷰(1974년)에서, '전자음악을 좋아 했지만 그에게 '카타르시스'를 느끼게 해주지는 못했다'고 했으며, 그래서 '행위'가 필요했고, 자신의 "정신적 성숙"을 위해 이것을 카타르시스를 느끼는 표현형식으로 추구했었다고 말했다. 그래서 그는 제식형식과 제의적 가치를 활용해 '아우라'의 여운과 범접할 수 없는 '거리감'을 구체화하기 위해, 퍼포먼스에서 일어나는 찰나의 '리미널한 시공간적 체험'을 인터미디어의 활용을 통해 즉 피아노를 밀고, 전복시키는 "충격"을 통해 발생시켰다. 즉 사람들이 '파괴'라고 말하는 것이 실은 '충격효과'로서 자신에게 먼저 "극도의 전자적인 충동"이 되게 했고, 유럽의 음악가와 관객들에게는 "놀라움"과 "환멸"을 느끼게 해 주는 것이 되게 했다고 말했다.

그러므로 <오마주 존 케이지>에 사용된 모든 매체들의 '극단적인' 활용과 '충격적인' 행위의 가시화는 궁극적인 목적인 서양인들(타자)의 인식체계의 변화였다. 이 목표 아래 모든 미디어가 일괄되게 융합된 것이다. 이것이 그의 '인터미디어' 작업으로서 그가 당시 찾고 있었던 '새로운 예술 개념'으로 발전되어 그 후에 나타날 '전자 시대의 전자예술개념'의 바탕이 되어 주었다.

3. 맺음말

백남준의 <오마주 존 케이지> 작품은 그의 전위예술의 첫 실험적 사례이자 "시·청각적 복합콜라주"의 융합 속에서 그의 첫 '인터미디어' 예술형태로서 창조되었다. 서로 다른 형태의 미디어들의 융합은 그가 원한 '충격효과'를 생성해 냈고, 그럼으로써 그는 관객과 '상호작용(interaction)'하는 가능성을 열어 즉석에서 관객을 공연에 참여시키는 '쌍방향' 기능을 창조해 낼 수 있었다. 그 이후에도 그는 더 다양한 일상적인 매체를 활용해 퍼포먼스아트로 자신만의 '인터미디어' 형태를 실험했다. 이 인터미디어의 실행들은 지금 백남준만의 "인터미디어"로서 남아 있다. 그리고 그가 말한 "오늘날 질식 상태에 있는 뮤지컬에 하나의 탈출구를 제시할 것"이라고 한 그 '새로운 예술 개념'이 이런 인터미디어 실험들 속에서 형성되어 그 가능성을 입증해 주었다. 지금에 와서 보면, <레디메이드>에서처럼 관람자가 작품의 상황을 자신의 삶을 통해 다양하게 유추해 볼 수 있도록 제작한 것이다.

백남준은 동양문화 속의 '이항대립적인' 시각으로 서양음악을 다시 보았다. 그 후 그에게 유럽전통음악은 변화가 필요한 대상이었다. 그래서 그에게 서양고전음악의 상징인 피아노의 소리를 먼저 '해체'해야 했던 것은 아마도 '필연'이었을 것이다. 이런 공연을 보고 보통의 독일 사람들은 유럽전통음악에 테러를 가한 것으로 평가했지만, 그런 사회문화적 반응에 대해 훗날 그는 "예술은 보편적이 아니다" 그것은 "텃세"라고 말했다(김용옥 1999, 260~261).[32] 이런 평가는 이미 뒤샹의 레디메이드 작품 <샘>(1917)에서도 일어났고 또 지금도 잘 알려져 있다. <샘>은 '타자'를 포함한 새로운 개념이 들어 있는 현대예술의 시원이 되는 작품이었음에도 당시의 '몰이해'와 '기준 없는 평가'로 전시(인정)되지 못했다. 그러나 백남준의 시대인 50년대 말 연합군이 주둔한 독일라인지역의 자유로운 상황은 문화적으로 특별했고, 이방인인 백남준에게 절호의 기회였다. 그래서 그는 자신의 발상을 표현할 새로운 양식을 필사적으로 찾아보았고, 바로 서양관람자 스스로가 피아노의 '파괴'가 곧 '설계'임을 깨닫게 하는 양식을 동양인인 '백남준의 상상력'에 의해 창조해 낸 것이다. 이 '비언어적'이나 일상적 '소통'이 가능한 '소리'와 '행위'는 관객에게 세상은 서양 외에도 더 큰 세계가 함께하고 있다는 인식을 일깨워 주고 변화시킬 첫 걸음이 되는 '새로운 양식'의 소재였다. 결국 백남준의 "행위예술"은, 마치 마샬 맥루언이 "미디어는 메시지이다"라고 말한 것처럼, 움직임(나중에 동영상 등)이 메시지를 전달한다는 사실을 입증했다. 그래서 그의 "행위예

---

32 「도올이 백남준을 만난 이야기」에서 "당분간 인류사에는 민족사적 가치가 유지될 것이다. 따라서 예술도 따지고 보면 보편적이 아니다. (...) 다시 한 번 강조 한다: 예술은 텃세다. 보편적이 아니다."라고 백남준이 말했다.

술"이 그만이 해낸 "행위음악" 또는 "안티음악"이란 칭호를 학계로부터 받았고, 그의 이름, 그의 역사, 그의 맥락을 갖는 정립된 인터미디어로 전진해 갈 수 있었다. 그것이 바로 그의 '비디오 아트'로 가는 길을 열어 준 것이다.

존 케이지, 라우센버그와 존스 등이 미국에서 모더니즘을 종식시켰다면, 유럽에서는 백남준이 그의 '인터미디어의 상상력'으로 '전자 예술의 시대' 즉 "비디오 아트"의 길을 개척했고, 이로써 '모더니즘' 이후라는 '포스트모더니즘'의 시대를 앞당겼다.

참고문헌

구보다, 시게코 & 남정호. 2010.『나의 사랑 백남준』. 이순.

김용옥. 1999.『석도화론』. 통나무.

데커, 에디트. 2001.『백남준: 비디오 예술의 미학과 기술을 찾아서』. 김정용 옮김. 궁리.

백남준. 2010.『백남준: 말에서 크리스토까지』. 에디트 데커/이르멜린 리비어 엮음. 임왕준·전미애/김문영 옮김. 백남준아트센터.

랜츠너, 캐롤라인. 2014.『로버트 라우센버그』. 고성도 옮김. 모마 아티스트 시리즈 II. RHK.

랜츠너, 캐롤라인. 2014.『재스퍼 존스』. 고성도 옮김. 모마 아티스트 시리즈 II. RHK.

루시-스미스, 에드워드. 1995.『해프닝』. 전경희 옮김. 열화당.

미시누이에, 쉘. 1995.『다다-파리와 독일』. 임진수 옮김. 열화당.

밍크, 재니스. 2006. 마르셀 뒤샹. 정진아 역. 마로니에북스.

벤야민, 발터. 2008.『기술복제시대의 예술작품 & 사진의 작은 역사 외』. 최성만 옮김. 길.

아바디, 다니엘. 1995.『누보 레알리즘』. 김정란 옮김. 열화당.

애즈, 돈·닐 콕스·데이비드 홉킨스. 2009.『현대 미술의 혁명가 마르셀 뒤샹』. 황보화 옮김. 시공사.

오스틴, 존. 1992.『말과 행위』. 김영진 옮김. 서광사.

우드, 폴. 2003.『개념미술』. 박신의 옮김. 열화당.

전선자. 2011. “백남준과 플럭서스: 실증자료를 통한 플럭서스 공연의 중심인물 백남준”. 『인문과학』 제 48집.

전선자. 2014. “베르톨트 브레히트와 발터 벤야민과 연관 속에서의 백남준의 행위예술작품 <오마주 존 케이지>에 대한 해설시도: 생소화효과와 아우라”. 『브레히트와 현대연극』 제30집. 한국브레히트학회.

조정환 전선자 김진호. 2011. 『플럭서스 예술혁명』. 갈무리.

케이지, 존. 2014. 『사일런스: 존 케이지의 강연과 글』. 나현영 옮김. 오픈하우스.

파스, 옥타비오. 1998. 『활과 리라』. 김홍근/김은주 옮김. 솔.

해리슨, 찰스. 1997. 『추상표현주의』. 이영철 옮김. 열화당.

해리슨, 찰스. 2003. 『모더니즘』. 정무정 옮김. 열화당.

호이징하, 요한. 2015. 『호모 루덴스: 놀이하는 인간을 꿈꾸다』. 노명우 옮김. 사계절.

황혜정. 2006. “미국의 현대 음악 읽기: 뉴욕 스쿨을 중심으로 한 미국의 현대 음악”. 『음악저널』, 7월호.

Block, René. 1987. *Fluxus und Fluxismus in Berlin 1964-1976. Berlinart 1961-1987*, New York/München: Prestel-Verlag.

Breder, Hans/Busse, Klaus-Peter. ed. 2005. *INTERMEDIA; ENACTING THE LIMINAL, Dortmunder Schriften zur Kunst, Intermedia-Studien*. Band 1.

Jappe, Elisabeth. 1993. *Performance. Ritual. Prozeß. Handbuch der Aktionskunst in Europa.* New York/München: Prestel-Verlag.

Germanisches Nationalmuseum. ed. 2006. LEVE SIEHT PAIK. Nürnberg: Verlag des Germanischen Nationalmuseums.

Goldberg, RoseLee. 1979. PERFORMANCE: Live Art 1909 to the Present. London: Thames and Hudson Ltd. (『행위예술-퍼포먼스 아트』. 로스리 골 드버그/심우성 옮김. 서울:동문선, 1989.)

Herzogenrath, Wulf. ed. 1976. Nam June Paik Werke 1946-1976: Musik-Fluxus-Video. Köln: Kölnischer Kunstverein.

Historisches Archiv der Stadt Köln. ed. 1993. Intermedial Kontrovers experimentell; Das Atelier MARY BAUERMEISTER in Köln 1960-62. Köln: EMONS.

Paik, Nam June. 1992. *Nam June Paik: Niederschriften eines Kulturnomaden: Aphorismen·Briefe·Texte.* Hrsg. v. Edith Decker. Köln: DuMont.

Rennert, Susanne. 2005. *Nam June Paiks frühe Jahre im Rheinland*. sediment Heft 9, Nürnberg: Verlag für moderne Kunst.

Schwitters, Kurt. 1981. *Das literarische Werk, Bd. 5: Manifeste und kritische Prosa*. Köln: DuMont Schauberg.

도판출처

1. 잭슨 폴록, <One: No 31>, 1950, 캔버스에 유채와 에나멜 물감, 270X531cm, 뉴욕현대미술관(MOMA), 뉴욕. 출처: http://www.theartist.co.kr/news/articleView.html?idxno=2218 ©2016 Pollock-Krasner Foundation / Artists Rights Society (ARS), New York.
2. 마크 로스코, <오렌지색과 노란색>, 1956, 180x230cm, 캔버스에 유채, 버펄로 올브라이트-녹스 미술관, 버팔로. 출처: WikiArt https://www.wikiart.org/de/mark-rothko
3. 라파엘로, <아테네 학당>, 1510~1511, 프레스코화, 823.5×579.5cm, 바티칸 박물관-서명의 방, 로마. 출처: http://www.therenaissancepodcast.com/episode-22-raphael-the-school-of-athens/
4. 폴 세잔, <생 빅투아르 산>, 1902-04, 73x92cm, 캔버스에 유채, 필라델피아 미술관. 출처: http://bit.ly/1YnSyMi
5. 바넷 뉴먼, <영웅적이고 숭고한 인간>, 1950-1951, 242x541cm, 캔버스에 유채, 뉴욕현대미술관. 출처: https://theartstack.com/artist/barnett-newman/vir-heroicus-sublimis
6. 로버트 라우센버그, <하얀 페인팅(세 개의 패널)>, 1951, 183x274cm, 캔버스에 유채, 샌프랜시스코 현대미술관. 출처: 『모마 아티스트 시리즈: 로버트 라우센버그』. ©The Museum of Modern Art

7. 로버트 라우센버그, <침대>, 1955, 나무틀 위의 베개·퀼트·시트에 유채 및 연필, 191×80×20cm, 뉴욕현대미술관. 출처: 『모마 아티스트 시리즈: 로버트 라우센버그』. ©The Museum of Modern Art

8. 재스퍼 존스, <깃발>, 1954-55. 107x154cm, 합판에 고정된 직물 위에 납화, 유채, 콜라주, 뉴욕현대미술관. 출처: 『모마 아티스트 시리즈: 재스퍼 존스』. ©The Museum of Modern Art

9. 존 케이지와 백남준. 1960년10월6일, 쾰른, 마리 바우어마이스터 아틀리에. 출처: 『백남준의 귀환』. 백남준아트센터, 2008-9 전시도록.

10. 쿠르트 슈비터스, <작은 선원의 집>, 1926, 콜라주, 개인 소장. 출처: https://www.wikiart.org/en/kurt-schwitters/small-sailors-home-1926 ©Kurt Schwiters

11. 파블로 피카소, <기타를 위한 작은 모형>, 1912, 64x33x19cm, 카드 하드보드와 철사 줄, 나무 조각과 깡통, 뉴욕현대미술관. ©The Museum of Modern Art. 출처: https://i.pinimg.com/originals/fa/99/84/fa998483c0f9793a4fb18cbb415b4f5d.jpg

12. 마르셀 뒤샹, <샘>(원본 유실), 1917, 알프레드 스티글리츠가 1917년 5월 촬영. 흑백 사진. 출처: 『마르셀 뒤샹』. 돈 애즈·닐 콕스·데이비드 홉킨스. 2009. 황보화 옮김. 서울:시공사.

13. 만프레드 레베, 흑백 사진, <오마주 존 케이지>공연을 시연하는 백남준, 1959년 10월, 쾰른. 출처: 『백남준의 귀환』. 백남준아트센터, 2008-9 전시도록. ©Manfred Leve.

13-1. 만프레드 레베, 흑백 사진, 출처: 『백남준의 귀환』. 백남준아트센터, 2008-9 전시도록. ©Manfred Leve.

도판과 해설

1. 잭슨 폴록, <One: No 31>, 1950, 캔버스에 유채와 에나멜 물감, 270×531cm, 뉴욕현대미술관(MOMA). 추상표현주의의 선구자인 폴록은 커다란 캔버스를 바닥에 놓고 전방위에서 막대기나 팔레트나이프로 재빨리 캔버스 위에 물감을 떨어뜨리거나 튀기고 붓는 '드리핑 기법'을 사용한 미국의 최초 전위 예술가이다. 이 같은 작품은 이차원적 "매체-특수성"을 구현하는 목적이라기보다는 '행위' 자체를 강조한 유기적이고 역동적인 표현주의적 추상으로서 회화를 "그린다는 순수한 행위 자체로 환원"시키는 의미를 더 강조한 "액션페인팅" 작품이다. 폴록의 재현은 선들의 흔적들을 만드는 '행위'이며, 이 행위를 통해 분산되었던 에너지들이 빚어내는 선들과 색들의 우연적 효과와 매번 강한 상호작용을 한다. '회화가 진정한 자아의 추구여야 한다'(하롤드 로젠버그, 『미국의 액션 화가들』(1952))는 당시의 비평적 관점에서 예술가의 이런 행위는 자신의 실존과 같은 형이상학적인 내용을 드러낼 색 평면으로 진화해(마크 로스크에서) '평탄한' 캔버스라는 매체와 하나가 되어갔다.

2. 마크 로스코, <오렌지색과 노란색>, 1956, 180×230cm, 캔버스에 유채, 버펄로 올브라이트-녹스 미술관.

3. 라파엘로, <아테네 학당>, 1510~1511, 프레스코, 바티칸.

4. 폴 세잔, <생 빅투아르 산>, 1902-04, 70×90cm, 캔버스에 유채, 필라델피아 미술관.

5. 바넷 뉴먼, <영웅적이고 숭고한 인간>, 1950-1951, 242×541cm, 캔버스에 유채, 뉴욕현대미술관.

6. 로버트 라우센버그, <하얀 페인팅(세 개의 패널)>, 1951, 183×274cm, 캔버스에 유채, 샌프랜시스코 현대미술관.

7. 로버트 라우센버그, <침대>, 1955, 나무틀 위의 베개·퀼트·시트에 유채 및 연필, 191×80×20cm, 뉴욕현대미술관.

8. 재스퍼 존스, <깃발>, 1954-55. 107×154cm, 합판에 고정된 직물 위에 납화, 유채, 콜라주, 뉴욕현대미술관.

9. 존 케이지와 백남준. 1960년 10월 6일, 쾰른, 마리 바우어마이스터 아틀리에.

10. 쿠르트 슈비터스, <작은 선원의 집>, 1926, 콜라주, 개인 소장.

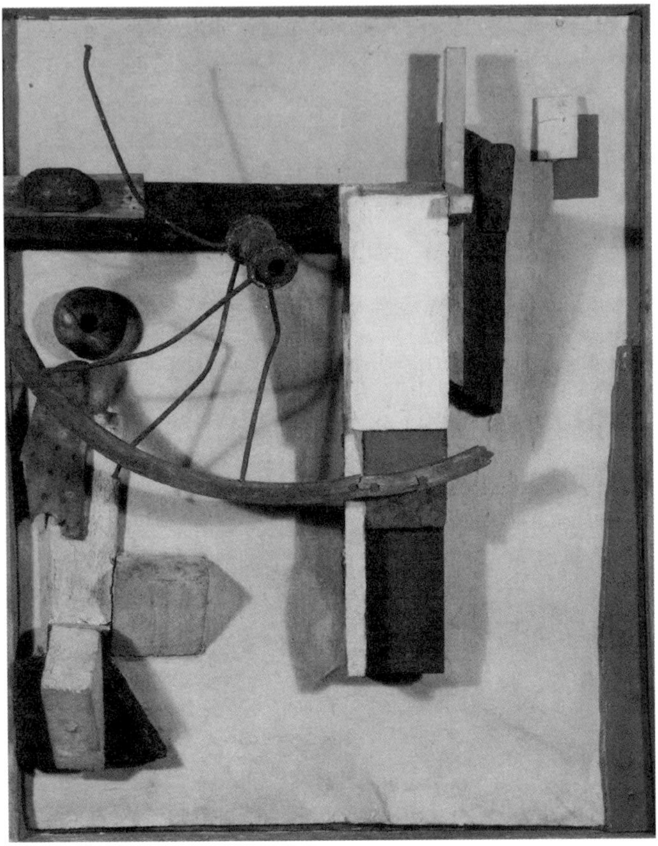

11. 파블로 피카소, <기타를 위한 작은 모형>, 1912, 64×33×19cm, 카드 하드보드와 철사 줄, 나무 조각과 깡통, 뉴욕현대미술관.

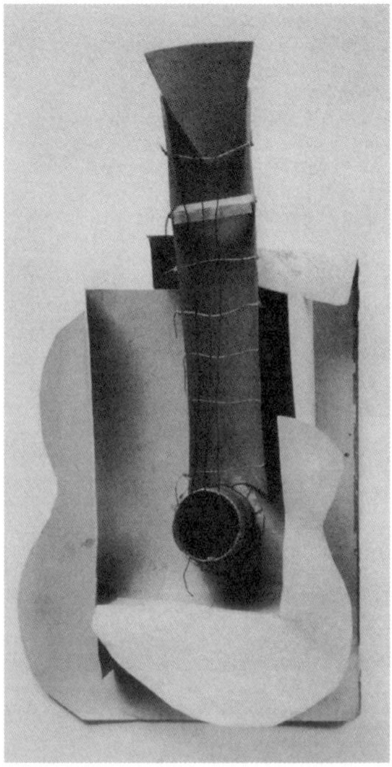

이 작품은 피카소가 1912부터 1914년 사이에 연속적으로 실험한 <기타> 시리즈 가운데 하나로서 '미지'의 단계로 이행하는 '과정'을 잘 보여주는 '인터미디어' 작품이다. 이차원적 평면에서 형태가 해체된 마분지로 된 콜라주 작품은 여러 오브제 즉 깡통과 나뭇조각, 철사 등과 통합해 또 다른 미지의 형태로 즉 삼차원적인 형태로 발전해가는 '과정'을 뚜렷이 보여주고 있다.

12. 마르셀 뒤샹, <샘>, 1917, 원본 유실.

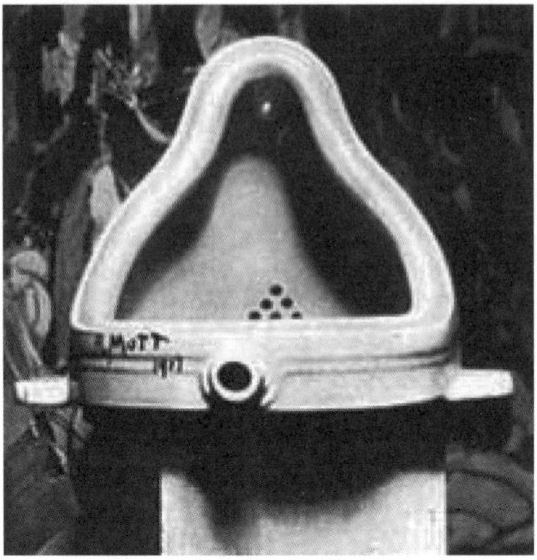

13. 만프레드 레베, <오마주 존 케이지>공연을 시연하는 백남준, 1959년 10월, 쾰른.

13-1. 만프레드 레베, 1959년11월13일, 뒤셀도르프˙ <갤러리 22> 에서 <오마주 존 케이지> 공연 후 관람객들과 담소하는 백남준과 작곡가 윤이상. 쓰러져 있는 피아노 건반이 앞에 보임.

| 제4장 |

모티프의 변용과 미디어의 횡단

이야기, 모티프, 그리고 미디어

김요한

1. 이야기의 가변성

콘텐츠가 중요한 시대다. 콘텐츠는 이제 형식을 채우는 내용의 의미를 넘어 산업의 위치에 올라 국가경제의 일정 부분을 차지하는 위치에 이른다. 자연히 문화콘텐츠에 대한 관심이 늘어나고 그만큼 콘텐츠의 핵심 기반요소인 이야기에 대한 관심도 늘어난다. 콘텐츠산업에서 콘텐츠를 기획하고 개발하는 과정에는 그 출발점에 내러티브, 즉 이야기가 자리 잡고 있다. 문화콘텐츠의 중요한 속성 가운데 하나가 OSMU라고 할 때, 그 소스(source) 역할을 하는 것은 '이야기'다. 이야기가 있어야 이것을 토대로 개별 콘텐츠를 활용하고 상용화할 수 있는 방식이 결정된다. 다시 말해, 해당 플랫폼과 유통방식, 그리고 상업화 이후 마케팅까지의 대략적인 전략이 수립된다. 콘텐츠 생산의 소스 역할을 수행하는 '이야기'를 어떻게 생산하고 개발할 것인가가 중요하다.

문화콘텐츠산업 분야에서 중요한 부분을 차지하고 있는 애니메이션, 게임, 영화와 같은 시각 중심의 영역 역시 그것의 내용을 이루고 있는 콘텐츠로서 이야기의 중요성을 간과할 수 없다. 영상문화가 주류를 이루고 있는 현재의 미디어 환경 속에서 문화콘텐츠는 외형적으로 이미지와 영상으로 전달되는 것처럼 보인다. 하지만 그것의 기저에 시나리오와 같은 이야기가 자리 잡고 있다는 점에서 이야기는 문화산업의 핵심 기반으로서 콘텐츠의 원천이라 할 수 있다. 문제는 빠른 호흡과 다양한 소통 가능성을 특징으로 하는 콘텐츠의 속성상, 콘텐츠의 기반이 되는 이야기 역시 빠른 속도로 생산되고 소비된다는 점이다. 이야기의 생산 방식이 예전과 같이 천재적인 작가의 고독한 창조물로서 긴 호흡을 필요로 해서는 상업적 트렌드를 따라가기 어렵기 때문이다(안영순/노시훈 2004, 13). 콘텐츠의 빠른 유통을 위해 일정한 공정을 거친 이야기를 만들어내고 그것들 중에서 특정한 콘텐츠와 궁합이 맞는 이야기를 골라내는 과정이 필요한데, 이를 위해 전에 없던 전혀 새로운 이야기의 창조가 필연적이지 않다. 콘텐츠의 대중성과 상업성을 담보하기 위해서는 익숙하면서도 새로운 이야기의 개발이 중요한데, 이러한 의미에서 기존의 이야기를 변형, 확대 재생산하는 작업은 콘텐츠의 생산성을 높이는 전략적인 효과가 있다. 그래서 콘텐츠의 소스 역할을 하는 이야기의 활용가능성을 제고하는 중요한 방식으로서 소재나 모티프의 변형 및 개별 미디어의 특성을 고려한 내러티브의 변화를 통한 콘텐츠 개발이 주목받는다.

문화콘텐츠 산업시대에 이야기를 기반으로 다양한 부가가치를 만들어내려는 시도는 익숙한 이야기 구조를 기반으로 하나의 이야기를 확대 재생산하고, 이것을 새로운 미디어와 결합시켜 새로운 콘텐츠로 만들어내는 방식을 선호한다. 이야기 자체가 한편으로는 다른 이야기의 소재로 기능할 수 있고, 또한 다른 작가 혹은 다른 미디어와 만나면서 내재적으로 다양한 버전으로의 변화 가능성을 지니고 있기 때문이다. 이야기, 그 중에서도 누구에게나 잘 알려진 재미있는 이야기는 일종의 기반 스토리로 활용되어 다양한 버전의 이야기를 재생산하는데 기여한다. 이야기 자체가 상호텍스트성을 가지고 있음을 고려하면, 이야기는 그 자체로 가변적인 속성을 지니고 있다. 문제는 이야기의 변화 정도가 어떤 요소에 의해 얼마만큼 이루어지는가 하는 것인데, 이것은 현재의 미디어 상황과 관련하여 다양한 변수를 상정할 수 있다. 하지만 이야기의 가변적 속성에 대해 논의할 때, 전통적으로 논의의 중심은 언제나 소재나 모티프를 중심으로 하는 특정 이야기의 발달사 내지는 수용사가 대부분이다. 하나의 소재 혹은 모티프가 역사적인 흐름에서 특정 작가에 의해 어떻게 수용되었으며, 원래 이야기와 달리 어떻게 새로운 이야기로 재탄생되는가 등을 고찰하는 방식이다. 말하자면, 이야기 창작과정에서 원래 이야기에 어떻게 새로운 동기와 의미, 미학적 가치가 부여되는가를 중심으로 작가의 상상력과 창조력에 의한 이야기 변형이 연구의 중심이다.

하지만 최근에 와서는 이 같은 관점에서 벗어나 스토리텔링의 시각에서 이야기의 변이를 추적하는 작업이 관심을 얻고 있다. 스토리텔링에서는 이야기 자체보다도 이야기를 어떻게 텔링할 것인가가 훨씬 중요한 문제인데, 이 같은 관점에서 보면 대부분의 이야기는 사실 몇 가지의 기본적인 서사 구조에서 크게 벗어나지 않는다. 다시 말하면 내용적으로 공통의 구조를 지니고 있다는 것이다. 대표적인 사례로 프렌첼(Frenzel)은 『세계문학의 모티프들』에서 54개 항목의 모티프를(Frenzel 1992a), 『세계문학의 소재들』에서는 350개 항목의 소재를(Frenzel 1992b) 설정하여 이야기 구조를 형태상으로 분류한다. 또한 토비아스(Tobias)는 이야기의 공통 구조를 플롯으로 정의하고 이를 20개의 유형으로 묶어 설명한다(토비아스 1997). 이 같은 시도는 단순히 이야기의 구조를 밝히는 데서 나아가 이야기의 창작 과정으로 활용될 수 있다. 이야기에 내재하는 기본적인 구조를 정확하게 파악하고 있다면, 이를 창작 과정에서 이용하여 큰 어려움 없이 대략의 이야기를 생산할 수 있는 단계로 발전시킬 수 있는 가능성을 발견할 수 있게 된다는 것이다.[1] 그렇다면 이야기의 변형을 가져오는 구체적인 요인들에는 어떠한 것들이 있을까?

1.1. 사회적, 정치적 요인

이야기 변형의 원인은 일차적으로 이야기 외부에서 발견할 수 있다. 특히 정치적 혹은 시대를 지배하는 이데올로기 등 외부적 요인에 의해 변형이 이루어지는 경우가 많다. 시대적, 사회적 요인으로 인한 변형의 예는 잔 다르크 이야기에서 찾아 볼

---

1 이 같은 이론을 바탕으로 일정한 이야기를 자동 생성하는 프로그램을 디지털 기술의 도움으로 만들 수 있다. 디지털 스토리텔링에 대해서는 다음의 책을 참조. 자넷 머레이(한용환, 변지연 공역): 『사이버 서사의 미래. 인터랙티브 스토리텔링』, 안그라픽스, 2001.

수 있다. 18세기 고전주의 작가들은 잔 다르크를 종교적인 이상을 실현한 성녀 혹은 순교자로 그렸으며, 19세기 프랑스 작가들은 그를 프랑스의 민족적 이상을 대변하는 영웅으로 추앙하기도 했다. 하지만 20세기 작가들은 잔 다르크를 권력의 희생자로 다루며 자본주의 이데올로기를 비판하는 소재로 사용하기도 한다. 정치적 요인 역시 이야기 변형에 중요한 역할을 한다. 체제 비판이나 체제 선전이라는 극단적인 방법에 의해 이야기가 변형되는 것인데, 전자의 경우 창작의 자유를 갈망하는 작가들이 검열을 피하기 위한 우회적 방법으로 패러디나 우화적 기법, 상징 등을 사용함으로써 기존의 이야기를 은유적 성격을 띠는 이야기로 변형시키는 것이 사례가 될 수 있다. 그와 반대로 후자의 경우는 국가 체제를 선전하기 위한 노골적인 방법으로 원래의 이야기를 재활용하고 변형시키는 경우가 해당된다. 내부의 문제를 외부로 돌리기 위해 혹은 민족의식의 고취나 애국심 강조를 위해 국민들을 결속시킬 수 있는 신화와 민담, 고대의 유명한 작품들을 활용해 이야기를 체제 선전이 가능하도록 변형시키는 것이다. 독재체제에서 유독 애국, 충성, 영웅, 희생 등의 이야기가 많이 생산되는 것은 이 같은 이유에서다.

1.2. 상업적 요인

최근 이야기의 변형이 이루어지는 가장 큰 요인인 상업적 요인이다. 오늘날 문화는 문화산업 시대의 '상품'이라고 칭할 만큼 상업화가 중요한 자리를 차지하고 있다. 때문에 이야기의 원래적 소재, 혹은 모티프를 제공하는 민담이나 전설, 문학작품은 생산과 소비의 관점에서 독자나 관객층의 문화적 취향에 따라 변형된다. 한 국가의 문화를 향유하는 주류층의 문화소비 경향을 분석함으로써 이것을 이야기 변형에 적극적으로 활용하는 것이다. 대중들의 문화적 취향 및 소비문화를 분석하여 이를 생산과 마케팅에 적극 활용하는 추세 역시 이야기 변형의 또 다른 요인이다.

디지털 PC 게임 「파우스트. 일곱 영혼의 심판자(Fasut. Die sieben Spiele der Seele)」는 상업적 요인으로 인해 원래의 이야기가 변형된 대표적인 예다. 원래의 시공간이 15-16세기 독일이었던 파우스트 이야기는 게임에서 20세기 초반의 미국으로 변형된다. 그리고 배경음악으로 유명한 재즈 음악이 사용되고, 주인공 파우스트도 백인이 아닌 흑인으로 바뀐다. 이것은 게임 수요자가 많은 미국을 고려한 상업적 마케팅 전략이다. 전 세계에서 가장 큰 게임 시장의 수요자들에게 친근하게 호소할 수 있는 요소들을 적극적으로 고려함으로써 많은 이윤을 얻고자 하는 게임 제작사의 계산이다. 원래의 이야기에서 중요한 모티프와 스토리를 차용하되, 다른 부분들을 현대적 감각에 맞도록 변형시킨 것이다. 게임과 같은 대규모 자본이 필요한 문화산업 분야에서는 상업적 이윤을 고려한 이야기의 변형이 자연스럽게 나타난다.

1.3. 장르와 미디어의 변화

장르와 미디어의 변화에 따라 이야기는 변형된다. 미디어는 구두매체시대, 필사본시대, 인쇄매체시대, 아날로그시대, 디지털시대를 거치며 진화한다. 21세기 디지털시대가 그 시대 특유의 '디지털 스토리텔링'을 발전시키고 있듯이 어느 시대에나 그 시대의 미디어 환경에 적합한 스토리텔링이 존재한다. 미디어 학자 맥루한(M. McLuhan)은 "미디어는 메시지다"라고 주장하면서, 미디어가 전달하는 내용보다도 미디어 자체의 중요성을 강조한다. 맥루한에 따르면 새로운 미디어의 탄생에는 그것의 단순한 의미를 넘어 인간의 삶과 환경에 미치는 변화가 더욱 중요하다. 이야기를 일정한 미디어를 통해 인간이 세계를 인식하고 표현하는 중요한 방식 중 하나라고 할 때, 새로운 미디어의 탄생은 이야기 환경, 즉 이야기의 형식과 내용에 새로운 영향을 미친다. 같은 이야기라도 그것이 문학으로 표현될 경우, 혹은 그림이나 오페라, 영화로 표현될 경우 각각의 장르와 매체의 변이에 따라 내용상의 변화를 수반한다.

1.4. 모티프의 변화

특정한 소재나 내용을 다루고 있는 하나의 이야기가 주목을 끌고, 이후 이 이야기가 다양한 방식을 통해 서로 다른 이야기로 변용되면서 서로 소통이 가능한 이유는 여러 가지가 있다.

이야기적으로 볼 때 앞서 언급한 사회정치적 요인, 상업적 요인, 장르와 미디어의 변화보다도 이야기의 변형을 가져오는 가장 중요한 근거 중 하나는 모티프의 변형이다.[2] 원래의 이야기가 가지고 있는 중심 모티프를 변형하거나 새로운 모티프를 추가해 또 따른 이야기를 만들어내는 것인데, 이것은 미디어와 관련해 새로운 콘텐츠 개발의 측면에서 중요한 이야기 생성 방식으로 기능한다. 이 글에서는 이야기 변형의 가장 큰 원인을 모티프의 변형으로 상정하고, 모티프의 변화에 따른 이야기의 변형을 미디어의 활용 문제와 연결시켜 고찰해본다.

---

2 특히 대중적 매체의 다양화와 그 변화에 따른 변인도 중요한 근거로 언급될 수 있다. 그러나 여기에서는 모티프의 변형을 중심으로 논의하기로 한다. 대중 매체의 바양화에 따는 변이양상에 대한 논의에 대해서는 다음의 논문을 참조하기 바란다. 오순희: 고전과 매체 - 파우스트 소재와 현대 대중매체의 관계를 예로. 실린 곳: 인문논총 제 50집, 서울대학교, 2003.

2. 모티프의 이야기 가치

『세계문학의 모티프(Motive der Weltliteratur)』를 저술한 독일의 서사학자 프렌첼은 이 책의 서문에서 민담학자 뤼티(Max Lüthi)의 말을 인용하며 모티프를 "이야기의 가장 작은 요소(das kleinste Element der Erzählung)"(Frenzel 1992a)로 정의한다. 민담학자인 베셀로프스키(Vesselofsky)는 모티프를 그 이상 세분할 수 없는 설화 단위로서 가장 작은 서사 단위로 이해한다(프로프 2006, 26). 댐리히(Dämmlich) 또한 뤼티의 주장에 동의하며, 모티프가 이야기의 최소 단위로서 수많은 이야기 속에서 반복적으로 나타날 뿐만 아니라 다른 모티프와 연계되어 매번 상이한 이야기를 생성한다고 주장한다(Daemmrich 1995, XV). 이들에 의하면 이야기의 가장 작은 요소로서 모티프는 신화나 민담, 전설을 중심으로 구전되어 오는 이야기들 속에 반복적으로 나타나며 이야기의 일정한 패턴을 형성하는 역할을 담당한다. 다시 말해 이야기의 형성 과정에 주춧돌 역할을 하는 것이 모티프라는 것이다. 거꾸로 보면 특정 모티프를 기반으로 다른 모티프들과 연계되어 마치 나무가 가지를 뻗어나가듯이 그 내용을 전개시키는 것이 이야기의 구조라는 것이다.

이 같은 관점에서 보면 모티프는 반복성, 지속성, 결합성이라는 세 가지 중요한 속성을 지닌다. 모티프는 과거에서 현재에 이르기까지 반복적으로 나타나며, 이 때문에 대중들에게 별다른 거부감 없이 지속적으로 노출되고, 이야기의 다양하고 극적인 전개를 위해 다른 모티프들과 결합한다. 특정 모티프가 시공간을 넘어 다양한 미디어를 통해 다양한 형식으로 빈번하게 나타나는 것은 모티프의 이 같은 속성 때문이다. 하나의 모티프는 여러 이야기들에 공통으로 나타날 수 있고, 반대로 하나의 이야기 속에 여러 개의 모티프들이 나타날 수 있다. 예를 들어 극적 긴장과 흥미를 유발하는 중요한 요소로서 <갈등> 모티프는 부자간의 갈등(세대 갈등), 형제간의 갈등, 개인과 집단 간의 갈등, 인간과 기계 사이의 갈등, 분열된 자아의 갈등 등으로 형식화되어 문학, 영화, 회화 등을 비롯한 다양한 매체를 통해 여러 문화권에서 수많은 이야기들에 등장한다(이승진 2010, 370-372).

모티프에 내재하는 이러한 특성들에 주목하면 모티프의 또 다른 특성인 도식성을 발견할 수 있다. 비슷하게 전개되는 이야기들에 반복적으로 나타나는 모티프 유형을 분석하고 그 서사적 특징들을 정리하면 이것을 기반으로 이야기를 체계적으로 생성시킬 수 있는 도식성이 나타난다. 그러면 이러한 도식성을 기반으로 이야기를 분류하고, 나아가 새로운 이야기를 생성하는 데 있어 일정한 패턴을 도출할 수 있다. 서사학자들은 이미 이러한 도식성에 근거해 비교적 단순한 형태의 이야기인 민담이나 동화 등을 분류하고 분석해 이야기의 형태를 추적해왔다.

예를 들어 프로프(Propp)는 등장인물과 사건의 기능을 중심으로 민담의 형태를 분석한다. 여기에서 그가 주장하는 "행동과 기능"(프로프 2009, 33), 특히 사건의 '기능'이 일반적인 의미에서의 모티프 개념과 일정 부분 유사하다는 점은 모티프가 도식성을 가지고 있다는 사실을 드러내준다. 토비아스는 기준을 플롯으로 잡고 민담을 넘어 문학, 영화 등으로 표현된 모든 이야기의 구조를 3단계로 추상화시켜 분석하고 분류한다. 토비아스는 이야기 창작에 있어 중요한 것은 기발한 착상이 아니라 패턴이며, 이러한 패턴의 기준으로서 플롯은 인간 태도와 관련되어 있기 때문에 그렇게 많지 않다고 주장한다(토비아스 2003, 31).[3] 그가 주장하는 플롯 또한 일정부분 모티프와 겹치는데, 이야기 구조의 분석 및 분류 체계 기준이 모티프이든 플롯이든 그의 궁극적인 관심은 역시 의미 있는 이야기 구조의 최소단위이다. 이야기 구조의 최소단위가 설정되면 창작의 측면에서 이야기 생성의 구조화가 가능하게 되기 때문이다.

이야기 생성의 구조화가 가능하고 이를 통해 이야기 생성 과정의 도식화가 만들어지면 이것의 프로그램화도 가능하다. 모티프나 플롯을 중심으로 의미를 지닌 이야기의 최소단위를 서로 연결시켜 일정한 크기의 이야기를 만들어내고, 이렇게 만들어진 이야기들을 주제에 맞게 다시 연결시켜 배치시키는 식으로 이야기 자동생성도 가능하다는 것이다. 다시 말해 이야기

---

3 이 책에서 토비아스는 잘 만들어진 재미있는 이야기의 플롯을 추구, 모험, 추적, 구출, 탈출 등과 같은 스무 가지로 제시하고, 이 기준에 따라 이야기를 분류하고 분석한다.

생성의 알고리즘을 개발해 이를 컴퓨터 프로그램으로 만들어 창작의 과정을 자동화 시키는 것이다.[4] 물론 이야기라는 것이 공장에서 물건을 대량으로 생산하듯 특정한 공정을 통해 자동으로 만들어지는 것은 아니다. 전통적으로 이야기는 작가 개인의 고유한 창조적 상상력과 언어적 재능과 같은 여러 가지 요소를 필요로 하는 정신적인 산물로 인정되어 왔다. 하지만 이야기를 창작이 아닌 과정의 개념에서 살펴보면 이야기 생성도 일정한 기술과 공정이 필요한 작업, 그래서 어느 정도 연습과 훈련이 필요한 작업으로 이해할 수 있다(아리스토텔레스 2007, 15).[5] 문제는 그러한 기술과 공정이 가능할 수 있도록 하는 단위를 어떻게 구성할 것인가 하는 것인데, 예컨대 일정한 기준을 잡고 패턴화를 가능케 하는 이야기의 최소단위를 무엇으로 볼 것인가의 문제에서 의미 있는 이야기의 최소단위로 모티프는 가장 쉽게 접근할 수 있는 기준이 될 수 있다.

레고와 같은 어린아이의 블록 놀이를 생각해보자. 어린아이는 레고를 가지고 놀며 일정한 형태의 모양을 만들고 부수고를 반복하며 자기가 원하는 형태를 구성한다. 레고의 블록들을 조립하여 자동차를 만들기도 하고 배를 만들기도 하고 비행기를

---

4 실제로 미국에서는 캐릭터와 서사의 단위를 구조화시켜 이야기를 자동 생성하는 프로그램이 개발되어 특히 영화 분야에서 활발하게 활용되고 있다. 이에 관해서는 다음의 논문을 참조. 류철균/서성은: 디지털 서사 창작 도구의 서사 알고리즘 연구 —<드라마티카 프로>를 중심으로. 실린 곳: 현대소설연구 38호, 2008.

5 아리스토텔레스는 『시학』에서 시창작의 기본 문제로 가장 먼저 "창작 기술"을 언급하고 있는데, 당시의 '시'의 개념이 지금의 글쓰기 전체의 문제를 가리키고 있음을 고려하면, 여기서 그는 이미 이야기 만들기를 하나의 '기술'로 이해하고 있다.

만들기도 한다. 레고의 블록 하나하나는 그 자체로 아무런 모양이 없지만 이것들이 서로 연결되고 합쳐지면서 특정한 모양이 만들어진다. 이야기를 구성하는 최소단위를 레고의 블록처럼 구조화시켜 나누어 놓을 수 있다면 일정한 패턴에 의한 이야기 생성이 가능할 수 있을 것이다. 마치 레고의 블록 하나하나가 모여 전체 형태를 이루듯이 모티프가 기준 블록의 역할을 하면서 전체 이야기의 뼈대 역할을 수행할 수 있는 것이다. 거꾸로 정리하면 모티프의 변화를 통해 이야기의 다양한 변형을 가져올 수 있다는 것이다. 독일의 <파우스트> 이야기나[6] <헨젤과 그레텔> 이야기는 모티프 변형을 통한 이야기 변형을 시도하면서, 이를 미디어와 결합하여 다양한 콘텐츠 개발이 어떻게 이루어지는지를 보여주는 좋은 사례이다. 잘 알려진 재미있는 이야기가 시공간을 초월해 지속적인 생명력을 가지며 모티프 변형을 통해 미디어와 장르를 달리하며 수많은 변형 이야기들을 만들어내는 구체적인 과정을 살펴본다.

---

6 <파우스트> 이야기를 소재로 한 다양한 콘텐츠 개발에 대해서는 다음의 책을 참조. 이인웅(엮음): 파우스트 그는 누구인가? 문학동네, 2006.

3. 파우스트 이야기

모티프는 텍스트 안의 구체적인 맥락에서 분리되어 시대와 공간을 넘어 지속적으로 존재하는 텍스트의 구성요소이며, "가장 작은 서술단위(das kleinste Element der Erzählung"(Frenzel 1995, IV)다. 서사의 기본 요소이며 인간의 기억 속에 저장된 행동 견본이자 사고의 기본 형식이다. 따라서 모티프는 인간의 삶에서 반복되는 상황 및 전형적이고 원형적인 특성에 대한 도식화된 견본으로 이해될 수 있다. 인간의 행동과 사고의 경험, 기억이 응축되어 있는 형태로 이야기를 구성하는 가장 작은 서술단위인 것이다. 서사 단위로서의 모티프는 다른 모티프들과 서로 연계되어 한 편의 이야기로 발전된다. 움직임이나 동력을 의미하는 라틴어 어원 'movere'이 의미하듯이, 모티프는 이야기를 이끌어가는 동력이자 이야기 구성의 기본단위로, 이를 통해 전체 스토리의 골격이 만들어진다.

모티프는 또한 그 변형과 결합을 통해 다채로운 이야기의 생성을 가능하게 한다. 바로 이 점에서 모티프의 이야기적 가치는 더욱 커진다. 이야기와 인간 행동의 원형으로서 모티프가 다른 모티프와 연계되어 다층적 이야기를 생산할 수 있기 때문이다. 따라서 모티프는 디지털 스토리텔링이나 문화콘텐츠산업 분야의 스토리를 개발하는 데 있어 그 출발점으로서 중요한 의미를 지닌다(이승진(외) 2010, 6). 뒤집어 이야기하면, 스토리의 기본 구성 요소인 모티프가 유형별로 체계화되고 그 모티프가 사용된 실제 예들의 구체적인 정보가 제공된다면, 모티프에 대한 연구는 문화상품의 기획자들이 콘텐츠의 소스 역할을 하는 이야기를 개발하는 데 실제적인 도움이 될 수 있다. 이런 방식으로 서사의 토대자료인 모티프를 정리, 가공하여 그 유형화가 가능하다면, 그 결과물들이 영화, 광고, 게임과 같은 스토리를 필요로 하는 분야에 이야기 생성의 토대로 기능할 수 있을 것이다. 이러한 맥락에서 모티프의 전형적인 구조가 잘 드러나 있는, 그래서 잘 만들어진 재미있는 이야기, 누구에게나 익숙하고 친근한 이야기는 이야기를 기반으로 다양한 콘텐츠를 제작하고자 하는 이에게 매력적으로 다가온다. 이미 알려져 있기 때문에 완전히 새로운 이야기보다는 검증된 이야기의 활용을 통한 콘텐츠의 개발은 그만큼 더 소비자에게 호소력이 있다.

독일의 파우스트 이야기도 마찬가지다. 파우스트라는 실존 인물에 대한 이야기가 민담과 전설의 형태로 구전되기 시작한 이래로, 파우스트 이야기는 여러 다양한 형식과 내용으로 재생산되고 있다. 영화와 음악, 회화 등과 같은 다양한 장르에서 등장하는 이 이야기는 최근 대중 매체와 결합하여 더욱 현란한 변주를 보여준다. 매력적인 인물 파우스트는 고전적인 연극과 오페라 무대에서 뿐만 아니라 뮤직 비디오, 포르노 필름, 보드 게임에도 등장한다. 더 나아가 파우스트는 전자 게임의 캐릭터로 등장한다. 상업적 대중 미디어인 디지털 게임은 매력적 이야기의 매력적 인물인 파우스트를 상호작용적 놀이의 주인공으로 발탁한다. 좀 더 알려져 있고, 좀 더 친숙한 인물이 주인공으로 나오는 이야기는 상업적으로 실패할 확률이 적다. 같은 소재를 다루지만 원본의 내용과 형식, 혹은 모티프의 변형을 통한 다양한 버전의 이야기 생성은 같지만 다른 이야기를 만들어낸다. 파우스트 이야기를 다루고 있는 콘텐츠 중에서 비교적 단순한 서사구조를 가지고 있는 포르노필름과 보드게임, 이와 비교해 복잡한 서사 구조를 가지고 있는 PC 게임을 살펴보고, PC 게임 <파우스트: 일곱 영혼의 심판자(Fasut. Die sieben Spiele der Seele)>를 중심으로 같지만 다른 이야기를 모티프의 변형 측면에서 분석해 본다.

3.1. 포르노필름과 보드게임

파우스트 이야기가 책의 형태로 최초로 기록된 것은 1578년 프랑크푸르트의 출판업자 요한 슈피스(Johann Spieß)에 의해서이다. 슈피스는 당시까지 전해오던 파우스트 이야기를 모으고 정리하여 파우스트 이야기를 만드는데, 이 이야기의 핵심 모티프는 인간과 악마의 계약이다(임우영 2006, 43). 괴테 버전의 파우스트 이야기에서도 이 '계약' 모티프는 전체 이야기에서 가장 중요한 역할을 한다.

파우스트를 소재로 2002년 제작된 독일과 이탈리아 합작

<파우스트. 영혼의 사냥꾼 타이틀>

포르노필름 <파우스트. 영혼의 사냥꾼(Faust. Im Sog des Seelenfängers)>[7]에서도 계약은 주요 모티프로 등장한다. 1358년 독일, 오랜 전쟁에 지친 전사 파우스트는 마르가레테 (Margarete)와 결혼을 하고 이제부터 독일민족을 위해 선한 싸움만을 하기로 다짐한다. 하지만 파우스트는 이미 자신의 영혼을 악마에게 넘겨주기로 계약을 맺은 상태였고, 그래서 악마는 파우스트의 결혼을 인정하지 못한다. 악마는 파우스트의 행위, 즉 계약 불이행이 가져올 결과들을 보여주기 위해 파우스트를 미래와 과거로 데려간다. 그러면서 제 2차 세계대전 전후와 2019년 종말시대, 그리고 그 모든 것이 예언되어 있던 서기 33년까지 5개의 시공간을 넘나들며 파우스트의 행위로 인한 결과들을 보여준다. 일반적인 성인영화와 달리 비교적 복잡한 서사구조를 가지고 있기는 하지만 역시 포르노필름이기 때문에 중간 중간 성행위를 갖는 장면이 등장하며, 계약이 중요 모티프이긴 하지만 계약의 결과를 보여주며 보는 이의 성적 판타지를 자극하는 것이 이야기의 핵심

---

7 이 포르노필름은 여느 포르노필름과 달리 공들인 의상과 꽤 많은 분량의 대화로 유럽 포르노필름의 이정표로 평가되고 있다. 특히 일반적인 포르노필름이 다루지 않는 테마인 전쟁과 성경의 종말론, 그리고 파우스트와 같은 소재를 사용하면서 동시에 복잡한 서사구조를 취하고 있어 독특한 내러티브 형식을 보여준다.

요소다. 원래의 파우스트 이야기가 가지고 있는 주요 모티프인 계약 이외에 섹스 모티프를 추가, 이것을 포르노 장르와 결합시켜 독특한 발상의 성인물 콘텐츠로 개발한 것이다.

보드게임 <파우스트 박사>

오른 편에 보이는 <파우스트 박사(Doctor Faust)>[8]는 2인용 보드게임이다. 이 게임의 목표는 두 명의 게이머가 악마가 되어 피라미드 형태로 존재하는 파우스트의 영혼을 먼저 차지하는 것이다. 말판에는 괴테의 파우스트 중 일부 인용문이 적혀있어 게이머는 자연스럽게 파우스트 이야기를 떠올리며 게임을 즐긴다. 독특하게도 게이머 모두는 파우스트가 아닌 악마의 역할을 하게 되는데, 이것은 원래의 파우스트 이야기에서와 달리 계약 모티프가 아닌 두 게이머 사이의 경쟁이 전체 게임 속 이야기를 이끌어 가는 주요 모티프로 작용하기 때문이다.

이처럼 파우스트라는 같은 소재를 다루고 있어도 각 콘텐츠가 어떤 장르에서 어떤 모티프를 강조하거나 추가하느냐에 따라 그 내용은 달라진다. 포르노필름에서는 계약 모티프에 육체적 사랑의 모티프를, 보드게임에서는 경쟁의 모티프를 추가함으로써 같은 소재를 다루고 있음에도 서로 다른 이야기가 된다.

---

8 이 게임의 자료에 대해서는 다음의 누리집을 참조. http://www.michas-spielmit-mir.de/spieletests.php?id=doctor_faust

하지만 이러한 콘텐츠들은 서사구조가 단순한 경우이고, 상대적으로 복잡한 내러티브를 가지고 있는 게임의 경우에는 모티프의 변형을 통한 서사적인 변화가 좀 더 다층적으로 나타난다.

3.2. PC 게임 〈파우스트. 일곱 영혼의 심판자〉

구 유고 연방인 슬로베니아에 제작사를 둔 게임회사 악셀트리베(Arxel Tribe)는 괴테의 작품으로 잘 알려진 파우스트 전설을 배경으로 1999년 PC 게임 <파우스트: 일곱 영혼의 심판자>를 출시한다. 이미 바그너의 오페라를 바탕으로 <니벨룽의 반지(Der Ring des Nibelungen)>[9]라는 독특한 어드벤처 게임을 만들어 주목 받았던 제작사는 유럽문화에 기반을 둔 색깔 있는 게임을 주로 만들어 왔는데, <파우스트: 일곱 영혼의 심판자>도 이러한 기획의 하나로 제작된 게임이다. PC를 플랫폼으로 사용하는 <파우스트: 일곱 영혼의 심판자>는 파우스트를 소재로 삼아 7개의 이야기가 숨겨진 기괴한 놀이공원을 배경으로 펼쳐지는 1인칭 시점의 어드벤처 게임이다. 어드벤처 게임은 RPG 게임과 더불어 게임 속에 스토리의 비중이 크다. 이 게임에서도 독립적인 에피소드로 구성되어 있는 7개의 에피소드가 전체 게임의 서사를 구성하는 중요한 역할을 담당한다. 게임 속

---

9 이 게임에 대해서는 다음의 논문을 참조. 천현순: 디지털매체에서의 융합의 의미와 문제점 연구 - 컴퓨터게임 <니벨룽의 반지>를 중심으로. 실린 곳: 브레히트와 현대연극 21집, 한국브레히트학회, 2009.

에 숨겨있는 각각의 에피소드들은 특정 모티프와 연계되어 인간의 어두운 본성을 보여주는 비극적인 이야기들로 구성되어 있다. 일반적인 게임과 달리 비교적 무거운 주제인 성욕, 식욕, 지식욕 등 인간의 탐욕과 죄악을 다루고 있어 독특한 소재와 주제를 제시한다. 그래서인지 분위기는 전체적으로 무겁고 그로테스크하다는 인상을 준다. 일곱 가지 이야기, 일곱 가지 죄악 그리고 구원 받아야할 일곱 영혼들이 서로 얽혀 있는 복잡한 퍼즐 형식의 게임으로, 인간 원죄의 구원을 이야기하면서 인간의 본성에 대한 의문을 제시한다.

게임 타이틀 이미지

각각의 에피소드를 진행하면서 여러 가지 사실이 밝혀지는데, 이 이야기들은 서로 관련을 맺으며 전개되어 점점 이야기의 흥미를 끌어올린다. 에피소드들을 차례대로 풀어나가야만 하는 것과 전체적인 스토리를 이끄는 긴장감이 없다는 것이 아쉬운 점으로 지적되기도 한다. 하지만 각각의 내용에는 놀라움, 슬픔, 전율 등이 잘 섞여 있으며 다른 게임에서 볼 수 없는 독특하고 개성 있는 이야기와 구성은 게이머에게 특별한 매력을 제공한다. 예를 들어 이 게임에는 사지분열, 변태, 살인, 알코올 중독, 성적 폭력 등과 같은 내용들이 그로테스크하게 담겨있는데, 이러한 표현들은 상업적이며 자극적인 것이 아닌 내용상의 비극과 분위기를 이루는 도구로 쓰이고 있어, 게임 자체의 분위기를 더욱 흥미롭게 만드는 요소로 작용한다. 흥미로운 것은 게임 진행상의 무대가 20세기 초반 미국의 어느 외진 곳에 위치한 놀이공원이라는 점이다. 그리고 주인공인 파우스트가 늙은 흑인으로 나오는데, 이러한 것들은 상업적인 특성상 좀 더 현대적인 공간으로 이야기를 위치시키고, 게임 수요가 많은 미국을 고려한 것으로 풀이된다. 주인공 파우스트의 역할은 이제는 폐허가 된 놀이공원인 드림랜드에서 일했던 일곱 명의 영혼을 심판하는 일이다. 놀이공원에는 관객을 끌어 모으기 위해 난쟁이를 비롯해 호기심을 자극하는 기이한 인물들이 많이 있는데, 이 들 가운에 특히 일곱 명이 핵심 인물로 등장한다. 게이머는 파우스트가 되어 가상의 시간과 공간을 여행하며 이들에게 도대체 어떤 일들이 벌어졌는가를 추적해야 하는데, 마치 탐정이 어려운 사건을 해결해 나가듯 여러 증거와 실마리들을 수집하며 문제를 풀어 나간다. 7개의 에피소드를 이끌어가는 모티프를 중심으로 게임의 내용을 살펴본다.

1) 계약: 놀이공원 설립자 테오도르 모어와 악마 메피스토

본격적인 게임에 앞서 게임을 소개하는 프롤로그 부분은 천상에서 천사인 가브리엘과 피터가 나누는 전화 대화로 시작하여 파우스트와 메피스토의 대화로 이어진다. 이 장면은 괴테의 『파우스트』 1부에 등장하는 천상의 서곡을 연상케 하는데, 이 대화를 통해 앞으로 벌어질 사건의 시공간 배경이 설명된다. 무대는 오래전에 만들어진 이상하고 신비한 놀이공원 드림랜드다. 드림랜드는 당시의 놀이공원들이 그렇듯이 1920년대 몇몇 특이한 사람들을 고용하여 공연을 펼치며 황금기를 이룬 곳이다. 그러나 설립자 테오도르 모어(Theodor More)가 죽고 나자 문을 닫고 지금은 거의 폐허가 되다시피 한 상태다.

<파우스트>

<메피스토>

파우스트는 악마 메피스토에 의해 드림랜드에 오게 된다. 메피스토와 그의 보스인 신 사이에 과거 드림랜드에서 일했던 사람들, 그러나 지금은 죽고 심판을 기다리는 사람들의 영혼을 천국과 지옥 어디로 보내야 할 것인가를 놓고 다소간 논쟁이 있어 파우스트를 중개인으로 부른 것이다. 이 장면에서는 드러나지 않지만, 게임 엔딩 부분에 가면 신과 메피스토 사이에, 그리고 놀이공원의 설립자 테오도르 모어와 메피스토 사이에 일종의 계약이 있었던 것이 밝혀진다. 즉, 파우스트가 숨겨진 사건들의 원인을 밝혀내도록 메피스토가 도움을 주고, 그 대신 파우스트의 최종 선택에 따라 테로도르 모어의 영혼을 메피스토

가 가져갈 수 있도록 한 것이다. 원래의 파우스트 이야기가 계약 모티프에 의해 갈등과 긴장을 유지하듯이, 이 게임에서도 계약 모티프가 이야기의 시작과 재미를 이어준다. 이제 파우스트는 일종의 판사와 같은 역할을 부여받고 탐정과 같이 놀이공원에 숨겨진 이야기와 죽은 영혼들을 조사하며 나름대로 심판을 내려야 한다.

2) 탐욕: 샴쌍둥이 릴리와 조디

릴리와 조디

계약 모티프에 의해 전개되는 시작 부분에 이어 첫 번째 에피소드에는 '탐욕' 모티프가 등장한다. 파우스트가 처음으로 풀어야 하는 사건은 릴리(Lili)와 조디(Jody)에 관한 것으로, 시간대는 1935년 11월이다. 릴리와 조디는 서로 몸이 붙어 있어 사람들의 이목을 끌기에 충분한 샴쌍둥이다. 자신의 육체적 한계를 재물에 대한 욕망으로 극복하고자 하는 이들은 어느 날 몰래 훔친 돈으로 사채놀이를 시작하고 드림랜드 식구들에게 은밀히 돈을 빌려 주면서 사익을 챙긴다. 이들은 똑같이 잘생긴 호랑이 조련사인 한니발(Hannibal)을 좋아하는데, 이것 때문에 갈등이 시작된다. 한니발은 사실이들에게 관심이 없지만 빚 때문에 어쩔 수 없이 호의를 베푼다. 릴리와 조디는 샴쌍둥이지만 성격적으로 다소 차이가 있다. 릴리가 낭만적인 인물로 좀 더 사랑을 원한다면, 조디는 사랑보다 돈을 더 좋아한다. 메피스토는 이 점을 이용, 릴리에게는 한니발의 사랑을, 조디에게는 돈을 상대방 모르게 약속하고 붙어있는 서로의 몸을 칼로 자르도록 유혹한다. 그러나 결국 돈 문제로 둘 사이에 문제가 생겨 조디가 릴리를 죽이고 붙어있는 몸을 떼어낸다. 돈과 사랑에 대한 욕심, 즉 탐욕이 이 둘을 갈라놓게 만들고 한 쪽이 다른 한 쪽을 죽음에 이르게 한 것이다. 돈과 사랑에 대한 욕심은 릴리와 조디의 문제만이 아니라 현대인이 가지고 있는 딜레마이다. 둘 모두를 소유하고자 하지만 그렇지 못할 경우 어느 한 쪽을 배신해야 하는 현대의 여성상을 샴쌍둥이 릴리와 조디가 나타낸 준다고 하겠다. 첫 번째 에피소드 마지막 장면에서 조디가 릴리의 시체를 조각내 한니발의 호랑이에게 던져주는 장면이 등장하는데, 이로써 릴리를 죽인 범인이 누구인지가 더욱 명확해진다. 파우스트는 이 같은 사실을 이후 릴리의 시체에서 발견한 메피스토와 조디 사이에 맺은 계약서를 통해 알아낸다.

3) 지식욕: 연금술사 나다나엘

두 번째 에피소드의 모티프는 지식욕이다. 릴리와 조디의 관계를 알아낸 파우스트가 다음으로 도착한 곳은 연금술사 나다나엘(Nathanael)의 서재다. 시간은 1952년 12월. 나다나엘은 수학자이자 연금술사로 드림랜드의 설립자인 테오도르 모어의 부탁으로 드림랜드에서 선생으로 일했던 인물이다. 나타나엘은 세상의 모든 지식을 소유하고자 하는 욕망에 사로잡혀 있고, 그 때문에 자신의 부인을 잃어버리기까지 했다. 서재 곳곳에 있는 여러 권의 책과 흔적들을 조사한 후 파우스트는 나다나엘이 2차 세계대전 당시 미국의 비밀요원으로 몇몇 중요한 작전에 참여했던 사실을 밝혀낸다. 그리고 나다나엘이 릴리와 조디에게 심리 상담을 해주었다는 사실과, 조디가 릴리를 죽였다는 내용을 담은 나다나엘의 음성 녹음을 확인한다. 하지만 이러한 사실보다도 파우스트의 관심을 끄는 것은 나다나엘과 메피스토 사이에 있었던 대화의 흔적인데, 이 흔적에는 메피스토의 어떤 제안을 나다나엘이 거절했던 장면이 엿보인다. 좀 더 자세한 내용을 알아보기 위해 파우스트는 다시 시간여행을 떠난다. 장소는 1960년 7월의 나다나엘의 서재다. 8년이 지나 똑 같은 장소에서 파우스트가 발견한 사실은, 나다나엘이 그동안 무언가 신비스런 연구를 집중적으로 수행했다는 것이다. 책상 위에 있는 녹음기를 통해 알아낸 바로는, 그 연구가 바로 인조인간 '호문쿨루스(Homunculus)'를 만들어 내는 것이었는데, 파우스트 역의 게이머는 자세한 흔적 조사와 게임의 진행을 통해 모은 여러 아이템을 가지고 스스로 나다나엘의 인조인간을 만들어 볼 수 있다. 파우스트는 이 후에 벌어지는 에피소드들에서 이 인조인간의 도움을 받아 몇 가지 어려운 장애들을 극복한다. 여러 정황과 증거를 통해 볼 때 나다나엘은 세상의 모든 지식을 주겠다는 메피스토의 제안을 거부한 것으로 보인다.

4) 성욕: 카사노바 프랭크

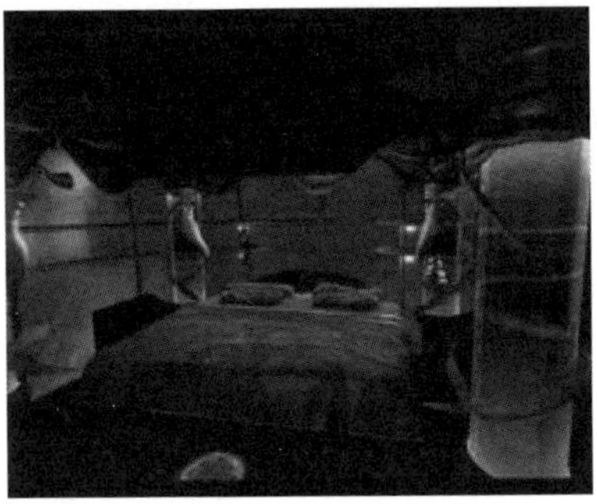

프랭크의 사랑의 방

세 번째 에피소드는 성욕 모티프와 관련하여 1930년 2월 프랭크(Frank Barnes)의 방에서 시작된다. 프랭크는 여러 차례 신문에 소개되고 상을 받을 정도로 재능 있는 화가다. 프랭크의 작업실을 둘러보던 파우스트는 프랭크가 내면에 강한 성적 욕망을 갖고 있고, 또한 그것을 자유분방하게 표출했음을 발견한다. 작업실 옆 비밀통로로 통하는 사랑의 방에 걸려 있는 육감적인 여인들의 그림들과 프랭크가 즐겨 읽던 카사노바와 돈 후앙에 관한 책들이 이 같은 사실을 말해 준다. 사랑의 방에서 파우스트는 프랭크가 메피스토에게 무엇을 요구했는지를 찾아낸다. 그것은 자신이 모든 여자들이 거부할 수 없는 유혹자가 되도록 해달라는 것인데, 궁금한 점은, 이런 프랭크가 어떻게 해서 드림랜드로 오게 되었고, 드림랜드에서 어떤 역할을 했는가 하는 점이다. 이것을 밝히기 위해 파우스트는 9년이 지난 1939년 10월 다시 프랭크의 작업실을 찾는다. 이곳에서 파우스트는 프랭크의 일기와 그가 찍은 사진들,

그리고 또 다른 비밀의 방을 발견한다. 여러 증거들을 통해 드러난 사실은, 메피스토가 프랭크에게 성욕을 채워주는 대신에 자신이 원하는 완벽한 작품 하나를 그리도록 계약을 채결했다는 것이다. 그러나 프랭크는 자신의 재능을 점점 앗아가는 메피스토의 계략에 고통스러워 한 나머지 스스로의 몸을 불살라 버린다. 온 몸이 화상으로 인해 붕대에 감겨진 프랭크는 이로 인해 드림랜드로 오게 된 것이다.

5) 사랑: 유령을 사랑한 여인 칼링카

네 번째 에피소드는 사랑의 모티프로 전개된다. 시간은 1935년 6월. 게임은 드림랜드 식구들의 옷을 만들어주는 재단사 칼링카(Kalinka)에 관한 이야기로 시작하는데, 칼링카는 첫 번째 에피소드에서 등장하는 한니발이 사랑한 여인이기도 하다. 그래서 한니발을 좋아한 샴쌍둥이 릴리와 조디는 계략을 꾸며 칼링카를 드림랜드에서 쫓아내려 하는데, 파우스트는 우선 이를 막아야 한다. 파우스트는 봄, 여름, 가을, 겨울 사계절의 시간과 공간을 넘나들며 릴리와 조디의 계획을 막는다. 칼링카는 유령처럼 붕대를 칭칭 감고 다니는 프랭크를 위해 직접 마스크와 옷을 만들어 주기도 하는데, 나중에 밝혀진 사실은 칼링카와 프랭크가 서로 사랑을 나누고, 드림랜드 식구들 몰래 결혼한 사이였다는 점이다. 파우스트는 칼링카가 메피스토와 그 어떤 계약도 맺지 않았다는 사실과 칼링카와 프랭크의 사랑이 순수한 것임을 확인한다. 이 에피소드의 마지막에는 도서관에서 파우스트가 드림랜드의 설립자 테오도르 모어와 메피스토 사이에 맺은 것으로 보이는 계약서의 일부를 발견하는 중요한 장면이 등장한다. "나 테오도르는 1917년 모든 희망을 잃어버려 메피스토와의 계약에 서명했다. Ich, Theoder, verlor Hoffnung in 1917 und unterschrieb einen Vertrag mit Mephisto." 도대체 계약의 내용은 무엇이고, 또 왜 설립자인 테오도르 모어가 메피스토와 계약을 맺었을까 하는 의문을 푸는 것이 게임의 최종 과제다.

6) 증오: 호랑이가 된 한니발

호랑이 조련사 한니발

다섯 번째 에피소드의 모티프는 증오다. 1932년 3월, 앞의 에피소드에서 밝혀진 것처럼 한니발은 호랑이 조련사다. 한니발은 드림랜드에서 호랑이와 함께 공연을 펼친다. 그러나 한니발의 거처에는 호랑이 그림 대신 샴쌍둥이인 릴리와 조디, 밀주 제조업자 토드(Tod), 프랭크와 뚱보 기젤레(Giselle)의 그림이 몰래 숨겨져 있다. 그림 속 인물들 모두는 한니발이 증오하는 드림랜드의 식구들이다. 릴리와 조디는 빌린 돈을 미끼로 불가능한 애정을 요구한다는 이유로, 토드는 몰래 밀주를 만들어 자신을 술주정뱅이로 만든다는 이유에서, 프랭크는 자기가 좋아하는 칼링카와 몰래 결혼한 사이라는 이유로, 뚱보 기젤레는 자신이 먹지 못하는 맛있는 것만 먹는다는 이유에서 증오한다. 메피스토가 한니발에게 접근한 이유는 바로 이 증오 때문이다. 메피스토는 증오심을 이용해 한니발과 계약을 맺는다. 이 때 한니발의 증오가 절정에 달하는 사건이 발생한다. 릴리를 죽인 조디가 썩은 시체를 한니발의 호랑이게 주어, 그 호랑이가 죽은 것이다. 자신의 분신과 같은 호랑이를 읽은 한니발은 이제 증오를 넘어 이들에게 복수하기를 원한다. 메피스토가 이 순간을 놓치지 않고 한니발에게 계약을 제안한 것이다. 메피스토는 세상의 모든 법을 뛰어 넘어 누구든지 공격할 수 있는 능력을 주겠다고 하고, 한니발은 메피스토의 제안에 동의한다. 하지만 이로 인해 한니발 자신은 호랑이로 변하게 되고, 다른 호랑이로부터 성적 학대를 받게 된다. 한니발은 자신의 주체할 수 없는 증오로 인해 힘센 호랑이가 되지만, 자신보다 강한 힘을 가지고 있는 호랑이에게 오히려 억압을 받는 신세가 된 것이다.

7) 술과 식욕: 밀주 제조업자 토드와 뚱보 기젤레

마지막 여섯 번째와 일곱 번째 에피소드를 이끌어가는 모티프는 술과 식욕이다. 시간은 1930년 6월이다. 여섯 번째 에피소

뚱보 기젤레

드는 밀주 제조업자 토드에 관한 이야기로, 토드는 난장이로 태어나 부모에게서 버림받아 이곳 드림랜드로 오게 된다. 토드는 드림랜드에서의 공연이 없을 때면 몰래 밀주를 만든다. 밀주 만드는 곳을 조사하던 파우스트는 놀라운 사실을 발견한다. 메피스토가 토드로 변해 밀주를 만드는 것이다. 밀주를 만드는 사람이 토드인지 아니면 메피스토인지, 그리고 둘 사이에 어떤 계약이 오갔는지에 대해서는 분명한 언급이 없지만, 분명한 것은 밀주 만드는 것에 메피스토가 관련되어 있다는 사실이다.

마지막인 일곱 번째 에피소드는 뚱보 기젤레에 대한 이야기다. 시간은 1938년 12월이다. 기젤레는 500 파운드가 넘는 엄청난 뚱보다. 그 육중한 몸매로 인해 기젤레는 사람들의 관심을 끈다. 기젤레가 이렇게 뚱뚱해진 이유는 메피스토가 그녀의 식욕을 자극하며 선물한 마법의 숟가락 때문이다. 마법의 숟가락은 만지기만 하면 맛있는 음식들로 채워져 식욕을 자극하고, 눈앞에 펼쳐진 맛난 음식들의 유혹을 이기지 못하는 기젤레는 식탐으로 인해 뚱보가 된 것이다.

3.3. 선택

파우스트는 그 동안의 조사를 통해 드림랜드에서 일했던 각각의 인물들의 관계와 사건들을 정리한다. 그러나 마지막까지 드림랜드의 설립자인 테오도르 모어와 메피스토와의 관계는 풀리지 않는다. 고심하는 파우스트에게 마침 이 두 인물이 나타난다. 두 사람의 대화 가운데 파우스트는 테오도르 모어가 이미 메피스토와 계약을 맺고 내기를 한 상태임을 발견한다. 계약의 내용은 대략 이렇다. 현재 폐허가 되어버린 드림랜드의 모든 자산을 일단 파우스트에게 양도하고, 파우스트가 이제 드림랜드의 새로운 경영자가 되어 예전에 그랬듯이 사람들에게 다시 즐거움을 줄 것인지 아니면 그냥 넘겨받은 자산을 팔아 편하게 노후를 준비할 것인지를 지켜보자는 것이다. 만약 파우스트가 드림랜드의 새로운 경영자가 되기로 결심하면 테오도르가 이기는 것이고, 그렇지 않고 드림랜드를 팔아버리면 메피스토가 이겨 테오도르의 영혼을 가져간다는 것이다. 그러나 파우스트의 선택은 바로 그의 역할을 수행하는 게이머에 의해서 결정된다. 다시 말해 파우스트가 드림랜드의 새로운 경영자가 되어 다시금 옛 명성을 회복하려고 노력할지, 아니면 손쉽게 모두 팔아 자신의 이익만을 추구할지는 전적으로 게이머의 선택에 달려 있다. 그리고 그 결정에 따라 결과, 즉 게임의 엔딩이 달라진다. 전체 게임의 스토리는 계약 모티프로 시작되어 7개의 에피소드를 이끌어가는 개별 모티프들에 이어 마지막으로 선택 모티프를 통해 끝이 난다.

3.4. 모티프 변형을 통한 이야기 변형

지금까지 게임 <파우스트: 일곱 영혼의 심판자>에 등장하는 7개의 에피소드를 모티프를 중심으로 살펴보았다. 이 게임은 파우스트 이야기 원래의 소재와 그 중심 모티프인 계약 모티프를 차용한다. 하지만 게임이라는 미디어와 형식, 그리고 상업성과 대중성을 고려한 다양한 모티프를 추가하여 같은 소재를 다루지만 전혀 다른 이야기를 전개시킨다. 그 내용을 정리하면 아래의 표와 같다.

미디어	모티프	스토리
구전 원형 이야기 <파우스트>	계약 욕망추구 파멸	- 계약: 파우스트는 악마와 자신의 영혼을 파는 계약을 맺는다. - 욕망추구: 파우스트는 악마와의 계약을 통해 지식과 향락에 대한 무한한 욕망을 만족시키려 한다. - 파멸: 악마가 헬레나를 등장시켜 계약에서 이기자, 파우스트는 지옥으로 떨어진다.

미디어	모티프	스토리
괴테의 희곡 『파우스트』	계약 욕망추구 구원	- 계약: 파우스트는 악마 메피스토펠레스와 자신의 영혼을 파는 계약을 맺는다. - 욕망추구: 파우스트는 악마의 유혹에 빠져 향락과 물질적 만족을 위해 방황한다. - 구원: 파우스트에 의해 파멸되었던 여인 그레첸은 파우스트의 구원을 요청하고, 결국 이 요청이 받아들여져 파우스트의 영혼은 구원을 받고 천국으로 인도된다.
PC 게임 <파우스트>	계약 심판 탐욕 지식욕 성욕 사랑 증오 술 식욕 선택	- 계약: 드림랜드에서 7명이 죽자 신과 메피스토펠레스는 그 처리방식을 놓고 논쟁을 벌인다. 결론을 맺지 못한 이들은 계약을 맺고 파우스트를 불러내 죽음을 조사한다. 드림랜드의 설립자와 메피스토 사이에도 이미 비밀계약이 맺어져 있다. - 심판: 파우스트는 7명의 과거를 추적해 이들의 방향(천국행/지옥행)을 심판한다. - 조사 중에 이들은 탐욕, 지식욕, 성욕, 사랑, 증오, 술, 식욕과 관련하여 메피스토펠레스와 모종의 계약을 맺었음이 밝혀진다. - 선택: 마지막 게이머의 선택에 의해 드림랜드의 설립자 테오도르 모어의 영혼이 결정된다.

게임에서의 이야기, 즉 스토리는 게임 행위를 더욱 흥미롭게 만들어준다. 게임의 구조 자체가 그래픽을 비롯하여 게이머의 역할, 인터페이스의 설정 등에서 스토리가 전제되어야만 일관성을 유지할 수 있기 때문에 스토리의 중요성은 더욱 강조된다

(전경란 2005, 30). 영화와 마찬가지로 게임 제작에도 많은 자본과 인력이 소비되는 점을 고려해 보면, 상업적 승패를 가름하는 출발점으로서 스토리가 차지하는 위상은 더욱 중요하다. 이러한 맥락에서 게임이라는 콘텐츠에 적합한 스토리를 개발하는 작업 과정이 중요한데, 그러한 과정은 전혀 새로운 스토리를 창작하는 것 보다는 이미 알려져 있는 이야기를 활용하여 여기에 중요 소재나 모티프를 변형 및 추가하는 방식으로 이루어지는 경우가 많다. 그래서 대부분 게임들의 스토리가 오래된 신화나 전설, 민담 등의 이야기에서 소재나 모티프를 따오는 경우가 많다. PC 게임 <파우스트: 일곱 영혼의 심판자> 역시 파우스트라는 유명한 이야기의 소재와 그 주요 모티프를 차용해 익숙한 이야기를 들려줌으로써 재미를 제공한다. 그러나 이 게임은 여기서 더 나아가 다양한 모티프를 추가하여 독특한 스토리를 이루고 있다는 점에서, 그리고 그것이 상업적으로도 실패하지 않았다는 점에서, 마지막으로는 미디어 특성에 기반한 모티프 변형을 통해 콘텐츠의 스토리를 흥미롭게 변형시키고 있다는 측면에서 주목받을만한 작품으로 평가받는다.

4. 〈헨젤과 그레텔 이야기〉

신화, 전설, 민담 등과 함께 동화 역시 서사문학의 원형으로 고찰될 수 있다. 동화는 형식적인 면에서 구성이 단순하며, 에피소드 식으로 나열되어 있는 비교적 짧은 이야기 형식을 지닌다. 직설적이고 분명한 주제와, 구성 측면에서의 단순성과 명확성은 독자로 하여금 이야기의 이해를 쉽게 해준다. 동화의 또 다른 장점은 재미와 교훈이다. 오늘날의 문화가 교양과 오락의 개념으로 이해되는 측면이 많은 것을 고려하면(김기덕/신광철 2006, 15), 동화는 콘텐츠 제작에 있어서 이야기의 토대를 제공하는 중요한 장르라 할 수 있다. 이야기의 구성이 단순하다는 사실은 이를 바탕으로 새로운 이야기를 재생산하는 데 유리한 점을 가진다. 이야기는 복잡하면 복잡할수록 수정과 생략, 혹은 확대가 그만큼 어렵다. 동화의 경우는 서사와 등장인물, 사건이 비교적 간단하기 때문에, 다른 소재나 모티프의 추가로 변형된 이야기의 생산을 얼마든지 가능하게 한다. 헨젤과 그레텔 이야기의 경우가 대표적이다. 「헨젤과 그레텔」은 1815년 독일인 형제 야곱 그림(Jacob Grimm)과 빌헬름 그림(Wilhelm Grimm)이 독일지방에 떠돌던 민담과 민요를 모아 책으로 묶은 『어린이와 가정의 동화(Kinder und Hausmärchen)』에 실린 이야기 중 하나다. 그림 형제가 창작한 이야기가 아니라 전래되어오던 이야기를 어린이의 눈높이에 맞추어 정리한 형태라 할 수 있다. 이러한 <헨젤과 그레텔>이야기는 또 다른 미디어와 결합되어 원본과는 다른 장르로 변화하면서 다양한 콘텐츠로 재생산된다. 그러면서 각 장르별로 강조되는 모티프가 달라지며 그 내용도 달라진다. 오페라 「헨젤과 그레텔」에서는 엄마가 계모도 아니며 아이들을 쫓아내지 않는다. 만화 「헨젤과 그레텔」에서는 TV 아나운서가 등장해 이야기를 들려주며 아이들을 공포에 떨게 한다. 영화 「헨젤과 그레텔」에서는 헨젤과 그레텔, 마녀가 등장하지 않고 무대가 한국의 외진 숲으로 옮겨진다. 어떤 장르에서 어떤 모티프가 강조되어 원래의 <헨젤과 그레텔> 이야기가 변형되는지를 살펴본다.

4.1. 동화 〈헨젤과 그레텔〉

<헨젤과 그레텔> 이야기는 원래 구전되어 오던 전래동화다. 비슷한 이야기가 이탈리아와 프랑스에서 먼저 책으로 출판되었다가 우리가 알고 있는 그림 형제에 의해 정리된 것이 19세기 초반이다. 그러니까 그림 형제의 「헨젤과 그레텔」이 원작은 아니다. 하지만 전 세계에 걸쳐 가장 잘 알려져 있는 일반적인 내용을 갖고 있다는 점에서 여기서는 그림 형제의 「헨젤과 그레텔」 이야기를 이후 만들어지는 변형 이야기의 기반이 되는 이

야기로 전제하고 논의를 시작한다.

원형 이야기로서 그림 형제가 정리한 동화 「헨젤과 그레텔」은 가난, 계모, 마녀, 영아유기, 살인, 탐욕(식탐), 탈출 등의 모티프를 사용한다.[10] 민담학자들은 이러한 모티프들이 사용된 이유를 역사적 사실과 연결시킨다. 19세기 초반에 독일지방에 반복된 기아, 아이를 버리던 풍습, 어머니의 이른 죽음에 따른 계모 얻기, 개발되지 않은 숲에 대한 공포 등이 적절하게 혼합되어 「헨젤과 그레텔」이 탄생하였다는 것이다. 『옛 이야기의 매력』의 저자 브루노 베텔하임(Bruno Bettelheim)은 이 이야기가 아이들이 극복해야 할 의존심, 식탐, 파괴적 본능에 대해 교훈을 주기 위해서 만들어 진 것이라 주장한다(베텔하임 2000, 276). 또 다른 학자는 계모와 마녀를 동일인으로 보기도 한다. 아이들이 마녀를 화덕에 가두어 죽이는 것은 못된 계모에 대한 복수라는 것이다. 이를 통해 아이들로 하여금 가난과 같은 부정적인 상황을 극복할 수 있는 훈련을 무의식적으로 교육시킨다는 것이다. 이와 같은 모티프의 사용과 의도에서 「헨젤과 그레텔」 이야기는 다음과 같은 줄거리를 가진다.

헨젤과 그레텔은 가난한 나무꾼의 아이들이다. 어느 해 나라에 큰 흉년이 들어 먹을 것이 없자 계모가 아이들을 숲 속에 버리라고 나무꾼에게 조른다. 배가 고파 잠을 못 이루다가 계모의 계획을 듣게 된 헨젤과 그레텔은 미리 하얀 자갈을 모아

10 이러한 모티프들은 유럽 동화에 나오는 일반적인 동화 모티프들이기도 하다. 동화 모티프에 관해서는 다음의 책을 참조. Max Lüthi: Das europäische Volksmärchen, Franke Verlag München 1976.

두고, 다음 날 자기들을 숲 속에 버리고 도망 간 부모 몰래 집으로 가는 길을 표시하여 다시 집으로 돌아온다. 계모는 다시 아이들을 버릴 것을 종용하고 아이들을 숲으로 데려가 버려둔다. 이번엔 헨젤과 그레텔에게 표식을 남길 것이 없다. 조약돌 대신 빵으로 길표시를 해 두었지만 숲의 새들이 먹어버려 길을 잃고 만다. 숲 속에서 길을 잃은 헨젤과 그레텔은 빵과 설탕으로 만들어진 집을 발견하고 그 집을 먹기 시작한다. 이 집에 거주하는 노파는 헨젤과 그레텔을 안으로 초대하고 이들을 위해 축제를 준비한다. 하지만 노파는 사실 마녀이고 그 집은 아이들을 꾀기 위해 지은 것인데 아이들이 살이 찌면 마녀가 잡아먹는 것이다. 마녀는 헨젤을 우리에 가두고 그레텔을 하녀로 삼는다. 마녀는 헨젤을 잡아먹을 준비를 하는 동안 그레텔에게 올라가서 빵 굽는 가마가 준비 되었는지 확인하라고 한다. 하지만, 그레텔은 마녀가 자기를 구울 생각임을 알고 꾀를 내어 마녀를 가마에 오르게 하고 빗장을 닫아 죽인다. 구사일생으로 마녀의 집에서 빠져 나온 헨젤과 그레텔은 마녀의 집에 있던 보석을 발견하고, 이를 가지고 집으로 돌아와 아버지와 재회한다. 그사이 계모는 이미 죽어 있고, 헨젤과 그레텔은 아버지와 함께 행복하게 산다. 이상이 「헨젤과 그레텔」의 일반적인 줄거리다. 이러한 줄거리를 플롯으로 정리하면 다음과 같다.

- 가난으로 인해 계모가 아이들을 버린다.
- 아이들은 꾀를 내어 다시 집으로 돌아온다.
- 계모는 다시 아이들을 버리고, 이번에는 집으로 돌아오지 못한다.

- 숲 속에 버려진 배고픈 아이들은 빵과 설탕으로 지어진 집을 발견하고, 이 집을 먹는다.
- 이 집은 마녀가 아이들을 속이기 위해 만든 집으로, 아이들은 마녀의 속임수에 넘어가 죽음의 위기에 빠진다.
- 아이들은 지혜롭게 마녀를 물리치고 마녀의 집에 있던 보석을 가지고 숲을 빠져나온다.
- 아이들은 다시 집으로 돌아오고, 그사이 계모가 죽어 홀로 있던 아버지와 행복하게 산다.

4.2. 오페라 〈헨젤과 그레텔〉

오페라 「헨젤과 그레텔」은 엥엘버트 훔퍼딩크(Engelbert Humperdinck)가 3막으로 작곡한 독일 오페라다. 그림 형제의 동화를 바탕으로 한 오페라로 대본은 작곡가의 누이 아델하이트 베테(Adelheid Wette)가 쓴 대본에 의해 1893년에 작곡되어, 같은 해 12월 바이마르의 궁정오페라극장에서 초연된다. 훔퍼딩크는 이 오페라를 '동화 오페라'라고 묘사했다. 어린이를 포함한 가족 모두의 즐거움과 환상을 위해 만들었기 때문에 그 내용도 어린이들의 천진난만한 노래와 춤, 마녀의 우스꽝스러운 등장, 전원적인 숲속의 장면 등으로 이루어져 가족의 소중함을 강조한다.[11] 때문에 줄거리는 다음과 같이 변형된다.

11 여기서는 Markus L. Frank 지휘로 2009년 DVD로 제작된 훔퍼딩크의 <헨젤과 그레텔>을 참조.

가난한 빗자루 장수를 아버지로 둔 두 남매 헨젤과 그레텔은 엄마에게 게으르다는 꾸지람을 듣고 딸기를 따오라는 말에 숲으로 들어간다. 하지만 숲에는 마녀가 살고 있고, 뒤늦게 이 사실을 알게 된 아빠와 엄마가 헨젤과 그레텔을 찾기 위해 숲으로 들어간다. 하지만 헨젤과 그레텔은 깊은 숲 속에서 딸기를 따다 길을 잃는다. 배고픔에 정신없이 딸기를 먹다 저녁이 되어 어두워지자 잠의 요정을 만나 숲 속에서 잠이 든 것이다. 다음 날 헨젤과 그레텔은 집으로 돌아가기 위해 숲속을 헤매다 과자로 만든 집을 발견하지만, 이 집은 아이들을 유혹하기 위한 마녀의 속임수다. 헨젤과 그레텔은 마녀에게 사로잡혀 죽을 고비를 맞지만, 기지를 발휘해 마녀를 물리치고 무사히 탈출하여 아빠 엄마와 만나 다시 가족의 품으로 돌아온다.

오페라 「헨젤과 그레텔」의 이야기는 전체적인 면에서 그림 형제의 그것과 비슷하지만, 몇 가지 점에서 차이를 드러낸다. 우선 헨젤과 그레텔의 엄마는 계모가 아니며 아이들을 미워하지 않는다. 아이들은 버림받은 것이 아니고, 다만 놀기를 좋아해 엄마에게 혼이 나다 먹을 것이 없다며 딸기를 따오라는 엄마의 요구에 의해 숲으로 들어갈 뿐이다. 엄마와 아빠는 뒤늦게 숲 속에 마녀가 있다는 것을 알고 오히려 숲속으로 돌아오지 않는 아이들을 찾아 나선다. 사탕과자로 만들어진 마녀의 집을 먹다 위기에 빠지기도 하고 기지를 발휘해 빠져나온다는 점은 원래의 이야기와 같지만, 자기들을 찾으러 온 부모와 만나 기뻐하는 것으로 끝나는 마지막 부분은 원래의 이야기와 다른 부분이다.

오페라 「헨젤과 그레텔」이 그림 형제의 이야기와 달리 위와

DVD로 발매된 오페라
「헨젤과 그레텔」

같은 이야기 구조를 갖는 원인은 무엇보다 이 오페라가 어린이를 비롯한 가족 모두가 볼 수 있는 것으로 만들었다는 점에 있다. 그래서 원작에는 등장하지 않는 '가족'과 '요정' 모티프가 추가되어 있고, 특히 어린이가 좋아하는 요소들이 삽입되어 재미와 동시에 가족애가 그려진다. 가족 간의 사랑을 강조하기 때문에, 엄마는 더 이상 계모로 나오지 않고, 또한 엄마나 아빠가 자식들을 미워하여 숲 속에 버린다는 설정은 배제된다. 훔퍼딩크는 「헨젤과 그레텔」을 어린이와 가족 모두를 위한 오페라로 만들고자 했다. 그래서 원래의 내용에서 끔찍하고 잔인한 부분은 빼버린다. 계모 혹은 친엄마가 아이들을 숲속으로 버리는 장면을 삭제하고, 대신 딸기를 따오도록 숲으로 보내는 것으로 대치시킨다. 마녀의 집 울타리는 마녀의 마법 때문에 과자로 변신한 아이들의 모습으로 만들어져 있고, 마녀가 죽자 이 아이들은 다시 원래의 모습으로 돌아온다. 이처럼 내용을 많은 부분 바꾸고 형식적으로도 춤과 노래를 많이 삽입하는 이유는 훔퍼딩크가 오페라 「헨젤과 그레텔」을 통해 아이들에게 꿈과 환상을 보여주기 위해서다. 원래 동화였던 이야기가 어린이와 가족을 대상으로 하는 오페라로 바뀌면서 이야기의 수용 대상과 목적이 무엇이냐에 따라 캐릭터나 이야기의 설정이 달라진 경우이다. 달라진 이야기 설정에 따른 오페라 「헨젤과 그레텔」의 플롯은 다음과 같다.

- 엄마가 아이들의 게으름을 꾸짖으며 딸기를 따오라며 숲으로 보낸다.
- 딸기를 따기 위해 숲 속 깊이 들어간 아이들은 정신없이 딸기를 먹다 잠이 든다.
- 길을 잃고 집을 찾아 헤매다 숲 속에서 아이들의 모양을 한 과자로 만든 울타리가 있는 과자 집을 발견하고 집을 뜯어먹는다.
- 이 때 마녀가 나타나 헨젤에게 맛있는 것을 많이 먹여서 살찌게 만든 뒤 뱀으로 만들려고 하고, 그레텔은 하녀로 만들어 집안일을 시킨다.
- 그레텔이 기지를 발휘해 마녀를 솥뚜껑 속에 빠뜨리자, 마녀의 솥에서 큰 폭발소리가 들리더니 아이들이 많이 쏟아져 나온다. 솥에서 나온 아이들은 마녀의 마법으로 인해 과자로 변했던 아이들로 이제 원래의 모습으로 변한 것이다.
- 마지막으로 아빠 엄마가 나타나고, 헨젤과 그레텔은 행복하게 산다.

4.3. 만화 〈헨젤과 그레텔〉

만화 「헨젤과 그레텔」은 영국의 아동작가 마이클 콜먼(Michael Coleman)이 만화로 다시 쓴 동화 이야기다. 콜먼은 아름다운 공주님이 등장하고 멋진 성이 그려진 예쁘장한 책에서 읽

콜먼의 「헨젤과 그레텔」이 실려 있는 책의 표지

던 이야기들이 원래는 너무 무서운 이야기, 무시무시하고 상스러운 이야기라고 주장하고, 아이들에게 검열을 거치지 않은 이야기들을 다시 들려주기 위해 1999년 『뜨끔뜨끔 동화 뜯어보기(원제: Fairy Stories)』라는 제목으로 책을 낸다. 이 책에서 콜먼은 「헨젤과 그레텔」을 비롯한 세상에서 가장 많이 알려진 10개의 이야기들을 구전으로 내려오던 원래 이야기의 내용으로 다시 소개한다.

전체적인 이야기는 그림 형제의 그것과 차이가 없다. 다만 그림 형제의 버전에는 헨젤과 그레텔을 버리자고 조르는 엄마가 못된 계모로 되어 있으나, 콜먼의 이야기에서는 친엄마로 되어 있다. 그림 형제는 친엄마가 그렇게 잔인할 수도 있다는 생각을 어린이들에게 심어 주지 않기 위해 계모를 등장시키지만, 콜먼의 이야기에서는 엄마가 친엄마로 나타난다. 콜먼의 의도 자체가 원래 동화 이야기가 끔찍하고 무서운 이야기라는 것을 드러내기 위한 것이기 때문에, 이야기의 서술에 긴장과 스릴을 강조한 것이다. 그리고 아이들의 흥미와 재미를 끌기 위해, 이야기 구성을 어느 TV 프로그램의 대본 형식으로 취한다. 즉 처음 부분에 TV 진행자를 등장시켜, “세상에 이런 일이! - 생생하고 극적인 실화를 여러분의 안방으로 전해 드립니다.”라고 말하며 프로그램 시작을 알리고 <헨젤과 그레텔>에 관한 내용을 들려준다. 그러면서 이야기 중간 중간에 TV 진행자를 나타나게 하면서 각 상황에 대해 자세한 설명을 한다. 마지막에는 이야기를 마친 TV 진행자가 다시 등장해 시청자에게 "다음 시간에 다시 찾아뵐 것을 약속드리겠습니다."라고 말하며 프로그램의 진행을 마친다. 그러자 방송사 간부가 등장해 다음 시간은 없고 이것으로 프로그램이 끝났다고 말한다. 진행자는 황당한 표정으로 "세상에 이런 일이!"(콜먼 2007, 22)라고 외친다. 전체적인 이야기 구성은 다음과 같다.

- TV 진행자가 끔찍하고 스릴 넘치는 이야기를 소개한다. 이 이야기의 주인공은 헨젤과 그레텔이다.
- 가난으로 인해 친부모가 아이들을 버린다.
- 아이들이 꾀를 내어 다시 집으로 돌아온다.
- 엄마는 다시 아이들을 버리고, 이번에는 집으로 돌아오지 못한다.
- 숲 속에 버려진 아이들은 빵과 설탕으로 지어진 집을 발견하고, 이 집을 먹는다.
- 이 집은 마녀가 아이들을 꾀어내기 위해 만든 집으로, 아이들은 마녀의 속임수에 넘어가 죽음의 위기에 빠진다.
- 아이들은 지혜롭게 마녀를 물리치고 마녀의 집에 있던 보석을 가지고 숲을 빠져나온다.
- 아이들은 다시 집으로 돌아오고 아버지와 행복하게 산다.
- TV 진행자가 마지막으로 다시 등장해 인사를 하지만, 간부로부터 마지막 방송이라는 소식을 듣고 깜짝 놀란다.

4.4. 영화 〈헨젤과 그레텔〉

영화 「헨젤과 그레텔」은 임필성 감독, 천정명 주연으로 2007년 제작된 우리나라 영화다. 이 영화에서 임필성 감독은 낭만적 분위기의 그림 형제 동화 <헨젤과 그레텔>을 잔혹동화로 바꾸어 해석한다. 감독은 굶주림에 지친 부모가 자녀를 숲 속에 갖다 버린, 당시 유럽에서 비일비재했던 실화에 기초한 그림 동화의 텍스트에서 모티프를 빌려 오되 동화가 너무 쉽게 마무리 지은 해피엔딩을 되짚어 본다. '동화 속의 헨젤과 그레텔이 그 숲에서 나오지 못했다면 어떻게 됐을까?' 라는 상상을 영화의 출발점으로 삼아 원래의 이야기 자체를 전혀 새롭게 재구성한다.[12] 원래 이야기의 모티프에 고아, 탐욕, 죽음, 학대 등의 잔인한 요소들을 추가하여 이야기를 끔찍하고 잔인하게 만든다. 줄거리는 다음과 같다.

영화 포스터

어릴 적 자신을 떠나간 엄마를 만나러 가는 길에 은수는 여자친구와 낙태 문제로 전화통화를 하다 교통사고로 정신을 잃는다. 깊은 밤 숲에서 눈을 뜬 그의 앞에 돌연 한 소녀가 나타난다. 소녀의 이름은 영희이고, 은수는 홀리듯

12 다음 누리집의 임필성 감독 인터뷰를 참조. http://www.cine21.com/Article/article_view.php?mm=001002001&article_id=47081

그녀를 따라 세 아이가 살고 있는 '즐거운 아이들의 집'으로 향한다. 그림책에서 빠져 나온듯한 집은 장난감과 과자로 가득 찬 아이들의 천국이다. 영희는 오빠인 만복과 여동생 정순, 엄마 아빠와 함께 살고 있다. 아이들은 밥 대신 알록달록 케이크와 쿠키, 머핀을 먹고, 희귀한 장난감을 가지고 놀고, 갖가지 보석을 가지고 있다. 하지만 숲 속에 위치한 이 집은 바깥 세계와 단절되어 있고 전화도 불통이다. 은수는 이 집에서 나가려고 하지만 숲을 빠져 나갈 수가 없다. 설명할 수 없는 의문 속에 은수는 아이들에게 비밀이 있다고 느낀다. 그러던 어느 날 아이들의 부모님이 한 장의 메모만 남겨둔 채 사라진다. 그리고 변집사라고 하는 교인을 자처하는 남자와 그의 아내가 길을 잃은 채 아이들이 있는 집으로 찾아온다. 아이들은 은수를 자기들의 삼촌이라고 이들에게 소개한다. 그러다가 은수는 집의 다락에서 아이들의 엄마를 발견한다. 하지만 그녀는 자신이 아이들의 엄마가 아니고, 자신 역시 길을 잃고 남편과 이 집에 오게 되었던 것이라 말한다. 은수는 불길한 예감에 사로잡힌다. 한편 변집사는 아이들의 보석을 노린다. 어느 날 은수는 집에서 몰래 나오는 만복이를 따라 가고, 그가 숲 속 한 가운데에 있는 어떤 문으로 들어가는 것을 보게 된다. 만복이가 다시 그 문에서 나온 뒤, 은수는 그곳을 들어가게 되고 그곳에서 놀라운 사실을 발견한다. 아이들이 실제로는 자신보다 나이가 많은 것이다. 사실 아이들은 어릴 때 '즐거운 아이들의 집'이라는 고아원에서 원장에게 끔찍한 학대를 받으며 자랐다. 그러던 중 크리스마스에 세 아이는 산타를 보았고, 산타는 아이들에게 '상상하는 것은 뭐

든지 이루어진다'면서 선물을 주었다. 아이들은 곧장 자기들을 학대하던 고아원 원장을 상상을 통해 벽난로에 밀어 넣어 죽인다. 이 후 아이들은 몇 십 년 동안 어린아이로 이곳 숲 속에서 살게 된 것이다. 그 사이 변집사는 아이들을 유혹해 아이들의 물건을 빼앗으려 한다. 변집사는 아이들을 해치려 하지만, 신비한 능력이 있는 아이들은 변집사를 죽인다. 은수는 아이들에게 자신을 이 집에서 내보내달라고 요구한다. 하지만 이미 은수는 상상만 하면 그대로 이루어지는 능력이 있는 아이들이 써 놓은 동화의 주인공이다. 은수의 운명은 그렇게 아이들과 함께 이 집에서 평생을 살아야 하는 것이다. 아이들은 은수에게 자기들과 함께 살자고 하지만, 은수는 그럴 수 없다고 한다. 여느 다른 어른들과 달리 자신들을 진심으로 걱정해주고 아껴주던 은수에게 정을 느낀 영희는 은수에게 숲에서 빠져나갈 수 있는 유일한 방법을 알려준다. 그것은 아이들이 써 놓은 동화를 불태우는 것이다. 은수는 그것을 불태우고, 그러면서 자동차 사고 현장으로 다시 돌아오게 된다. 이상의 이야기를 플롯으로 정리하면 다음과 같다.

- 주인공이 차량이 전복되는 사고를 당해 정신을 잃는다.
- 주인공은 어느 소녀의 도움으로 숲 속 깊은 곳에 있는 아이들의 집에 머물게 된다.
- 외부세계와 단절된 이 집과 아이들의 행동은 무언가 의심스럽다.
- 사실 아이들은 과거 고아원에서 원장의 심한 학대를 받으며 자란 아이들이다. 우연히 크리스마스에 산타 할아버지에게서 상상만

하면 그대로 이루어지는 능력을 얻게 되고, 이를 이용해 원장을 벽난로에 밀어 넣어 죽인 이후, 어른이 되지 못한 채 어린아이로 숲 속에 계속 머물고 있다.

- 주인공은 이 집에서 빠져나가려고 노력하나 실패한다.
- 우연히 아이들의 정체를 알게 된 주인공은 아이들에게 자신을 놓아 주라고 부탁한다.
- 주인공을 좋아하던 한 아이가, 집을 빠져나갈 수 있는 방법을 가르쳐주고, 주인공은 마침내 숲을 빠져 나와 다시 현실세계로 돌아온다.

앞서 오페라, 만화와 달리 영화 「헨젤과 그레텔」은 원작과 가장 많은 차이가 타나난다. 우선 그림 형제의 이야기 속 오누이는 영화에서 막 사춘기에 접어든 맏이 만복과 둘째 영희, 그리고 막내 정순의 세 아이로 바뀐다. 버려진 아이들이란 설정은 동일하지만, 영화 속 세 아이는 순수하기만 한 아이들과는 다르다. 빵가루를 뿌려 길을 표시했던 지혜는 거꾸로 어른들을 길을 잃게 만드는 영특함으로 대체되고, 마녀의 꼬임에 넘어갔던 순진함은 어른들을 지켜보는 냉정하고 의문스러운 시선으로 변형된다. 집 또한 다르다. 동화의 '과자로 만든 집'은 마녀가 아이들을 잡아먹기 위해 만든 집이지만, 영화 속 아이들의 집은 길 잃은 어른들을 붙잡아 놓기 위해 아이들이 장치한 일종의 덫이다. 이 집은 아이들에겐 각종 장난감이 어우러진 천국과 같은 곳이지만, 빠져나갈 길 없는 어른들에게는 악몽의 공간이다.

원작과 비교할 때 가장 다른 부분은 아이와 어른의 관계다.

원작에선 마녀가 아이들보다 물리적으로 우위에 서 있었다면 영화에서는 아이들이 주도권을 쥐고 있다. 마녀를 무찌르고 집으로 돌아가는 동화 속 오누이와 달리 돌아갈 집이 없는 아이들은 스스로 집을 만들고 부모를 직접 찾기로 한다. 자기들밖에 길을 모르는 미로 같은 숲 속에서 어른들을 꼼짝 못 하게 묶어놓고 지켜본다. 아이들을 버리거나 잡아먹으려 했던 나쁜 어른 일색인 동화의 구성과 달리, 영화 속 주인공 은수는 아이들을 이해하고 사랑하려는 따뜻한 심성의 소유자로 그려진다. 전체적인 이야기 구성과 캐릭터, 그리고 공간적, 시간적 배경이 완전히 달라진 것이다. 그 이유는 앞서 언급한 것처럼 감독이 낭만적 동화를 잔혹한 판타지 동화로 만들어보고자 하는 의지를 피력하면서 동화 이야기를 공포 영화라는 장르로 그 형식을 완전히 변형시켰기 때문이다. 모티프는 빌려오되, 미디어와 장르, 시공간적 배경, 그리고 이야기의 소비 대상이 크게 다르기 때문에 원작과는 전혀 다른 새로운 이야기로 재생산된 경우이다.

4.5. 모티프 변형을 통항 이야기 변형

지금까지 일반적으로 알려져 있는 <헨젤과 그레텔> 이야기가 작가의 의도, 시대와 배경, 미디어와 장르를 달리하면서 어떤 방식으로 그 내용과 형식이 달라지는지 살펴보았다. 오페라 「헨젤과 그레텔」은 이야기의 소통 대상을 가족과 어린이로 한정한다는 점에서 캐릭터와 이야기의 내용이 달라진다. 만화

「헨젤과 그레텔」은 재미라는 측면과 어린이에게 동화에 숨겨있는 끔찍하고 무서운 점을 부각시키려는 작가의 의도에서, 그리고 영화 「헨젤과 그레텔」은 장르 자체를 공포영화로, 배경을 현재의 한국으로 옮겼다는 점에서 전혀 다른 이야기로 변형된다. 원래의 이야기 내용에서 중요 모티프와 줄거리를 차용하되, 이를 확대 재생산하려는 콘텐츠 생산자의 의도에 의해 또 다른 모티프나 내용이 추가되어 변형된 이야기 혹은 전혀 새로운 이야기가 만들어진 것이다. 그림 형제의 「헨젤과 그레텔」 이야기를 기반 스토리로 삼아 본문에서 분석한 변형된 이야기를 정리하면 아래와 같다.

장르 (매체)	오페라 <헨젤과 그레텔>	만화 <헨젤과 그레텔>	영화 <헨젤과 그레텔>
공통 모티프	가난, 마녀, 살인, 탈출	가난, 마녀, 살인, 탈출	가난, 탐욕, 살인, 탈출
삭제된 모티프	계모, 영아유기	계모	계모, 마녀, 영아유기
추가된 모티프	가족애, 요정	공포	고아, 공포, 낙태, 미로, 사랑, 학대
이야기 변형 원인	이야기의 수용 대상 (가족과 어린이)	동화가 지닌 끔찍 함과 공포를 드러 내고자 하는 작가 의 의도	시 · 공간적 배경과 공포 영화라는 장 르변화

장르 (매체)	오페라 <헨젤과 그레텔>	만화 <헨젤과 그레텔>	영화 <헨젤과 그레텔>
변형 내용	엄마는 친엄마, 가족애가 강조되어 결말에서 가족 모두가 다시 만나 행복하게 살아감	방송(TV) 프로그램의 형식을 따라 아나운서가 등장하여 끔찍한 이야기를 들려주고 중간 설명 삽입	학대받은 아이들이 주인공으로 등장하여 어른들의 사랑을 구하는 과정을 그로테스크하게 묘사
매체 변형의 특성	무대 화를 위한 숲의 공간성 강조	문자 텍스트의 사용을 줄이고 내용을 단순화한 그림으로 시각화	동화 이미지를 강조하면서, 비주얼한 효과로 환상적이고 스릴러적인 분위기 연출

5. 모티프, 이야기, 그리고 미디어

잘 만들어진 재미있는 이야기는 다양한 형식으로 이야기 소비자에게 전달된다. 이는 현재의 미디어 환경과 관련하여 하나의 이야기가 더 이상 종이로만 소통되지 않는 상황과 밀접한 관계가 있다. 해리 포터 이야기가 대표적인 경우다. 해리 포터 이야기는 책으로, 영화로, 게임으로, 캐릭터 상품으로, 그리고 테마 파크로 만들어져 소비자와 만난다. 하나의 소스를 활용하여 다양한 형태의 부가가치를 재가공하는 생산전략인 OSMU가 하나의 상품으로서 이야기의 경우에도 그대로 적용되는 것이다. 이러한 이야기는 또한 대중 매체와 결합하여 이본(異本) 또는 이종(異種)들의 이야기적 소재를 제공한다. 대중의 취향에 어필하는 대중적인, 소위 '잘 나가는' 소재가 전파성 강한 미디어와 결합하면 시장 논리에 의해 다양한 아류들이 양산된다. 같은 이야기의 변종(變種)들이 생겨나는 것인데, 이 같은 현상은 그 이야기가 유명하고 재미있고, 그래서 누구나가 한 번 쯤 들어보았을 이야기일 때에는 더욱 강하게 나타난다.

<파우스트> 이야기는 16세기 파우스트 이야기를 처음으로 종이에 옮겼던 요한 슈피스 이래로 여러 다양한 형식과 내용으

로 표현되고 있다. 영화와 음악, 회화 등과 같은 형식으로 표현되어 오던 파우스트 이야기는 최근의 대중 매체와 결합하여 더욱 현란한 변주를 보여준다. 매력적인 인물 파우스트는 이제 고전적인 연극과 오페라 무대에서 뿐만 아니라 어느 힙합 그룹의 뮤직 비디오인 「북서쪽에서 온 파우스트(Faust des Nordwestens)」에서 나타나고, 심지어는 독일과 이탈리아의 합작 포르노 필름인 「파우스트 - 영혼의 사냥꾼」의 주연으로 나타난다. 더 나아가 파우스트는 컴퓨터 게임의 캐릭터로도 등장한다. 상업적 대중 매체인 디지털 게임이 매력적 이야기의 매력적 인물인 파우스트를 상호작용적 놀이의 주인공으로 발탁한 것이다. 좀 더 알려져 있고, 좀 더 친숙한 인물이 주인공으로 나오는 이야기는 상업적으로 그만큼 실패할 확률이 적기 때문이다. 이야기적 소재를 빌려 오기는 하지만 원본의 내용과 형식 그대로를 수용하지 않는 이 같은 변종 버전들은 나름의 형식과 매체의 특성에 맞추어, 그리고 그 목적에 적합하게 크고 작은 변화를 보여준다(김요한 2006, 510).

<헨젤과 그레텔> 이야기는 1815년 독일인 형제 야곱 그림과 빌헬름 그림이 독일지방에 떠돌던 민담과 민요를 모아 책으로 묶은 『어린이와 가정의 동화』에 실린 이야기 중 하나다. <헨젤과 그레텔>이야기 역시 다양한 미디어를 만나 다양한 콘텐츠 장르로 변이된다. 그러면서 각 이야기에의 사건을 이끌어가는 중요 모티프가 달라지며 그 내용이 달라진다. 오페라 「헨젤과 그레텔」에서는 엄마가 계모도 아니며 아이들을 쫓아내지도 않는다. 만화 「헨젤과 그레텔」에서는 TV 아나운서가 등장해 이야

기를 들려주며 아이들을 공포에 떨게 한다. 영화 「헨젤과 그레텔」에서는 헨젤과 그레텔, 마녀가 등장하지 않고 무대가 한국의 외진 숲으로 옮겨진다.

하나의 이야기를 확대 혹은 재생산하고, 새로운 미디어와 결합시켜 새로운 콘텐츠로 만들어내는 현상은 문화콘텐츠 산업시대에 이야기를 기반으로 다양한 부가가치를 만들어내려는 시도로 이해된다. 이야기 자체가 한편으로는 다른 이야기의 소재로 기능할 수 있고, 또한 다른 작가 혹은 다른 미디어와 만나면서 내재적으로 다양한 버전으로의 변화 가능성을 지니고 있기 때문이다. 특정한 하나의 이야기, 그리고 그것이 재미있게 잘 짜여진 이야기이고 잘 알려진 이야기라면, 그 이야기는 새로운 미디어를 만나 새로운 장르로 재탄생되고, 그러면서 원래 이야기와는 다른 모티프의 사용으로 인해 그 내용이 다채로워지는 현상을 낳는다. 이러한 과정 속에서 미디어는 서로 교차/횡단하고, 모티프는 삭제되거나 추가되며 이야기는 변형된다. 이야기, 모티프, 미디어가 서로 촘촘하게 엮이는 것이다.

참고문헌

김기덕/신광철. 2006. “문화ㆍ콘텐츠ㆍ인문학”. 『문화콘텐츠 입문』, 인문콘텐츠학회. 서울: 북코리아.

김요한. 2006. “컴퓨터게임 <파우스트-일곱영혼의 심판자”. 『파우스트 그는 누구인가?』, 이인웅(외). 서울: 문학동네.

로널드 B. 토비아스. 1997. 『인간의 마음을 사로잡는 스무 가지 플롯』. 김석만 역. 서울: 풀빛출판사.

류철균/서성은. 2008. “디지털 서사 창작 도구의 서사 알고리즘 연구 -<드라마티카 프로>를 중심으로”. 『현대소설연구』 38호. 한국현대소설학회. 117-152.

마이클 콜먼. 2007. 『뜨끔뜨끔 동화 뜯어보기』. 이경덕 역. 서울: 주니어 김영사.

브루노 베텔하임. 2000. 『옛이야기의 매력 2』, 서울: 시공주니어.

블라디미르 프로프. 2009. 『민담형태론』. 유영대 역. 서울: 새문사.

자넷 머레이. 2001. 『사이버 서사의 미래. 인터랙티브 스토리텔링』. 한용환/변지연 공역. 서울: 안그라픽스.

아리스토텔레스. 2007. 『시학』. 이상섭 역. 서울: 문학과지성사.

안영순/노시훈. 2004. 『영화와 애니메이션을 위한 36가지 플롯』. 서울: 동인.

오순희. 2003. “고전과 매체 - 파우스트 소재와 현대 대중매체의 관계를 예로”. 『인문논총』 50집. 서울대학교. 163-185.

이승진. 2010. “<갈등> 모티프 스토리텔링 - 모티프 연계를 통한 스토리텔링”. 『브레히트와 현대연극』 22집. 한국브레히트학회. 367-386.
이승진(외). 2010. 『독일문학의 모티프 DB 구축 - 스토리뱅크 운영을 위한 토대연구』. 서울: 공감.
이인웅(엮음). 2006. 『파우스트 그는 누구인가?』. 서울: 문학동네.
임우영. 2006. “민중본 『요한 파우스트 이야기』”. 『파우스트 그는 누구인가?』. 이인웅(외). 서울: 문학동네.
임필성(감독). 2007. <헨젤과 그레텔>. 바른손 제작.
전경란. 2005. 『디지털 게임의 미학. 온라인 게임 스토리텔링』. 서울: 살림.
천현순. 2009. “디지털매체에서의 융합의 의미와 문제점 연구 - 컴퓨터게임 <니벨룽의 반지>를 중심으로”. 『브레히트와 현대연극』 21집. 한국브레히트학회. 327-351.
Daemmrich, Horst S. und Ingrid G. 1995. *Themen und Motive in der Literatur.* 2. Aufl. Tübingen und Basel.
Frenzel, Elisabeth(a). 1992. *Motive der Weltliteratur.* 8. Aufl., Stuttgart.
Frenzel, Elisabeth(b). 1992. *Stoffe der Weltliteratur*, 8. Aufl., Stuttgart.
Humperdinck, Engelbert. 2009. *Hänsel und Gretel*, Markus L. Frank 지휘, Anhaltische Philharmonie Dessau. Art Haus(DVD).
Lüthi, Max. 1976. *Das europäische Volksmärchen*. München: Franke Verlag.

Mario Salieri(Regie). 2002. *Faust. Im Sog des Seelen-Fängers.* United Video Vertriebs GmbH.

| 제5장 |

놀이와 소통의 플랫폼, 디지털 게임의 잠재성*

*이글은 2015년 3월 필자가 『한국사상과문화』에 발표한 <디지털 게임의 수행성과 '게임하기' 의 주체성>을 대폭 수정·보완한 것이다. 여기에 2018년 최근의 급변하는 미디어 및 게임 환경의 현실을 반영하여 내용을 확장하고 대폭 추가하였다.

김겸섭

1. 제4차 산업혁명과 디지털게임의 미래

최근 산업계와 대학은 물론 온 사회가 4차 산업혁명에 대한 관심으로 들끓고 있다. 현 정부는 대통령 직속으로 '4차산업혁명위원회'를 꾸림으로써 구체적 정책 마련과 사업 개발에 박차를 가하고 있다. 정부 출범이 채 1년도 안 되었음에도 정부 각 부처는 경쟁적으로 '4차 산업' 관련 사업들을 발굴하여 발표하고 있다. 가령 교육부만하더라도 '4차 산업혁명 혁신선도대학'을 공고하여 여기에 50여개 대학이 지원을 한 바 있다.

그렇지만 이러한 열기에도 불구하고 4차 산업혁명의 실체에 대해서는 다양한 의문이 제기되고 있다. 그도 그럴 것이 지난 정권의 슬로건들('녹색성장', '창조산업') 역시 소리만 요란할 뿐 공허한 기표로 소비되거나 적폐에 가까운 비리를 감싸는 포장으로 전락하고만 전례가 있기 때문이다. 따라서 4차 산업혁명과 관련하여 다양한 의문이 제기되어왔다. 한마디로 4차 산업혁명이 "정치적 유행어일 뿐"(홍성욱)이라는 지적이 가장 대표적인 의문일 것이다. 공학기술이나 과학기술 분야의 다수 기술자들의 경우에도 지금의 기술적 정보통신기술(ICT) 분야의 기술이 핵심적인 과학기술들로부터 분기하여 연속적으로 진행되는 것임에도 불구하고 너무 호들갑스럽게 과장되는 데에는 어떤 저의가 있는 것 아니냐는 불편함을 감추지 않는다.

하지만 4차 산업혁명을 의미 있는 변화로 읽는 이들의 반론도 만만치 않다. 지금은 혁신적인 변화의 시대이며 그 수준은 ICT 기반의 3차 산업혁명을 훌쩍 능가하고 있다는 것이다. 그 변화의 속도가 기하급수적이라는 점, 다양한 과학기술 사이의 융합과 학문들 사이의 통섭 정도와 범위가 전례를 찾아볼 수 없을 정도라는 점, 나아가 국가와 기업, 산업, 사회 전체에 던진 파장의 정도와 충격이 엄청나다는 점을 인정해야 한다는 주장이 나온다(슈밥 2016, 12-13).

사실 이러한 논쟁 구도는 새롭지 않다. 과학기술의 새로운 성취들과 혁신적인 발전이 이루어질 때마다 유사한 담론 구도가 제기된 바가 있기 때문이다. 19세기 초 대중소설로부터 사진, 영화, TV, 게임 등 새로운 각각의 미디어를 둘러싼 '문화전쟁들'(Culture Wars)은 그러한 대립들을 보여주는 대표적인 사례라 할 만하다. 그런데 최근의 기술적 변화들을 둘러싼 이러한 논쟁들에서 사람과 사회에 그것들이 가져온 변화와 의미에 대한 심층적인 고민이 부족하다는 지적들이 끊이지 않는다. "로봇, 자율주행차, 미래자동차, 스타트 기기, 5G, 사물인터넷, 스마트 시티, 바이오산업, U헬스케어, 소프트웨어, 신소재 2차 전지, 3D 프린팅, 원자력 발전" 등이 가져다 줄 경제 효과에만 주목할 뿐이라는 것이다. 여전히 기술결정론과 경제결정론의 신화 혹은 미몽에 갇힌 채 삶과 노동의 미래나 사회문제들(양극화, 환경, 여가 등)에 끼칠 영향 등에 대한 성찰이 부족하다는 비판은 귀담아 들을 만한 것이 아닌가 생각된다.

그런 의미에서 이글은 우리의 일상과 삶에 필수적인 매체로 자리 잡은 디지털 게임을 경유하여 매체 진화와 변이가 갖는 의미를 짚어보고자 한다. 물론 구글, 아마존, 페이스북 등의 글로벌 기업들이 주도하는 첨단 테크놀로지 관련 기술혁신들을 일별하고 그 한계와 의미를 짚고자 하는 것은 아니다. 그에 대한 본격적인 진단과 논의는 다른 지면을 필요로 할 것이다. 여기에서는 다만 과학기술이 늘 문화와 공진화(co-evolution)를 한 바 있으며 디지털게임이야말로 과학기술의 과거와 현재를 반성하고 미래를 엿보는 하나의 계기가 될 수 있음을 살펴보고자 한다. 아케이드게임부터 지금의 스마트 모바일 게임에 이르기까지, 그리고 VR과 AR 기반의 게임에 이르기까지 과학기술의 성취를 제일 먼저 전유한 매체는 게임이다. 인공지능(AI)과 빅 데이터, 사물인터넷과 5G 기술, 가상현실과 증강현실 기술이 어우러져 보여주고 있는 게임 콘텐츠의 '지금과 미래'는 여가문화의 미래를 예견하게 한다.

이동연은 4차 산업혁명에 대한 기술결정론과 경제결정론에 대한 반성을 촉구하면서 새로운 패러다임('신홍익인간'론)을 통해 그것에 접근할 것을 주문하고 있다. "기술결정론과 경제결정론에 경도되지 않고 기술과 과학, 문화와 예술이 통섭하는 중층적인 사회구성체의 면모를 그려내기 위해서는 무엇보다도 개인 라이프 스타일의 변화와 그로 인한 인간 삶의 관계들의 혁신을 상상해보아야"(이동연 2017, 152)할 시점이라는 것이다. 게임 콘솔의 비약적인 발전, MMORPG에서 모바일 MMORPG로의 중심이동, SNG 게임에서 대체현실게임(ARG)으로의 확장, VR게임과 AR게임 상용화, 트랜스미디어스토리텔링과 게이미피케이션의 점진적 증가 경향 등 게임 정보계(infosphere) 혹은 놀이계(ludisphere)에는 매일매일 변화가 끊이지를 않는다. 이에 대한 온전한 수용과 바람직한 기능전환(Umfunktionierung)을 위해서는 "인간의 감각적·감성적 역능의 활성화와 라이프 스타일을 즐기는 엔터테인먼트 환경의 미래에 대해 현상학적인 차원을 넘어 심층적인 차원에서 인지적 지도를 그리는 것이 중요하다"(이동연 2017, 152).

디지털게임의 플랫폼과 콘텐츠가 발전하면서 게임의 시공간은 우리 일상사회를 반영하며 그것 너머의 놀이적 체험을 가능하게 해주고 있다. 놀이로서의 게임은 우리 라이프스타일의 변화를 보여주는 문화적 바로미터이며 인간 삶의 관계들을 성찰하고 실험할 수 있는 매개가 될 수 있다. 그런 점에서 게임은 과학과 문화예술의 융합을 통해 '중층적 사회구성체'를 재현하면서 새로운 라이프스타일을 선취할 수 있다. 물론 그 어떤 미디어가 순기능만을 하지는 않는다. 모든 미디어는 사람을 죽일 수도 있고 살릴 수도 있다는 점에서 '파르마콘의 독'과 같다. 우리 시대의 첨단 놀이미디어로서 게임 역시 부정적인 사회인식으로 인해 그 가능성에 대해 제대로 논의해볼 기회가 부족했다. 게임이라는 미디어는 우리가 공포를 느끼고 포기한다고 해서 없어질 수 있는 매체가 아니다. 그런 점에서 게임의 다양한 측면을 알고 그것이 지닌 다양한 잠재성(virtuality)을 발굴하려는 노력을 멈추어서는 안 될 것이다.

2. '중독' 프레임을 넘어서

2014년 4월 한국의 헌법재판소는 문화콘텐츠 산업의 장래에 큰 파장을 부를 수 있을 중대한 판결을 내렸다. 여성가족부가 마련한 '청소년 게임셧다운제'가 합헌이라는 결정이었다. "인터넷게임의 제공자는 16세 미만의 청소년에게 오전 0시부터 오전 6시까지 인터넷 게임을 제공하여서는 아니 된다"고 규정한 이 법은 청소년의 여가권이나 문화향유권, 일반적 행동자유권, 게임 사업자의 표현의 자유, 가족의 자율성과 부모의 교육·양육권을 침해한다는 비판을 받아왔다. 나아가 게임에 대한 등급제가 실시되고 있는 마당에 중복적인 규제가 도입된 점에 대해서도 다양한 우려가 쏟아졌다. 명목상 청소년들의 수면권 보호를 내세우고 있지만, 사실 잠의 부족은 과도한 사교육과 경쟁사회('성과사회'로 인한 '피로사회')에 있다는 지적도 만만치 않다. 부상하는 문화산업에 대한 정부나 보수적인 시민단체와 문화(산업) 종사자들의 대립은 하루 이틀도 아니고 한국에서만의 일도 아니다. 과거 영화, 텔레비전 프로그램, 만화에 대한 통제와 그를 통한 주체 훈육의 기획은 문화산업의 성장과 표현의 자유를 크게 위축시키고 특히 수용자들의 문화적 다양한 실천들을 가로막은 바 있기 때문이다. 이러한 대립은 흔히 '문화전쟁'(culture war)으로 불린다(이동연 2014, 88-114). 그리고 게임이 지금 이 전쟁의 중심에서 '고전'(苦戰) 중이다.

게임 산업과 관련하여 한국사회는 분열적 태도를 보인 바 있다. 한편으로 게임은 국가 경제를 견인할 창조산업의 견인차로 평가되면서도[1], 다른 한편으로는 중독과 폭력의 원인으로 매도당하곤 하기 때문이다. 이는 문화체육관광부와 미래창조과학부, 여성가족부의 게임정책에 일관성이 없는 데서, 그리고 주요 언론사들의 게임 관련 뉴스들의 오락가락하는 보도행태 속에서 자주 확인되는 바이다. 이러한 이중적 태도는 객관성과 과학성이 결여된 '게임-포비아'(game-phobia)로 인해 더욱 뒤틀린 모습으로 나타나기도 한다.[2] 이는 헌법재판소의 판결에서도 나타난다. 판결문은 우선 "인터넷게임 자체는 유해한 것이 아니"라는 것을 명시한다. 그러면서도 게임은 "높은 인터넷게임 이용률 및 중독성 강한 인터넷 게임의 특징" 때문에 유죄라는 주관적 가치평가가 개입된 판결을 내린다. 판결문에서 확인되는 것은 객관성의 부재요 주관적인 게임-공포증이다. 이러한 공포증은

---

1 실제로 한국의 게임산업은 한국콘텐츠 산업의 중추를 이루고 있다. 그것의 총매출액은 2014년 기준 12조 1,028억원으로 예상된 바 있거니와, 매년 10%이상의 성장률을 보이고 있다. 나아가 게임산업의 수출액은 11개 콘텐츠 산업의 총 수출액 중 60%를 차지할 정도이다. 이재홍, 「게임의 인문융합 스토리텔링 연구」,『한국컴퓨터게임학회논문지』제27권 제3호, 한국컴퓨터게임학회, 2014, 62쪽 참조.

2 '게임 쿨링오프제'나 '게임중독법'을 둘러싼 논란에서도 이는 입증되고 있다. 외국의 경우 게임을 비롯한 대중문화콘텐츠의 중독성이나 폭력성에 대한 주장에 근거가 부족함을 말해주는 더 많은 반론들이 제출되고 있다. 이와 관련해서는 이동연의 책 49-68쪽을 참조할 것.

게임의 놀이적 속성과 문화적 특이성에 대한 몰이해에서 비롯된 것이다.

물론 어떤 게임에는 중독적이거나 폭력적인 요소가 있을 수 있다. 그것의 객관적인 기준이나 데이터가 주어진다면 게임으로 인한 부작용들을 예방하는데 큰 도움이 될 것이다. 외국에서는 이와 관련하여 정신의학계나 심리학계에서 다양한 연구가 진행되고 있다. 그것은 실제 게임 행위와 플레이어에 대한 1~2년간의 장기적이고 다각적인 관찰 실험과 민속지학(ethnography)의 방법이 활용된다. 하지만 국내의 정신의학계를 비롯한 관련 학계나 기관에서는 '게임중독법'의 도입을 강하게 촉구하면서도 별 노력을 하고 있지 않은 것으로 보인다. 게임의 부정성에 대한 프레임이 미리 강력하게 각인되어 있기 때문이다. 또한 외국이나 한국이나 게임중독에 대한 명쾌한 정의가 제기된 바 없고 그에 대한 임상 분석이나 객관적 통계가 제출된 적도 없다. 또한 '중독'(addiction)과 '몰입'(immersion, engagement)에 대해 우리는 신중한 접근을 할 필요가 있다. 문화에서 '중독'은 '몰입'의 다른 이름이고 그 둘의 경계는 미미한 것일 수도 있기 때문이다. 창조산업 생태계에 '중독'되지 않은 경험을 지닌 사람이 그 영역에서 창의적인 결과를 내어올 수 없는 법이다. 문화에 대한 '중독'은 약물 중독과 달라서 그 경험이 이후 창작의 원천이 될 수 있는 것이다. 문화나 매체에 대한 중독을 약물중독이나 도박중독과 구분하기 위에 '감성중독'(emotional addiction)이라는 개념을 사용하자는 제안이 나오는 것도 그러한 이유에서 일 것이다.[3]

게임에 대한 근거 없는 공포 혹은 혐오 담론들의 확산에는 게임생태계에 직접 참여하고 있는 사람들 역시 그 책임에서 자유롭지 않다. 특히 게임 포비아 담론들의 무한 확장과 재생산을 관망한 연구자들도 지난 몇 년간의 스스로를 반성할 필요가 있을 것이다. 과거 영화나 텔레비전에 대한 규제를 적극적으로 돌파하려 했던 해당 미디어 생태계 관련자들의 노력을 복기할 필요가 있을 성 싶다. 자발적 자율 규제와 비평 담론의 마련 노력, 업계와의 소통을 위한 실천들이야말로 이들 선배 미디어들이 당당하게 문화로 인정받는 계기가 되었던 사실을 말이다. 게임은 진보한 테크놀로지와 문화적 역량을 결합한 콘텐츠이다. “예술과 문화산업은 분리된 영역이 아니고 교차하는 영역이 존재한다”는 것을 가장 잘 보여주는 분야가 게임이다. 따라서 그것은 문화적 창의성을 핵심 성분으로 삼으며, 놀이에 대한 근원적 욕망이 발현하는 매개자이다. 디지털 기반의 문화콘텐츠로서 게임은 놀이와 문화에 대한 상상 역능의 강화를 통해 성숙시켜가야 할 대상이지 배척의 대상어서는 안 될 것이다.

물론 모든 게임 콘텐츠가 마냥 긍정적인 것만은 아니다. 나아가 특정 장르에 대한 쏠림 현상은 문화 다양성 확보라는 측

3 물론 게임 중독의 임상적 사례들이 있음을 부인할 수는 없을 것이다. 하지만 언론의 보도와 달리 그것이 일반적 사례는 아니다. 그리고 게임으로 인한 사고로 보도되는 사건들 배후에는 더 본질적인 원인들이 자리하고 있다는 사실 드러난 바 있다. 거기에는 게임 내재적인 어떤 부작용보다는 사회적, 교육적, 가족적, 경제적 문제들이 복잡하게 얽혀있다는 것이다. 게임이 야기했다고 ‘상상되는’ 온갖 문제들이 사실은 게임 리터러시에 둔감한 이들의 불안과 혐오에서 비롯된 상상의 결과물이라는 것이다. 미구엘 시카트,『컴퓨터게임의 윤리』, 김겸섭 옮김, 커뮤니케이션북스, 2014, v~vii 참조.

면에서 바람직하지 않다. 게임의 다양성 확보나 윤리에 대한 고민은 한국 게임 산업의 미래를 위해서도 지속적으로 수행되어야 할 과제이다. 그럼에도 어떤 점에서 사악한 게임은 없다고 할 수 있다. 상호작용적 미디어(interactive media)라는 점에서 그것은 윤리적으로 부정적인 플레이를 유인할 수도 있지만 윤리적인 경험을 위한 대화의 촉매도 될 수 있기 때문이다. 게이머들의 경우에도 주어진 콘텐츠를 수동적으로 소비하는 '디지털 좀비'가 아니라 특이한 방식으로 상호작용하고 경험을 공유하면서 해석하는 가운데 목적을 달성하고 문제를 해결하는 주체이다. 다시 말해 그들은 주어진 문제들을 혹은 스스로 설정한 목표들을 해결하기 위해 자신들만의 가치와 지식 및 기술을 적용함으로써 사회적 정체성을 창조하고 '다르게 살아보기'와 '다르게 생각하기'를 수행하는 자들이다. 물론 게임은 순백의 중립적인 공간은 아니다. 그럼에도 현실의 필연적 질서를 반성하고 위반할 수 있는 계기를 제공함으로써 탈영토화의 이벤트 공간을 제공할 수 있는 잠재성을 지니기도 한다.

이 대목에서 우리는 엔터테인먼트 플랫폼이면서 동시에 커뮤니케이션 미디어인, 그리고 고유한 예술적 창조와 표현의 장치(apparatus)이기도 한 게임이 갖는 복합적 잠재성에 주목할 필요가 있다. 이는 게임을 질병으로 고착화하고자 하는 최근의 시도에 직면해서도 더 이상 미룰 수 없는 과제가 되었다. 2018년 한국의 의사 집단 등 직접적인 이해당사자들이 벌인 압력에 굴복한 국제보건기구(WHO)가 게임중독과 게임질환을 정신건강질환으로 분류할 것이라는 보도가 제기된 바 있다. 이는 게임 산업은 물론이고 게임문화에도 치명적인 영향을 줄 것으로 예상된다.[4] 게임 산업의 역사가 깊은 미국이나 유럽이 아닌 아시아, 특히 대한민국에서 게임중독에 대한 악의적 담론이 집중적으로 제기되는 이유에 대해서는 별도의 연구가 필요해 보인다. 하지만 주지하다시피 게임은 4차 산업혁명 시대의 일상 문화로 자리 잡고 있다. 그리고 각종 데이터는 게임의 주요 이용자가 청소년이 아니라 20대~40대임을 말해준다. 이러한 현실은 게임 담론을 지배하는 부정성 일변도의 기존 접근법에 대한 반성을 요구한다.

그런 의미에서 이글은 게임 매체의 속성들을 밝힘으로써 균형 잡힌 연구의 단초를 마련하고자 한다. 이를 위해 인문학적 게임연구의 촉매 역할을 한 바 있는 공연학(performance studies) 담론들의 도움을 받고자 한다. 이는 오락과 표현 매체로서의 게임이 갖는 복합적 가능성을 찾기 위한 필자 나름의 선택이다. 이를 위해 우선 인문적 게임 연구에 기여했던 몇몇 연극학자들이 게임 미디어의 어떤 가능성에 주목했는지를 살펴보고자 한다. 그 후 퍼포먼스 연구(performance studies), 특히 미

4 이러한 결정에 대해 게임중독의 타당성에 대한 명확성의 결여, 미디어 소비자인 게임 플레이어의 목소리 완전 배제, 이른바 IGD(인터넷 게이밍 장애)와 다른 장애의 차이에 대한 논란, 게이밍과 게임하는 사람들에 대한 문화적이고 현상학적인 이해 부재, 정치적 압력에 따른 비과학적 결정 등 중대한 문제제기가 있었다.(윤태진 2018, 31) 이와 관련하여 게임학회와 게임 관련 학과연합회에서도 "질병코드 등재에 한국의 일부 특정 의사 집단의 이익과 관련이 있다는 의구심을 떨칠 수 없다. 이들은 과거 4대중독법에서 게임중독 지정을 '숙원사업'으로 표현한 바 있다. 우리는 '신성한 인술'의 주체인 의사들이 자신들의 이해관계를 위해 게임을 악용하는 일이 절대 있어서는 안될 것으로 생각한다."는 성명을 제출하였다.(http://cafe.daum.net/pobbykim/QyAq/987: 검색일, 2018년 4월 12일)

디어 퍼포먼스(media performance)의 접근법을 통해 게임 매체의 수행적 특이성을 알아볼 것이다.[5] 나아가 바뀌는 미디어 환경에서 게임의 다양한 전이와 변이에 주목함으로써 그 미래의 의미를 짚어보고자 한다. 이 연구가 위기의 징후를 보이는 한국 게임 산업과 한국 게임 문화 빈곤화의 문제를 해결하는데 조금의 기여라도 할 수 있기를 희망한다.

---

5 그런 점에서 본 논문은 다음과 같은 전경란의 주장을 공유하며 논의의 출발점으로 삼는다. "디지털 게임은 하나의 드라마틱한 상황을 연출하기 위하여 다양하지만 일관성 있는 표현 양식들이 융합되어 있는 멀티미디어다. 디지털 게임을 한다는 것 또한 그 상황 속에 융합되어 있는 퍼포먼스다. 그 과정에서 게이머는 융합의 감수성, 멀티미디어가 생성해 내는 현실에 몰입하는 체험을 하게 된다." 전경란, 『디지털 게임이란 무엇인가』, 커뮤니케이션북스, 2014, 17쪽.

3. 디지털게임의 연극적 접근

에스펜 올셋(Espen Arseth)이 2001년을 인문학적 게임 연구(game studies)의 원년으로 삼자고 선언하기 전까지 게임 연구는 주로 공학과 심리학 등에서 수행되었다. 물론 미디어학이나 사회과학계에서 간헐적으로 의미 있는 성과들이 나오기도 했지만, 대부분은 게임 테크놀로지에 대한 공학적 연구들과 게임의 부정성에 심리학이나 의학 분야에서의 조사들이었다. 하지만 2000년대에 접어들면서 문학연구자들과 문화연구자들이 인문학적 시각에서 게임의 의미화 과정과 스토리텔링 콘텐츠에 관심을 보이면서 학제 간 융복합 학문으로서 게임 연구는 대학 내에 자리매김하기 시작한다. 이후 게임을 서사로 볼 것이냐 아니면 놀이로 볼 것이냐를 둘러싸고 치열한 논쟁이 벌어지기도 했다. 서사학(narratology)과 게임학(ludology)의 대결로 정리될 수 있는 이 논쟁은 게임의 매체적 복합성(medial complexity)의 특정 측면만을 고집한다는 비판을 받으며 일단락된 듯하다.[6]

그 이후 서사와 놀이라는 토픽들은 이후 게임에 대한 인문

6 이 논쟁의 세부에 대해서는 김겸섭,『공감과 소통의 게임학』, 대구대출판부, 2008, 182-191쪽을 참조할 것.

학적 연구의 단초로 작용하면서 지속적인 확대·변형·재생산의 과정을 거치며 진화한다. 이후 게임의 커뮤니케이션적 성격, 게임의 의미화 실천 양태와 이데올로기적 작동방식, '몸-주체'로서의 게임 플레이어, 게임 안에 구현된 종교성과 신화성, 게임 콘텐츠와 게임 플레이의 윤리학적 의미 등의 주제들로 확장되면서 게임 연구는 그 폭과 깊이를 더해가고 있다.[7] 이러한 게임 연구의 확장 과정은 멀티미디어에 기반한 새로운 이야기 매체, 디지털 멀티미디어 시대의 새로운 놀이문화 등으로서 게임이 지닌 다의적·다성적 속성에서 비롯된 것으로 볼 수 있다. 이러한 흐름들을 수용하면서 한국의 연구자들 역시 나름의 성과들을 제출하고 있는 중이다.[8] '게임하기'(game-playing, gaming)에 대한 관심은 이러한 성과들과 종합적으로 대결하면서 게임의 실제적이고 실천적인 양상들을 수렴하고자 하는 시도이다.

게임에 대한 인문·사회과학계의 관심들은 중독과 폭력이라는 상투적인 비판을 넘어 게임이 우리 시대의 일상적 놀이문화이며 인간의 원초적인 놀이 욕망을 담아내는 미디어임을 인식하게 해주었다. 그 결과 적어도 학계에서는 게임이 상호작용적이고 탈근대적인 놀이매체라는 것을 인정하기 시작했다. 다시

---

7 게임연구의 확장 경향을 보여주는 사례로 미구엘 시카트, 김겸섭 옮김,『컴퓨터게임의 윤리』, 커뮤니케이션북스, 2014나 Tobias Beve(Hg.), Computerspiele und Politik, Berlin, 2007을 참조할 수 있을 것이다.

8 2000년대 시작된 한국의 본격적 게임 연구의 포문을 연 연구자들은 대개 국문학 연구자들(최유찬, 이인화(류철균), 한혜원 등)과 문화연구나 미디어 연구자들(박근서, 윤태진, 전경란, 나보라, 김상우 등)이었다. 이후 게임과 '게이밍'에 관심을 두었던 기타연구자들(이동연, 박상우, 김겸섭 등)이 논의를 이어갔다.

말해 게임은 유저들(users)에 의해 구성되는 개방적인 텍스트로서 해석되어야 할 서사적·상징적 텍스트일 뿐만 아니라 매 순간 의미를 만들어내는 문화적 복합 구성체라는 것에 대한 공감대가 형성된 것이다.[9] 특히 네트워크로 연결된 가상세계에서 그것은 리좀(rhizom)처럼 얽힌 정보계(infosphere)를 구성하며 미디어와 텍스트, 사회적 제도들과 집단들이 상호 접속하는 장면들을 연출한다. 이는 게임 연구가 콘텐츠 연구나 플랫폼 연구를 넘어 다양한 사회적 상호작용 양태들에 관심을 가져야 하는 이유이기도 하다. 다시 말해 게임 고유의 형식이나 규칙, 게임플레이 수행과정에서 추출되는 다양한 결과를 입체적으로 조명할 수 있는 문제틀(problematique)이 요구되는 것이다.

그런 의미에서 텍스트와 작가 중심의 전통적인 연극 개념을 '수행성'(performativity) 개념으로 확장하고자 하는 퍼포먼스 연구, 나아가 퍼포먼스 개념을 뉴미디어적 사이버스페이스 환경으로 불러들이고자 하는 '미디어 퍼포먼스' 개념은 게임의 매체성과 놀이성을 달리 볼 수 있는 하나의 접근법으로 볼 수 있을 것이다. 특히 인문학적 게임 연구 초기에 드라마 혹은 연극학 전공자들이 게임에 주목하며 제출한 성과들은 게임 수행성 연

9 마노비치(Lev Manovich)는 문화적 층위(백과사전과 소설, 이야기와 플롯, 구성과 관점, 모방과 카타르시스 등)와 컴퓨터 층위(컴퓨터 고유의 재현 방식과 운영 메커니즘), 사회적 층위(게임 생태계를 구성하는 다양한 사회적 요인들) 등 다양한 영역들이 복합적으로 교차하는 문화적 실천의 장으로 게임을 정의한다. 그것은 인류의 풍부한 이야기 자산, 과거의 매체나 콘텐츠들을 '재매개'(remediation) 혹은 전유하며, 매체 상호간의 '융합'(convergence)을 통해 인간-컴퓨터, 인간-인간의 새로운 상호작용의 결과들을 생산하고 있다고 강조한다. Lev Manovich, 서정신 옮김,『뉴미디어의 언어』, 생각의 나무, 2004, 128-130쪽 참조.

구의 단초가 될 만하다. 이들은 다양한 연극이론들을 원용하여 게임의 새로운 매체성을 밝혀내려고 하면서 연극과 게임의 수행적 공통성을 탐색하고자 한 바 있기 때문이다.

우선 인문적 게임 연구의 초기를 수놓은 연구자들로는 브렌다 로럴(Brenda Laurel)과 자넷 머레이(Janet Murray) 등을 들 수 있을 것이다. 이들은 아리스토텔레스의『시학』에 기대어 게임과 연극의 공통성을 찾아내고자 한다. "2000년도 더 된 과거에 아리스토텔레스가 드라마에 적용했던 것과 동일한 규칙 하에서 소프트웨어 디자인이 이루어질 수 있음"을 주장한다는 조롱 섞인 비판을 받기도 했지만, 어쨌든 그들은 아리스토텔레스를 경유하여 주류 게임의 디자인 문법을 정초하고자 한다. '아리스토텔레스적 컴퓨터게임'(Aristotelian computergames)으로 명명되기도 하는 이 모델은 게임의 '서사'(narratives)에 편향적으로 포커스를 맞춘다는 비판을 받기도 하지만 게임-연극의 상호매체성에 대한 관심을 촉발했다는 점에서 그 가치를 평가해줄 수 있을 것이다.

연극학적 관점에서 로럴은 게임의 공간적 시뮬레이션을 일종의 연극 '무대'에서의 수행으로 간주한다. 게임에 대한 상호작용적 참여는 "무대에서 연기하는 것과 같은 경험"(Laurel 1993, 6)이라는 것이다. 게임은 직접 몸을 움직여(acting) 사건을 '상연'하는 연극적 매체라는 것이다. 상호작용적 스토리텔링(interactive storytelling)의 미디어로서 컴퓨터 게임은 '사용자 퍼포먼스'(user performance)이고, 게임을 통해 플레이어는 드라마 수행자(performer)이자 관객의 역할을 동시에 수행한다는 것이다.

로럴의 성과를 비판적으로 계승하고자 하는 머레이 역시 컴퓨터의 상호작용성에 기초한 연극적 경험으로 게임을 정의하면서 이를 '사이버드라마'(Cyberdrama)로 명명하자고 제안한다. 그녀가 보기에 컴퓨터 게임은 텍스트와 영상, 사운드 등이 결합된 멀티미디어 배경무대를 제공한다. 여기서 플레이어-배우는 직접 탐색과 도전을 통해 성격과 행동을 창조함으로써 역동적인 허구적 사건들을 연출한다. 이렇게 되면 게임 속 '가상현실'은 플레이어가 행위의 수행을 통해 극적 사건을 창조하는 가상의 무대인 셈이다. 이 모든 것이 가능한 것은 게임의 상호작용적 속성 덕분이다.

우리는 게임 캐릭터, 즉 '아바타'를 통해 로럴과 머레이의 주장을 이해할 수 있다. 게임의 아바타는 어떤 점에서 연극의 배역 그 이상의 의미를 지닌다. 아바타 꾸미기는 게임 공간이라는 가상 무대에서의 역할놀이를 위한 최초의 선택이다. 소설이나 영화 등의 선형적인 서사와 달리 게임에서 '하나의' 이야기를 완성하는 사람은 개발자가 아니라 플레이어들 자신이다. 그리고 그 최종적으로 구성된 이야기란 하나가 아니다. 게임을 통해 플레이어들은 자신의 세계관과 욕망을 무대화할 수 있기 때문이다(머레이 2001, 21-22). 그 결과 사이버스페이스는 안정, 고착, 균형의 공간이 아니라 일탈과 동요, 변화와 생성의 무대가 된다. 캐릭터 '커스터마이징'(customizing)은 플레이어가 사이버 무대에서 영웅으로서 자발적으로 떠나게 될 대장정의 준비 과정이다.

원래 인도 신화에서 신의 분신인 '아바타'는 닐 스티븐슨

(Neil Stephenson)의 소설『스노우 크래시(Snow Crash)』에서 등장하면서 널리 쓰이기 시작한 개념이다. 이 소설의 등장인물들은 '메타버스'(Metaverse)라는 가상의 나라에 들어가기 위해 아바타라는 가상의 신체를 빌려 입는다. 이후 RPG의 고전 <울티마>에서 본격적으로 사용되면서 아바타 개념은 플레이어 캐릭터를 의미하게 된다. 이 게임에서도 주인공 캐릭터는 '브리타니아'라는 가상세계의 위기를 해결하기 위해 소환된 영웅이다. '아바타'는 인간과 컴퓨터 상호작용의 대리인(agent)으로서 플레이어-배우의 '또 다른 자아'(alter-ego) 혹은 '분신'(persona)이다. 그(것)는 개인비서로서의 역할뿐만 아니라 플레이어의 무의식적 욕망이 의식과 현실의 수면으로 떠오르는 역할을 하기도 한다.

"오늘날 가상공간을 걸어 다니는 3차원 아바타를 가질 수 있게 되면서 사람들은 그들의 인격을 게임에 투영하는 것을 즐긴다"는 데이비드 페리의 진술처럼 아바타는 이상적 자아(ideal ego)를 가상공간이라는 무대에 '현전'하도록 도와준다. 어떤 사람들에게는 자신만의 아바타를 창조하는 것이 적을 무찌르는 일보다 더 중요하다. 특히 <검은 사막>, <블레이드&소울>, <마비노기>나 <리니지> 시리즈 같은 다중접속역할수행온라인게임(MMORPG)에서 아바타는 플레이어들의 정체성과 개성을 반영한 분신 만들기가 가능하도록 '커스터마이징' 기능을 강화하고 있기도 하다. 이로써 게이머들은 자신들의 '분신'(Double)을 통해 평소의 자기를 감추고 일상에서 하지 못했던 것들을 연기하는 '퍼포머'(performer)가 된다. 게임 속에서 우리는 전사, 마법사, 요정 등의 모습으로 변신하여 게임 속 일상 사회를 살아가는 '사회극'(the social drama)의 수행자인 것이다.

디지털 연극인 게임에서 플레이어-배우는 객석에서 수동적으로 극적 사건을 구경하던 관행에서 벗어나 사건의 한 가운데로 나와 몸소 동료 플레이어들과 함께 '역할'을 수행한다. 이 과정에서 그는 '플레이어-주체'로 변신(transformation)하여 무한의 선택지들과 씨름하면서 자기만의 스토리를 생산한다. 이는 게임이 "하나의 상황이나 줄거리를 일상 경험 속에서는 서로 배치되는 여러 가지 변형으로 보여주는", "다수의 대안을 선택함으로써 다양한 미래를 동시에 창조하는"(머레이 2001, 7) '다중 형식의 스토리'(the multiform story)인 이유이다. 그 결과 게임 유저는 다양한 선택지와 도전들과 대결하면서 연출가(작가)/행위자(performer)/배우-관객-플레이어로서 '다중 주체성'(multi-subjectivity)을 수행한다. 머레이가 보기에 사이버드라마로서의 게임은 "전통적인 연극은 아니지만 스릴 있는 연극의 형식을 취하고 있다. 참여자들은 서로에게 배우이자 관객이 되며 그들이 펼치는 연기는 때로 개인적 경험을 반영한다."[10] 나아

---

10 머레이에 따르면 사이버 공간은 참여, 공유, 협력을 실천하는 플레이어-주체의 '항해'(navigation)에 의해 형성되는 공간이다. 항해는 게임 개발자가 마련한 게임 환경에 내재한 무수한 잠재적 플롯들을 '현재화'(to actualize)하는 것을 의미한다. '몰입'(immersion)은 게임의 수행과정에서 게임 디벨로퍼의 흔적을 지우고 플레이어 자신이 사건을 장악하고 있다는 '환영'(Illusion)에서 비롯된 즐거움이다. 자신이 작가/창조자이고 게임 속 플롯들과 관련하여 스스로를 '갑'의 위치에 갖다 놓는 셈이다. 머레이는 그 즐거움을 다음과 같이 설명한다. "물이 공기와 다른 것처럼, 현실과 완전히 다른 가상현실에 자신이 둘러싸여 있다는 느낌, 바로 이것이 우리의 모든 주의력과 인식체계를 지배하게 되는 것이다. [...] 새로운 세계에 실존할 수 있다는 사실 자체도 기쁨이지만 그 세계로 자리바꿈을 할 수 있는 방법을 아는 것도 기쁨이다." 자넷 머레이. 『인터랙티브 드라마』, 113쪽.

가 이들의 활동 무대인 사이버 공간은 관객-배우(spect-actor)가 직접 참여하여 사건과 행위의 중심에서 개방적이며 우발적인 서사를 구성한다는 점에서 '환경연극'(environmental theatre)의 면모를 보이기도 한다.

디지털 스토리텔링과 아리스토텔레스의 시학(詩學)을 접속하고자 한 머레이와 로럴의 시도는 게임 서사 연구의 행로에 중요한 기여를 했다. 하지만 그들의 시도는 아리스테텔레스의 시학만큼 풍성한 내용과 체계성을 지니지 못했다. 메티어스(Michael Mateas)는 머레이의 '에이전시'(agency) 개념을 중심 도구로 삼아 '신-아리스토텔레스적'(new-aristotellian) 게임 모델을 구상함으로써 논의를 더욱 정교화하고자 한다. 그가 보기에 '몰입'이나 '변형'의 경험은 굳이 게임이 아니더라도 다른 예술을 통해서도 가능하다.[11] 하지만 에이전시는 게임 고유의 특징으로 "가상 세계에서 직접 행동을 할 수 있다는 사실에서 기인하는 능력신장의 경험"(Mateas 2004, 21)이다. 게임의 상호작용성이 허락하는 미학적 고유성은 '에이전시'에서만 나타난다는 것이다. 그래서 그는 로럴-머레이의 아리스토텔레스적 게임 모델을 게임 고유의 '에이전시'로 수렴하고자 한다. 물론 그도 '인터랙티브 드라마' 역시 스펙터클과 감정의 집중, 사건의 통일과 완

---

11 그는 기존의 연극에서도 '동일시'의 형식으로 '몰입'을, 주인공의 변신과 성장의 형식으로 '변형'을 경험할 수 있다고 본다. Michael Mateas, A Preliminary Poetics for Interactive Drama and Games, in: FirstPerson: New Media as Story, Performance, and Game. Noa Wardrip-Fruin & Pat Harrigan(edit.), London. 2004., p. 21. 하지만 관객의 수동적인 동일시 행위를 참여적 몰입의 경험과, 주동인물의 극중 변화 과정을 플레이어-주체의 변신 경험과 동일화한다는 점에서 문제가 있다.

결적 이야기 구조를 갖는 '폐쇄연극'(the closed theatre)의 경험을 창조할 수 있다고 주장한다. 하지만 메티어스는 게임의 디자인이 '에이전시'의 창조에 집중해야 한다고 보면서 '신아리스토텔레스적 드라마 모델'을 제안한다.[12]

로럴-머레이-메티어스는 아리스토텔레스의 드라마 미학을 경유하여 '잘 짜인'(well-made) 게임 디자인의 이론적 지반과 모델을 제시하고자 했다. 하지만 그들의 논의를 따라 가보면 게임 기반 동일시의 형식인 '몰입' 경험의 극대화가 궁극적 목적임을 알 수 있다. 이들의 시각은 "분명한 관점이 없는 열린 결말의 스토리는 플롯 구조를 파괴할 수 있고, 결과적으로 이는 에이전시의 붕괴를 야기할 수 있다"(Mateas 2004, 27)는 우려에서 단적으로 드러난다. 사실 RPG 장르의 일부 게임들, 특히 과거 <파이널판타지> 시리즈의 콘솔 게임은 이러한 디자인 원칙에 충실한 것처럼 보인다. 플레이스테이션4와 Xbox One X, 닌텐도 스위치 등 지속적으로 진화하는 콘솔 콘텐츠의 경우에서 이러한 스토리 구조의 유효성을 부분적으로 확인할 수 있다. 하지만 온라인 게임처럼 '자유도'가 높은 여타 게임들은 그것이 상업적인 주류 게임이라 하더라도 이들의 모델을 추월한다. 그런 점에서 잘 만들어진 아리스토텔레스적 게임에 대한 이들의 제안에는 플레이어-주체의 역동적인 참여와 그들의 다각적인 실천에

---

12 여기서는 지면 관계상 이 모델을 구체적으로 소개할 수는 없다. 인문학적 게임 연구의 초기에 드라마 이론과 극적 상상력이 게임 연구에 어떻게 반영되었는지를 확인하는 것이 논문의 목적이기 때문이다. 메티어스의 게임 모델과 관련해서는 김겸섭, 「뉴미디어 시대의 인터랙티브 드라마」,『브레히트와 현대연극』, 한국브레히트학회, 2007년을 참조할 것.

대한 고려가 부족하다.[13] 게임에 대한 '저항적 해독' 혹은 '일탈적 해독'의 가능성을 인정하기 위해서는 다른 모델이 요구되는 것도 그 때문이다. 연극의 확장으로서의 '퍼포먼스', 매체성과 수행성의 상호작용에 주목하는 '미디어 퍼포먼스' 개념은 게임의 그러한 실천들에 접근하는 대안적인 이론적 모델의 단초를 제공할 수 있다.

13 이러한 한계를 비판하면서 우르과이 출신의 게임학자이자 게임 개발자인 프라스카(Gonzalo Frasca)는 대안적인 사회비판적 게임 디자인 모델을 제안한다. 그는 아리스토텔레스 대신 독일의 연극이론가이자 실천가인 브레히트(Bertolt Brecht)와 남미의 연극운동가인 보알(Augusto Boal)을 실험의 출발점으로 삼는다. 이와 관련해서는 Gonzalo Frasca, 김겸섭 옮김,『억압받는 사람들을 위한 비디오게임』, 커뮤니케이션북스, 2008을 참조할 것.

4. 게임의 수행성과 수행 주체

'퍼포먼스 이론'(performance theory)은 연극에 대한 기존의 접근법을 확장하면서 그것을 넘어서고자 하는 시도이다. 이를 게임 연구에 접목하고자 하는 시도들은 최근의 게임학만이 아니라 예술들 간의 소통과 융복합 가능성을 넓히는 데 나름의 기여를 하고 있다. 물론 전통적인 무대극 혹은 '연극'(theatre) 개념에 익숙한 시선으로 보기에 '퍼포먼스'라는 개념이 낯설 수 있다. 그것은 무대와 재현이라는 차원을 넘어서기 때문이다. 퍼포먼스학 혹은 공연학의 주창자들이 보기에 'theatre' 개념은 근대의 소산이다. 더욱이 '연극'이라는 개념은 비서구 연극이나 인간의 다양한 참여적 이벤트에 소홀하기에 그것들에 대한 균형 잡힌 접근을 가로막는 단점이 있다. 놀이나 게임을 비롯한 다양한 퍼포먼스 행위에 대한 심도 있는 연구를 포괄하지 못하는 측면이 있음을 부인할 수 없는 것이다. 이를테면 우리의 굿놀이를 비롯한 전통 연행예술은 물론 최신 문화현상들과 사회현상들은 그것이 확장된 연극성을 지님에도 연구의 주변부에 머물 수 있다. 그런 의미에서 드라마 텍스트에서 공연 행위로 무게 중심을 옮기려는 '수행성'(performativity) 개념은 공연에 대한 제한적인 시각을 극복하는 단초가 될 수 있다.

'공연학'을 체계적으로 소개한 바 있는 셰크너(Richard Schechner)는 좁은 의미의 '연극'이라는 개념 자체를 해체하려는 의도에서 퍼포먼스에 관심을 갖는다. 셰크너가 보기에 "드라마를 무대에 구현한다는, 좁은 의미의 연극은 식민주의에 의해 광범위하게 확산된 것이지 아주 소수 문화권에만 귀속된 것"이다. 그에 따르면 퍼포먼스란 "더욱 형식적인 제의 의식들, 공적인 회합들, 그리고 정보와 상품과 관습을 교환하는 다양한 수단들의 부분이거나 혹은 이것들과 이어진, 일종의 의사소통적 행위"(Schechner 2006, 136)이다. 여기서 강조점은 커뮤니케이션 행위 일반에 놓인다. 하지만 너무 큰 개념이라 막연한 느낌을 주는데 "퍼포먼스의 경계는 명확하게 그을 수 없는 것"이라는 그의 고백에서 개념화의 어려움을 감지할 수 있다.[14] 개념의 광대함으로 인한 불명료성에도 불구하고, 퍼포먼스의 이해를 위해서는 '틀'(frame)과 '틀짓기'(framing) 개념이 중요하다. 퍼포먼스는 "틀처럼 짜여 지고 표현되고 강조되거나 보여진 행위"(-

14 마빈 칼슨도 퍼포먼스 개념 규정의 불가능성을 언급한다. 인간의 모든 발화행위에서 글쓰기까지, 나아가 삶의 모든 행동이 '퍼포먼스'로 수렴되기 때문이다. 우리는 일단 전통적이고 인습적인 '연극' 개념으로는 장르와 매체 간의 경계 해체와 확산을 통해 경계가 모호해진 우리시대의 상황을 설명할 수 없기에 퍼포먼스 개념에 주목한다. 나아가 극적 상황 안으로 미디어가 호명되거나 뉴미디어가 우발적 발화 상황을 연출하는 현 단계의 수행적 활동을 이해하는데 이 개념이 제공하는 장점도 거부할 수 없는 매력이다. Marvin Carlson, Performance: A Critical Introduction, London:Routledge, 1996, 1. 134-137.

Carson 1996, 2)이기도 하기 때문이다.[15]

셰크너는 스포츠, 축제, 놀이, 대중적 정치 이벤트, 컴퓨터 게임 등을 퍼포먼스의 대표적 사례로 든다(셰크너 2004, 236). 놀이와 축제를 지향하는 최근의 시위문화는 퍼포먼스의 대표적 사례라 할만하다. 컴퓨터 게임 역시 셰크너가 퍼포먼스의 속성들로 지적한 많은 것들을 공유한다. 먼저 게임은 놀이의 배경과 놀이 규칙에 의한 시공간의 분리를 특징으로 한 '프레임에 둘러진 행위'이다. 그 프레임은 일상과 퍼포먼스의 시공간을 나눈다. 그래서 우리는 게임의 공간을 놀이공간에 대한 일반적 은유인 '마법의 원'(magic circle)이라 부르기도 한다. '게임하기'는 끊임없는 리허설과 반복 플레이 속에서 매번 각이한 경험과 지식을 구성해가는 '과정적 서사'(procedural narrative)이기도 하다. 일상의 놀이가 그렇듯이 매번 같은 게임을 플레이 하더라도 사건은 '차이'를 생산한다.

더욱이 좁은 의미의 '퍼포먼스', 즉 실험적인 현대연극들을 능가하는 인터랙션은 게임의 '퍼포먼스성'을 강화한다. 게임 고유의 '상호작용성'(interactivity)은 게임 생태계 내 주체들의 상호-행위를 통한 다양한 의미화 실천들을 의미한다. 이는 '공연적 상황' 안에서 살아가는 다양한 주체들의 사회적 행위와 커

---

15 마빈 칼슨과 빅터 터너 역시 이러한 면을 강조한다. "퍼포먼스 이론에서 중요한 개념인 'framing'은 고프먼(Eirving Goffman)에 의해 탐구되었으며, 그 개념은 play의 허구적 세계가 작동하도록 허락해주는 중요한 것으로 심리적 개념이다."(위의 책, Marvin Carlson, p. 38); "틀(frame)을 설정한다는 것은 '경계'를 만들고 둘레를 형성하는 일"이다. "이러한 틀을 설정하여 각 이미지나 상징들을 평가 검토하게 되는 것"이다.(빅터 터너, 이기우·김익두 옮김, 현대미학사, 1996, p. 210.

뮤니케이션 행위 수행에 주목하는 공연학의 관심사이기도 하다. 무엇보다 게임의 플레이어-주체는 수동적인 '관객'의 위치에서 벗어나 능동적인 '참여'와 '협력', '공유'를 통해 놀이적 상황을 지속시켜나가며 존재 및 의식의 변화, 즉 주체화의 가능성을 모색하는 퍼포머의 사례가 될 만하다. 셰크너 스스로 21세기에 들면서 네트워크나 컴퓨터 게임 등의 디지털 미디어에도 관심을 기울인 것도 이러한 이유들에서 일 것이다(셰크너 2004, 157-158). 그것이야말로 퍼포먼스의 중핵이라 할 수 있는 참여와 소통, 지식 공유와 지성의 훈련에 유리한 플랫폼이 될 수 있을 것이라고 보기 때문이다.

그런 점에서 게임의 플랫폼과 인터페이스는 퍼포먼스의 실천적 기반을 제공할 수 있다. 셰크너가 보기에도 무대와 객석, 관객과 배우의 경계를 흔들어버리는 상호작용성과 관객성 등의 수행적 속성은 디지털 게임의 특이성으로 수렴될 수 있다. 이는 미디어 퍼포먼스에 대한 그의 논의와 연결된다. 그가 보기에 미디어 퍼포먼스는 생산과 수용 방식에 있어 전통적인 미디어의 재현(mimesis)을 넘어선다. 디지털 공간에서의 상호작용적 이벤트들은 주체의 '현전성' 구성에 직접 참여하는 계기를 제공하기 때문이다. 이를테면 게임 플레이어-주체는 가상현실 속의 사건에 다른 플레이어-주체들과 동시적으로 상호작용하는 가운데 고유의 리얼리티를 구성하는 것이다. 특히 다중온라인접속게임(MMORPG)에서처럼 디지털 미디어에 기반한 네트워크 사회의 강화는 사용자들을 다양한 퍼포먼스 연출의 주체로 내세울 충분한 잠재력을 입증하고 있다.

디지털 시대의 '호모 루덴스'(homo ludens)인 미디어 행위자들(agents)은 스스로 만든 대화의 요소들과 행위 규칙을 즐기면서 협동적인 문화 생산에 적극 참여하고 있고 다양한 사회적 대화를 나누며 현실과 가상의 경계를 넘나든다. 이러한 현상을 셰크너는 전통적인 재현 방식인 '미메시스'를 넘어서는 수행적 실천으로 부르면서 '미디어 포이에시스'(media poiesis)라고 지칭하기도 한다. 온라인 게임의 플레이어-수행자들은 개발자가 제공하는 게임을 기반으로 스토리와 규칙을 놀이하면서도 협력적으로 문화 생산에 참여하면서 공동의 사건과 서사를 생산하기 때문이다. 이러한 문화적 실천에서 '갑'은 게임의 개발자가 아니라 플레이어-주체들이다.

하지만 우리는 디지털 낙관론 혹은 낭만주의를 경계해야 한다. 기술이 유토피아를 가져온다는 말도, 디스토피아를 부른다는 말도 동일한 이유에서 과장이기 때문이다. 사실 문제는 게임이라는 도구가 아니라 이용하는 사람이다. 가령 SNS와 더불어 일상화되어가는 게임은 상대방의 관점을 공유하는 '교류'의 수단일 수 있지만 '끼리끼리'의 자폐적 세계로 가는 첩경이기도 하다. 그래서 누군가는 그것을 '파르마콘'(독、약)에 비유한다. 분명 게임은 정치、사회적 의제이든 축제나 놀이든 자발적 참여와 협력 요소를 강화함으로써 미디어 퍼포먼스를 연출하기 좋은 환경을 구축한다. 게임은 '더불어-놀기'를 통한 소통의 신기술 개발에 기여할 수 있다. 하지만 이는 잠재성의 차원일 뿐이다. 그러한 긍정적 계기가 상상의 차원에 머물지 않기 위해서는 게임 '정보계'(infosphere) 구성원들의 윤리적 역량이 강화되어야 한다.

사실 대부분의 게임 플레이어들은 순간의 오락을 위해서만 게임을 소비하는 지도 모른다. 게임 생산과 소비가 극심하게 불균형을 이루는 한국 게임-주체들의 경우 문제는 더욱 심각하다. 경우에 따라 플레이어들은 능동적인 서사-사건 생성자로서 활약을 하기도 한다. 반면 게임은 맹목적인 재미 소비에 환호작약하는 디지털 좀비를 양산하는 괴물이 될 수도 있다. 게임이라는 미디어는 중립적이다. 게임의 윤리에 대한 별도의 연구와 대중적 확산이 필요한 이유이다. 그런 의미에서 게이머들이 자신들의 커뮤니티를 통해 개인적 즐거움을 추구하거나 집단적 코뮤니타스(collective Communitas)를 구성하는 사례들에 대한 적극적인 평가와 확산 방안에 대한 고민이 필요하다. 아이템 불법 거래, 게임으로 인한 폭력 등 부정적인 사례들에 대한 게임 생태계 내부의 다양한 대화들도 한국 게임문화의 일부가 되어야 할 것이다. 이야말로 우리가 살아가는 직설법적 현실에 대한 대안으로서 가정법적 성찰의 퍼포먼스가 벌어지는 장으로 게임이 거듭나기 위한 전제일 것이다.

5. 역동적 세계에서의 '게임하기'

디지털 미디어는 멀티미디어성과 상호작용성이라는 속성 덕분에 서사(narratives)의 생성과 확장에 있어 새로운 변화를 가져왔다. 소설이나 영화와 같은 전통적인 선형적 서사와 달리, 게임 서사는 그 덕분에 새로운 구술문화의 등장으로까지 평가되기도 한다. 새로운 매체 환경에서 과거 신화나 전설 등의 구술문화가 새로운 양태로 나타나고 있다는 것이다.[16] 공동체에 의해 공동으로 생산되고 향유된 이야기들처럼 디지털 게임에서는 게임 생태계의 구성원들이 게임의 '여백'을 협력적으로 채워가며 그 끝이 열려 있는 영속적 이야기들을 생산해 가고 있는 중이다. 특히 스마트 게임의 등장 이후 약간은 주춤하고 있지만 한 때 한국의 게임 시장을 호령하고 있는 MMORPG는 판타지와 현실이 교차하는 퍼포먼스의 속성을 보이기도 한다. 아니 기존의 MMORPG가 스마트 모바일로 이전하고 있는 흐름이 대세인 지금의 상황에서 게임은 오락과 커뮤니케이션의 플랫폼으로서 그 경계를 지속적으로 넓혀가고 있다. 그만큼 플레이어의

16 이와 관련해서는 허윤정, 「미디어로서 게임에 나타나는 구술성」, 『한국컴퓨터게임학회논문지』 27권 1호, 한국컴퓨터게임학회, 2014년을 참조할 것.

놀이공간이 넓어짐에 따라 놀이의 방식 역시 예상 이상으로 다변화되고 있다. AI나 5G, VR이나 AR, 위치기반기술 등의 기술은 게임과 일상의 경계를 흐리며 '게임하기'(gaming, game-playing)의 의미를 다시 설정해야 하는 상황으로 우리를 초대하고 있다.

하지만 4차 산업혁명의 시대에도 '게임하기' 안에서 매체적 특이성과 가능성을 찾으려는 시도는 중요해 보인다. 왜냐하면 게임의 놀이적 본성은 지속적인 것이기 때문이다. <문명>의 개발자 시드 마이어에 따르면 "게임은 흥미로운 선택의 연속"이다. 게임의 서사는 플레이어-주체가 게임을 시작하면서 시작된다. 우선 플레이어는 개발자가 제공하는 도구들과 재료를 밑천으로 자신의 아바타를 꾸미고 자신의 이야기를 만들기 시작한다. 게임의 'inter+action'은 연행자(performer)인 '나'가 게임 속의 오브제들이나 다른 주체들과 작용을 주고받으면서 극적 사건을 만들어나가는 것이기도 하다. '게임-하기'(game-playing)는 게임 캐릭터들이나 공동-플레이어들(co-players)과의 대결과 대화 혹은 거래, 사교, 가상공간의 탐색, 게임 세계의 주민으로서의 생활과 경영 등을 포함하는 포괄적이고 복합적인 '인터랙션'의 과정이다. 그런 의미에서 게임 서사의 구성과정은 퍼포먼스의 프레임으로 접근할 수 있다. 이미 말한 것처럼 '행위'와 참여자들의 역동적인 협력적 사회구성행위의 과정이야말로 퍼포먼스의 핵심적 성분이기도 하기 때문이다.

가령 MMORPG <리니지> 개발자로 유명한 송재경의 <아키에이지>같은 게임들은 그 자체로 하나의 세계를 구현한다.

심지어 우주를 배경으로 하는 <이브온라인>의 경우 그 범위는 우주로 확장된다. 이러한 세계들에서는 다른 참여자들과 가상 공간을 공유하기에 우발적인 사건들이 발생한다. 게임 디자이너들이 제공한 가상의 놀이터와 놀이 요소들만 가지고 노는 것이 아니라 그들 스스로 놀고자 하는 것들을 발굴해서 놀기도 하기 때문이다. 그런 의미에서 개발자가 요구하는 던전(Dungeon) 안에서의 크고 작은 임무들('퀘스트')의 수행이나 몬스터 사냥, 전투는 온라인 게임의 경우 게임 플레이의 극히 일부에 불과하다. 플레이어들은 '혈맹', '길드', '종족' 등의 커뮤니티 안에서 스스로 선택한 직업이나 역할을 수행하며 타자들과 상호작용하는 가운데 하나의 거대한 사회를 이루기 때문이다. 이들이 거주하는 마을과 광장은 우리가 살아가는 일상의 반영이기도 하다. 이러한 게임들을 '생활형 게임'이라고도 하듯이 이 역동적 세계 안에서는 전투와 탐색 이외에도 사회적 관계들에서 비롯되는 다양한 경험들이 이루어진다. 게임 공간 자체가 하나의 '사회'인 셈이다.[17] 이는 흡사 터너가 말하는 '코뮤니타스'의 감정을 제공한다. 나아가 이러한 가상의 '사회'는 비루하고 고단한 일상 현실에 대해 살고 싶은 다른 현실을, 즉 직설법적 현실에서는 허락되지 않는 가정법적 현실을 '일시적이나마' 허락한

---

17 이러한 경향은 최근 한국 MMORPG에서 두드러지는 현상일 것이다. 가령 펄어비스에서 개발한 <검은사막>의 경우에도 몬스터와의 대결만큼이나, 아니 그 이상으로 생활 콘텐츠가 강화되고 있다. 플레이어가 전투를 원하지 않을 경우 낚시, 채집, 제작만으로도 최고의 자리에 이를 수 있기 때문이다. 이러한 생활 콘텐츠는 전투를 보조하는 수단 그 이상의 의미를 갖는 셈이다. 플레이어는 요리, 낚시, 무역, 전투 등 다양한 분야에서 전문성을 닦을 수 있는데, '자급자족'을 목표로 한 이러한 요소들은 플레이어의 자유도를 강화한다.

다. 게임 속 커뮤니티의 주민들이 함께 만들어가는 '놀이적 사회'(ludic society)는 우리가 살아가는 현실의 '반(反)구조'인 셈이다. 그런 의미에서 '게임하기'는 때로 '놀이적 성찰'(ludic reflection)의 과정이 되기도 한다.

가령 '진보된 MMORPG'를 표방하며 개발된 <아키에이지>[18]는 스테레오타입적인 퀘스트 로직이나 전투에 매몰되지 않으려 노력한 게임이다. 전투와 전쟁 중심으로 전개되는 것이 아니라 그 자체로 생활과 교역 등이 이루어지는 하나의 가상 사회를 구성하려는 시도가 엿보이는 작품인 것이다. 플레이어-주체들은 이러한 가상의 생활공간에서 종족의 선택과 능력 선택, 외모 꾸미기를 통해 자기만의 분신을 디자인할 수 있다. 이러한 아바타를 통해 플레이어는 이 세계의 퍼포머이자 주민으로서의 정체성을 부여받는다. <아키에이지>에서는 개별적인 PvP 전투나 공성전, 인스턴스 던전 등의 집단적인 전투 외에도 해상

---

18 <아키에이지>에는『룬의 아이들』,『세월의 돌』,『전나무와 매』,『상속자들』 등으로 한국 장르 문학의 대표작가로 평가받는 전민희가 개발 고문으로 게임 세계관 구축에 참여했다. 엑스엘게임즈가 6년의 개발 기간과 400억원의 개발비, 160명이 넘는 개발인력 등을 투입하여 만든 게임이다. 이 게임은 기존 온라인 게임의 문법과 장르적 속성을 간직하면서도 생활과 전투, 교역, 전쟁 등이 유기적으로 연결된 가상의 퍼포먼스 무대를 구축하려 노력한 게임이다. 그 결과 2013 대한민국 게임 대상에서 <아키에이지>는 대상인 대통령상, 기획시나리오 부문과 그래픽 부문에서 수상함으로써 3관왕의 영예를 안았다. 더욱이 이 게임은 프리퀄이라 할만한 이야기를 웹소설이라는 실험적인 형태로 제공하면서 또 다른 재미를 맛보게 한다. <루키우스의 기록>이라는 제목의 이 소설은 <아키에이지>의 2천년 전 이야기를 담고 있다. 12명의 영웅들이 누이아와 하리하라 대륙에서 펼치는 행적들에 대한 별도의 연구도 가능할 것이다. 뿐만 아니라 게임 업데이트에 수반되는 배경이야기와 종족의 기원 신화를 제공하는 등 탄탄한 스토리만으로도 <아키에이지>는 많은 즐길 거리를 제공하고 있다. 이와 관련해서는 http://archeage.xlgames.com/를 참조할 것.

전과 같은 게임 내 다양한 놀거리들을 마련해 놓았다.

하지만 이 게임의 백미는 플레이어들의 자유도와 직결되는 참여의 여백과 사회적 관계 맺기의 풍부함에 있다. 플레이어는 직접 농작물이나 나무를 재배하거나 선박을 제작하거나 개조하여 교역을 통해 이익을 낼 수 있다. 전투에 신물이 나는 플레이어라면 평화롭게 살면서 특산물을 만들고 당나귀를 키워 안전하게 무역 콘텐츠를 즐길 수도 있다. 물론 세계의 질서를 회복하고자 하는 원정대 중심의 스토리텔링과 지나친 약탈을 야기할 수 있는 콘텐츠가 흠으로 지적되기도 했지만, 커뮤니티 안에서의 입체적·다층적 수행 잠재성은 <아키에이지>의 특장이라 할 수 있다. 특히 집짓기(housing) 시스템은 <아키에이지>의 특징을 간명하게 보여준다. 플레이어는 일종의 집문서인 '집 키트'를 구매하고 집의 위치와 방향을 정하여 집을 짓기 시작한다. 하지만 여기에는 엄청난 노동이 필요한데, 여기에는 다른 플레이어들의 품앗이와 상호부조가 도움이 된다. 실내 인테리어도 플레이어의 몫인데, 저마다의 개성이 묻어나는 주택을 설계할 수도 있다.

다른 MMORPG들이 그렇듯이 <아키에이지> 역시 게임 특유의 재미 요소와 플레이어의 창작(creation) 혹은 제작(craft) 장치들을 지속적으로 업데이트함으로써 지속적으로 진화하고 있다. 특히 게임 세계 안에서 사용자가 직접 마련하고 교환한 재료들이 전투와 유기적으로 결합되어 있다는 점이 눈에 띈다. 가령 플레이어가 심어 키운 나무는 공성전에서 사다리로 이용할 수도 있고, 적의 침입을 막는 목책이나 망루 역할을 하기도 하는 식이다. 이 게임에서 플레이어는 원정대의 일원일 뿐만 아니라 제작자로서의 정체성을 동시에 부여받는다. 그는 노동을 함으로써 혹은 노동력의 충전을 통해 집과 도면을 설치할 수 있다. 살 집의 설계, 성의 구조변경, 심지어 성벽의 디자인까지 모두 플레이어의 몫이다. 심지어 플레이어는 세금까지 납부해야 하는 주민을 연기하고 살아가야 한다. 집과 집단, 국가의 창조. 나아가 그 속에서 살기 위한 거의 모든 수단들을 플레이어 스스로 갖추어야 한다는 점에서 이 게임의 세계는 '코뮤니타스'에 비견될 만하다. 심지어 자신들을 통솔할 영웅들을 선거로 뽑는 과정에서 그들은 현실과 가상의 중첩을 상연한다. 동서대륙 혹은 무법자 세력의 분쟁이라는 게임 고유의 허구적인 층위는 지도자의 선출이라는 현실의 층위와 씨줄과 날줄로 연결되기 때문이다. 선출된 영웅은 전투와 같은 긴급한 사안에 특별 아이템이나 여러 세력 본부들에 대해 동원령을 내릴 수 있다.

<아키에이지>의 공간은 연대와 공동체성이 사라져가는 직설법적 현실에 대한 가정법적 대체 현실일 수 있다. 물론 이러한 시각은 게임의 가상공간을 지나치게 낭만화하는 것일 수도 있다. 이상적인 대안사회의 구축이라는 목적의식을 지닌 플레이어들도 드물거니와, 약탈과 도적질, 해적질 같은 부정적인 행위들이 자행되기도 하기 때문이다. 정해진 규범을 벗어나는 희열(jouissance)을 주기도 하는 이러한 요소들은 우리가 살아가는 현실의 반영일 것이다. 그럼에도 가족 같은 유대감, 초보적인 플레이어들에 대한 품앗이 등은 공동체의 소중함과 '다른 현실'의 윤리적 요청에 대한 직관적인 인식으로 이어질 수 있는

잠재력을 지닌다. 반복되는 일탈을 자발적으로 처벌할 수 있는 사법적인 체계도 게임 시스템 안에 마련되어 있기 때문이다. 나아가 자신의 집을 절이나 박물관, 콘서트 장으로 활용하는 플레이어들의 창의적인 수행은 게임 퍼포먼스의 교육적 활용 가능성을 예고해주는 대목이라 할만하다. 창작자가 정해놓은 경로가 아니라 퍼포머들 스스로 혹은 협력을 통해 원하는 것을 선택하고 만들어가는 사건과 현실이야 말로 퍼포먼스 미학의 핵심이라는 점에서 말이다.[19]

19 <아키에이지>는 이 게임의 모토를 이렇게 선언하고 있다. "정해진 대로 따라가는 것이 아닌 스스로 원하는 것을 선택하고 만들어가는 세상, Dynamic World".

6. 서드 라이프 시대의 게임과 트랜스미디어 스토리텔링

이동연은 거부할 수 없는 4차 산업혁명 관련 기술의 성취가 가져올 삶과 사회의 변화를 '서드 라이프'(Third Life)로 간략하게 명명한다.(이동연 2017, 152) 디지털게임 역시 그러한 성과에 '세컨드 라이프'(Second Life)[20]로부터의 확장을 시도하고 있다. 물론 게임이 지금의 과학기술 성과들을 온전하게 수용했다할 만한 결과물을 내놓고 있다고는 할 수 없지만 가상과 현실을 오고가며 넘나드는 다양한 변신을 보여주고는 있다. 게임 하드

---

20 <세컨드라이프>는 미국 IT 기업 린든 랩에서 만든 인터넷 상의 가상현실 공간이다. 여기서 플레이어 혹은 유저는 스스로 커스터마이징한 '아바타'를 통해 건물을 사거나 고급 포도주를 마시고, 애완동물을 기르고, 현실의 배우자가 아닌 사이버 세상의 또 다른 배우자와 사랑을 나누는 등 '또 다른' 삶을 누릴 수 있다. 지금은 거의 힘을 잃었지만 이 게임(?)은 한 때 수백 만 명에 이르는 '가상도시 주민'을 거느린 거대 공간으로 성장하기도 했다. 이곳에선 자신의 분신인 '아바타'를 통해 현실에서 일어나는 대부분의 일들을 체험할 수 있다. 물건을 사고파는 것은 물론이고 부동산 사업자가 될 수도 있고, 새로운 배우자를 만날 수도 있다. 기존 온라인 게임의 '전투'말고 일상생활과 경제 활동을 영위하는 공간이었던 셈이다. 이곳에서 통용되는 화폐는 '린든 달러'로 불리며, 현실에서 실물통화와 바꿀 수도 있다. 세컨드라이프의 상업적 가능성을 인정한 기업인 소니와 IBM 등은 이미 사이트 내에 사이버 지점을 만들었고, 몇몇 대학은 사이버캠퍼스를 개설하기도 했다. 심지어 대사관이 들어서기도 하고 독도박물관이 개설되기도 했다. 이글에서는 <세컨드 라이프>라는 가상현실 콘텐츠의 고유명이기도 하지만 '세컨드 라이프'라는 기존 온라인이나 모바일 기반의 게임 콘텐츠에 대한 일반명사로도 사용하였다.

웨어의 지속적인 진화와 소프트웨어의 풍성한 변이, 게임 플랫폼의 다양화 등은 게임의 일상화를 예고하고 있다.

그런 의미에서 <포켓몬고>는 4차 산업혁명의 기술적 성과들-가령 AI, AR 기술, 구글맵 등-이 게임 생태계에 가져올 변화를 예고하는 하나의 성과로 평가할 수 있을 것이다. 지금은 인기가 시들하지만 서비스를 시작하자마자 <컬러 스위치>나 <클래시 로얄>와 같은 킬러콘텐츠의 기록을 갈아치운 데서 그 AR 게임의 인기를 가늠할 수 있다. 가상현실과 증강현실 및 혼합현실(MR)로 '증강된'(augmented) 게임은 게임의 의미를 바꾸고 우리의 몸과 정신에 큰 영향을 미친다. 애니메이션과 망가로, 연극이나 뮤지컬 등의 공연예술과 각종 캐릭터 상품으로 변용되어온 콘텐츠인 <포켓몬스터>의 캐릭터를 포획하는 '소박한'(?) <포켓 몬스터> 역시 컴퓨터 속 가상현실의 영역을 물리적 현실로 확장함으로써 신선한 충격을 안겨준 바 있다. 어떤 점에서 그 게임은 가상현실을 실제현실로 연장하고 게임의 시공간을 일상 속으로 불러온 셈이다. 그동안 우리가 즐겨온 게임들은 실제와 같은 느낌인 핍진성(逼眞性, verisimilitude)을 극대화하려고 노력해 왔다. <아키에이지>, <리그오브레전드>, <피파온라인>, <검은사막>, <오버워치> 등의 게임들은 컴퓨터 스크린 '안'의 가상현실에서 실제와 같은 생생한 플레이를 제공한다. 내가 직접 조작하여 사건을 진행한다는 상호작용성과 사실에 가까운 영상은 완전한 동일시에 가까운 몰입(immersion, flow)의 느낌을 준다. 하지만 전투와 생활을 동시에 가능하게 하는 그 게임들의 시공간은 현실이 아니다.

지금은 5G 네트워크로 진화한 스마트 기술, 구글맵과 GPS 등의 유비쿼터스 정보기술의 발전 속도, 초연결사회(hyper-connected society) 등이 디지털게임의 새로운 도약에 힘을 싣고 있는 형국이다. 이로써 앞서 분석한 <아키에이지>의 가상현실은 우리의 일상 자체를 탈일상적 '마법의 원'(magic circle)으로 만들 가능성이 크다. 우리는 온라인 게임들이 다퉈 모바일 MMORPG로 변신하는 과정에 주목할 필요가 있다. 생활콘텐츠와 전투콘텐츠 고유의 재미를 포기하지 않으면서 온라인게임의 난해함과 시간 소비를 줄인 캐주얼 게임으로 전환함으로써 남녀、세대 불문의 게임 생태계 창출을 선도하고 있기 때문이다. <리니지M>, <리니지 레볼루션>, <라그나로크M>, <검은사막 온라인>이 대표적이다.[21] 현실공간과 가상공간이 융합하게 되면 가상공간이 실제 현실로 들어와 우리의 오감을 활성화하고 놀이 경험을 극대화할 것이다(이동연 2017, 153)

놀이는 물리적 현실 안에서의 놀이('First Life)에서 가상공간에서의 '실제'에 가까운 느낌을 주는 '허구적' 놀이('Second Life)

---

21 특히 5G 시대의 '초연결사회'는 4G 대비 100배의 속도와 1000배 이상의 데이터 전송능력으로 보다 생생하고 입체적이며 다층적인 커뮤니케이션 기반의 게임 생태계를 만들 것이다. 확장된 감각과 지각 및 감성 역능의 향상, 사회적 관계 장의 생성은 게임 문화의 장르/양식 분기를 가속화할 것이다. AR/VR게임, 게이미피케이션, 대체현실게임(ARG)는 그러한 움직임이 이미 시작되었음을 보여주는 사례들이다.(이동연, 2017, 156) 또 하나 주목해야 할 만 한 점은 페이스북의 오큘러스 인수 이후 가상현실 기기와 소프트웨어, 콘텐츠 유통 플랫폼을 둘러싸고 경쟁이 가속화되는 지금의 상황이다. 뒤이어 구글과 HTC도 가세한 상황이다. 광고와 의료, 교육, 엔터테인먼트, 전시 등 전 방위적으로 영역을 확장하는 VR/AR 콘텐츠 시장은 우리가 직접 영화나 게임 안으로 들어가게 될 날을 예고하고 있다. <세컨드라이프>처럼 인공적으로 축조된 가상현실이 아니라 '지금 여기'의 현실을 가상현실 플랫폼으로 삼을 수 있을 것으로 전망된다.(이동연, 2017, 158)

를 경유하여 가상공간을 실제현실로 전화하는 놀이('Third Life')로 나아가고 있다.[22] 사물-사물, 사물-인간을 연결하는 사물인터넷과 일상의 스마트화는 일상 안에서 개인 삶의 물리적 한계들을 극복하고자 하는 욕망들을 충족시킬 수 있는 게임 개발을 가속화할 것으로 보인다. 아직은 '세컨드 라이프' 류의 게임이 대세이고 AR게임이나 VR게임등의 실감 혹은 체험 게임들은 소수에 불과하다. 하지만 가상과 현실의 자유로운 연결을 통한 초현실사회의 라이프 스타일은 대세가 될 것이고 게임 생태계의 지형에도 거대한 지각변동을 가져오리라 본다. 3D 프린터, 홀로그램, 증강현실 등을 활용한 놀이콘텐츠는 이미 '도래하는 미래'(zu kommende Zukunft)로서 우리의 몸과 의식, 나아가 현실과 환경을 증강시켜줄 것으로 보인다. 이제 놀이의 '마법의 원'(magic circle)은 현실의 물리적 공간으로 이전된다. 그 결과 디지털 게임을 가지고(with) 놀던 우리는 게임 속에서(in) 살거나 게임과 더불어(together) 살게 된다(강신규 2017, 183-184)

이미 시작한 서드 라이프의 시대에는 '예술과 문화, 기술과 과학'이 통섭하여 새로운 초감각적 문화콘텐츠를 만들 수 있을 것으로 보인다. 그렇게 되면 기존의 문화콘텐츠 영역은 새로운 과학기술 및 미디어 환경과의 화학작용을 통해 새로운 문화콘

---

22 강신규는 이동연의 이 개념을 원용하여 게임에 적용한다. 그에 따르면 물리적 현실 속에서 이루어지는 게임을 퍼스트 라이프, 현실 세계의 외부에 만들어진 가상공간에서 플레이되는 디지털 게임을 세컨드 라이프, 현실과 가상의 이미지나 정보를 중첩시키는 증강현실 및 혼합현실 게임을 서드 라이프로 분류할 수 있다. 특히 현실과 가상이 인식 속에서, 그리고 디지털 기술에 의해 매개되어 중첩되는 것이 아니라는 점에서 지금 이루어지는 게임 생태계 변화의 의미를 찾을 수 있다(강신규, 2017, 175-176)

텐츠 산업으로 변신을 거듭하게 될 것이다. 이는 이용자들의 기술 감각이나 콘텐츠 생산에도 영향을 미쳐 책과 영화, 음악, 게임, 모바일, 메신저 커뮤니티, SNS 등의 콘텐츠나 플랫폼의 수용 방식에 일대 변화를 가져올 것이다. 이는 기존의 OSMU와 다른 방식의 콘텐츠 생산, 수용, 확장의 경험이 될 것이다. 트랜스미디어 스토리텔링(transmedia storytelling)은 그러한 변화의 시작을 알리는 징후로 볼 수 있을 것이다.

새로운 게임의 등장은 기존 게임 환경에 영향을 준다. 하지만 해아래 새로운 것이 없듯이 신생 게임의 등장은 기존 게임이나 문화콘텐츠와의 관계 속에서 이루어지는 경우가 많다. 지금까지 나름의 진화를 해온 게임 플랫폼과 콘텐츠는 새로운 것들로 대체되는 것이 아니라 공존하는 가운데 서로 영향을 주고받으며 공진화(co-evolution)를 하는 것이다. 퍼스트 라이프 게임과 세컨드 라이프 게임, 나아가 서드 라이프 게임 사이의 아름다운 동행은 문화콘텐츠 산업계에도 큰 자극을 주거니와 트랜스미디어 스토리텔링은 복수의 미디어와 콘텐츠 사이의 영향과 이행, 확장과 분산의 움직임을 잘 보여주는 개념이라 할 수 있다. 톨킨의 <반지의 제왕>이 게임의 역사에 끼친 영향은 널리 알려져 있다(김겸섭 2012, 128-135) 또한 게임에서 영화로 혹은 영화에서 게임으로, 게임이 뮤지컬로, 만화가 게임으로, 게임이 소설로 변신을 하는 경우는 많았다. 그리고 지금까지 우리는 이를 'OSMU'(One Source Multi Use)라 명명하며 문화콘텐츠 산업의 미래로서 원천 스토리콘텐츠의 중요성을 강조한 바 있다. 미디어와 콘텐츠들 상호간의 '횡단'(cross, trans) 현상은 미디어 환

경의 변화와 더불어 문화적 관행으로 자리 잡을 가능성이 크다.[23]

지면 관계 상 각 매체와 콘텐츠의 '트랜스'(trans) 현상과 그 의미를 세세하게 살필 수는 없다. 하지만 'OSMU' 현상으로 환원할 수 없는 '트랜스미디어 스토리텔링' 현상에 대해서만 간략하게 짚고 넘어가도록 하자. 지금까지 우리는 게임과 영화 사이의 밀월관계에 주로 주목한 바 있다. 이는 우리 시대의 종합예술(Gesamtkunstwerk)로 자리 잡은 디지털 게임이 그 이전의 콘텐츠를 수렴할 수 있었기에 가능한 현상이었다. 물론 종합예술 작품이라는 평가는 게임이 단순히 이전의 예술들을 끌어 모았다는 사실 그 이상을 의미한다. 게임은 소설과 영화의 서사적 성취를 자기화 혹은 전유하기도 하고 자신의 무한한 잠재적 서사를 다른 매체에 내어주기도 하면서 진화해왔다. 재현 매체와 상호작용 매체 사이의 길항운동은 자주 고배(苦杯)를 마셔야 했지만 그럼에도 둘 간의 밀월은 지속되고 있다. 특히 영화와 게임의 관계, 게임의 영화화에는 특이한 점이 있다. 왜냐하면 <툼레이더>를 빼면 <어쌔신 크리드>와 <워크래프트>, <스트리트 파이터>, <둠>, <페르시안 왕자> 등 게임 역사의 주요 작품들 거의 모두가 실패를 경험한 바 있기 때문이다. 이글이 쓰이는 2018년 상반기에만 하더라도 <램페이지>, <툼레이더>, <진삼

---

23 심지어 공룡시대로 돌아가 야생의 환경을 개척하며 가상의 사회를 꾸려나가는 넥슨의 <야생의 땅: 듀랑고>가 예능방송으로 변신하는가 하면, 유저가 방탄소년단을 육성한다는 설정의 <BTS 월드>가 게임으로 제작된다고 한다. <던전앤파이터> 아트전시회와 OST 콘서트, <메이플스토리 홀로그램 뮤지컬>, <리그 오브 레전드> 뮤지컬과 전시회는 성공한 게임의 확장성 혹은 매체 전이의 사례로 주목할 만하다.

국무쌍>, <피카츄>, <마인크래프트>가 영화 매체로 전이되어 개봉한다. 큰 인기를 얻은 게임을 파생 콘텐츠로 확장하고자 하는 것은 문화산업의 생리로 이해할 만하다. 하지만 이들 영화들이 디지털게임 미디어 고유의 재미 요인을 영화로 이식시킴으로써 선배 콘텐츠들의 실패를 만회할 수 있을 것인가는 지켜보아야 할 일이다. 게임의 영화화가 영화의 게임화가 얻어낸 성과를 따라잡지 못했던 사실에 대한 진단이 필요하겠지만 콘텐츠 간 전이와 이동에 있어 '매체성'(mediality)에 대한 고려가 우선될 필요가 있을 것이다.

그런 점에서 2018년 4월 개봉한 스티븐 스필버그의 <레디 플레이어 원>(Ready Player One)은 도래하는 게임세계에 대한 은유로서, 나아가 과거의 문화콘텐츠들이 콘텐츠의 확장과 매체 전이를 감행하는 트랜스미디어 스토리텔링의 한 모델로서 시사해주는 바가 많은 영화이다. 비디오가게 점원 출신 시나리오 작가 어니스트 클라인의 동명소설을 원작으로 한 이 영화는 20세기 대중문화와 서브컬처에 대한 오마주로 가득하다. '가상현실 블록버스터'를 표방한 <레디 플레이어 원>은 2045년, 미래의 빈민가에서 불우한 삶을 살던 소년 웨이드가 가상현실게임 '오아시스' 안에서 제2의 인생(second life)을 살아간다는 내용을 담고 있다. 사실 가상현실 기기(HMD)를 착용하고 있다는 점에서 '제3의 인생'(third life)을 살아가고 있다는 것이 더욱 적절한 표현일 것이다.

천재 프로그래머 할리데이가 창조한 오아시스는 암울한 현실과 대비되는 희망의 상징이다. 오아시스에서는 누구든 무엇이든 할 수 있고 원하는 그 어느 곳으로 건 갈 수 있다. 이 상상적 공간의 설계자 할리데이는 오아시스 안에 숨겨둔 3개의 미션을 해결하는 사람에게 이곳의 소유권과 유산을 상속하겠다는 유언을 남기고 세상을 떠난다. 게임 속 온갖 퀘스트들을 수행하며 이스터 에그(easter egg)를 찾음으로써 보상을 얻는 것은 전형적인 게임 서사요 구조라 할 수 있다. VR 고글을 쓰고 웨어러블 기기들을 착용한 채 허공을 휘저으며 주어진 미션들을 클리어하는 등장인물들의 행위는 미래의 디지털게임에 대한 선취로 읽을 수 있다. <오아시스> 게임은 게임의 가상공간에서도 계급관계가 존재한다는 '가상계급론'의 교재로 삼을 만하다. 이 공간을 점유하려는 IOI에 맞서 모든 시민-플레이어가 공성전을 벌이는 장면은 MMORPG <리니지>에서의 '바츠해방전쟁'에 대한 오마주로 읽어도 무방해 보인다.

무엇보다 <레디 플레이어 원>은 다양한 미디어 플랫폼을 통해서 이야기를 분배하는 트랜스미디어 스토리텔링의 한 양상으로 볼 수도 있다. 그것은 "다양해진 미디어 환경, 다변화된 사용자의 욕망에 부합하기 위해서 나타난 우리 시대의 창작방법론"(이인화/한혜원 2015, 16)으로서 "적극적으로 참여하는 대중, 문제 기반의 사건과 실마리, 이를 풀어나가기 위한 참여자의 노력과 복수미디어의 전방위적 활용"(이인화/한혜원 2015, 17)에서 그 의미를 찾을 수 있다. 트랜스미디어 스토리텔링은 융합(convergence)을 지향하며 다양한 미디어가 고유한 특성을 유지하면서도 하나로 어우러져 통합적으로 콘텐츠를 구성한다(서승은 2018, 7-21). <레디 플레이 원>이 레퍼런스로 삼고 영화에서 직접 구현하는 다양한 미디어와 콘텐츠 장르, 플랫폼은 콘텐츠의 수렴과 응축, 이산과 분산이 빚을 수 있는 가능성들의 전시장이라 할 만하다.

물론 스필버그의 이 영화가 트랜스미디어 스토리텔링에 포함될 수 있다는 것은 아니다. 그것은 "여러 개의 미디어 플랫폼을 통해 하나로 이해될 수 있는 이야기를 전달하고 경험할 수 있도록" 하되 OSMU 방식의 스토리텔링과 달리 "각 스토리 갈래들이 서로 연결되어 있어 적극적인 매체 횡단을 통해 하나의 스토리 세계를 전달하는 향유방식"(서승은 2018, 7쪽)이기 때문이다. 그렇지만 1980~90년대 대표적인 문화콘텐츠를 직접 가로지르며 가상과 현실을 오가며 다양한 미디어들을 통해 이야기를 불려가는 모습은 새로운 스테리텔링 실천방식으로 볼 수 있다. 게임대회에 참여한 등장인물들이 20세기의 원천 스토리들을 끊임없이 미끄러지며 조우하고 즐기는 장면들과 '서드 라이프' 시대의 게임 플레이 사이에 모종의 유사성을 발견하기란 어렵지 않다. 우리는 <레디 플레이어 원>에서 얼핏 보더라도 100편이 넘는 영화와 만화, 애니메이션과 대중문화 인기 캐릭터들을 확인할 수 있다. 게임만 하더라도 <툼레이더>, <모탈 컴뱃>, <배틀 토드>, <소지 더 헤지혹>, <마인크래프트>, <슈퍼마리오>, <바이오쇼크>, <스타크래프트>, <둠>, <어드벤처> 등이 눈에 밟힌다. 게다가 게임 산업의 초석을 놓은 게임회사 아타리의 '아타리 2600' 게임기까지 소환된다. 이는 소설과 영화, 만화나 드라마와 같은 아날로그 미디어 스토리텔링과 디지털 미디어 스토리텔링 간의 상호 횡단과 변용의 방식을 중심으로 이 영화를 보는 것이 의미가 있어 보이는 이유이기도 하다. 하지만 이른바 '탈경계'와 '초연결'로 특징지어지는 최근 기술 환경 속에서 매체 간 변환과 이동의 '도래할(한) 미래'를 경유하여 이 영화 텍스트를 분석하는 것은 향후 과제로 남겨두기로 한다. <레디 플레이어 원>은 경험 차원에서 현실공간과 가상공간, 현실에서의 활동과 가상에서의 활동이 중첩되고 교차되어 가는 현실을 유쾌하게 은유하고 있다.

7. 헤테로토피아 속의 디지털 퍼포머

디지털 게임 속의 세계는 유토피아가 아니라 헤테로토피아(héterotopie)라 할만하다. <레디 플레이어 원>의 '오아시스'가 보여주듯 그곳은 동일성의 동질적인 공간(isotopie)은 아니다. 주체들의 수만큼이나 다양한 사건과 서사들이 연출되기 때문이다. 재미라는 단 하나의 목표를 위해 모인 주체들이 모여 벌이는 요란한 사건들은 생성 및 창조의 카오스적 공간에 비견될 만하다. 그런 점에서 디지털 퍼포먼스가 이루어지는 무대인 게임 공간은 '없는 곳'(utopie)이 아니라 "현실에 존재하는 장소이면서 동시에 모든 장소들의 바깥에 있는 곳"(푸코 2014, 22)이라는 점에서도 헤테로피아이다. 현실에 대한 핍진성(verisimilitude) 속에서 탈일상적인 놀이를 가능하게 하려는 게임의 노력은 내부/외부의 경계를 모호하게 한다. 나아가 게임의 주체들이 그곳을 "우리가 살고 있는 공간들에 대한 이의제기인 다른 공간"(푸코 2014, 24)으로 만들려 할 때 게임 공간은 '반공간'(counter-space)의 의미를 띄기도 한다. 그것은 우리가 살아가는 '직설법적 공간'에 대항하는 '가정법적 공간'의 다른 이름이다.

하지만 가상의 '혼종공간'(heterotopia)을 무대로 진행되는 퍼포먼스가 맹목적 소비와 다른 '배치'가 되는 것은 자동적으로 이루어지지 않는다. 게임의 공간이 기존의 질서와 경험을 벗어나는 '바깥의 공간'이 되기 위해서는, 의무와 억압 및 일방 경쟁에서 벗어나 긍정적인 유동적 공간이 되기 위해서는 사람이 문제가 된다. 율(Jesper Juul)은 역사적으로 어떤 게임에 대해 게임 플레이어가 수행하는 실천을 4가지 유형으로 나누고 있다. 게임에 대한 '굴복'(submission), '제한된 자유'(constrained freedom), '전복'(subversion), '창조'(creation)의 게임하기가 그것이다(Juul 2016, 351-358). 이는 게임 플레이 양식의 다양성과 다층성을 말해주는 분류이지만 '서드 라이프'의 현실화를 향해 돌진하고 있는 게임 미디어를 어떻게 전유할 것인가를 묻는 카테고리이기도 하다. 도래하는 미래에도 디지털 퍼포먼스 장치로서의 게임을 '다름과 경계 넘기'의 '장치'로 만들어주는 것은 디지털 퍼포머(digital performer)의 역량에 달려 있다. 도구의 잠재성과 게임-주체의 역량 사이의 관계를 우리는 적극적으로 사유할 필요가 있다.

참고문헌

곤잘로 프라스카. 2008. 『억압받는 사람들을 위한 비디오게임』. 김겸섭(역). 서울: 커뮤니케이션북스.

김겸섭. 2007. "뉴미디어 시대의 인터랙티브 드라마". 『브레히트와 현대연극』 한국브레히트학회.

김겸섭. 2008. 『공감과 소통의 게임학』, 대구대출판부.

김겸섭. 2010. "사회적 비판과 인식의 드라마로서의 컴퓨터게임". 『독일어문학』 51호. 한국독일어문학회.

김겸섭. 2011. "디지털 시대의 퍼포먼스, 컴퓨터 게임". 『독일어문학』 53집. 한국독일어문학회.

레브 마노비치. 2004. 『뉴미디어의 언어』. 서정신(역). 서울: 생각의 나무.

류철균/한혜원(외). 2016. 『트랜스미디어 스토리텔링의 이해』. 서울: 이화여자대학교출판문화원.

리차드 쉐크너. 2004. 『퍼포먼스 이론』. 이기우 외(역). 서울: 현대미학사.

미구엘 시카트. 2014. 『컴퓨터게임의 윤리』. 김겸섭(역). 서울: 커뮤니케이션북스.

미셸 푸코. 2014. 『헤테로토피아』. 이상길(역). 서울: 문학과지성사.

빅터 터너. 1996. 『제의에서 연극으로』. 이기우/김익두(역). 서울: 현대미학사.

서성은. 2018. 『트랜스미디어 스토리텔링』. 서울: 커뮤니케이션북스.

자넷 머레이. 2001. 『사이버 서사의 미래: 인터랙티브 스토리텔링』. 서울: 안그라픽스.

이동연. 2014. 『게임이펙트』. 서울: 이매진.

이재홍. 2014. “게임의 인문융합 스토리텔링 연구”. 『한국컴퓨터게임학회논문지』 제27권 제3호. 한국컴퓨터게임학회.

전경란. 2014. 『디지털 게임이란 무엇인가』. 서울: 커뮤니케이션북스.

허윤정. 2014. “미디어로서 게임에 나타나는 구술성”. 『한국컴퓨터게임학회논문지』 27권 1호. 한국컴퓨터게임학회.

Bevc, Tobias. ed. 2007. *Computerspiele und Politik.* Münster: LIT Verlag.

Carlson, Marvin. 1996. *Performance: A Critical Introduction.* London: Routledge. 1996.

Flusser, Vilém. 2007. *Kommunikologie.* Frankfurt: Fischer.

Juul, Jesper. 2016. "Playing." In *Debugging Game History: A Critical Lexicon*, eds. Henry Lowood and Raiford Guins, 351-358.Cambridge, MA: MIT Press.

Kenndy, Dennis. 2003. *The Oxford Encyclopedia of Theatre and Performance*. Oxford: Oxford Univ. Press.

Laurel, Brenda. 1993. *Computers as Theatre*. New York: Addison Wesley Longman.

Liesmann, Konrad Paul. 2002. *Günther Anders: Philosophieren in Zeitalter der technologishen Revolution.* München: Beck Verlag.

Murray, Janet. 2004. “From Game-Story to Cyberdrama.” In

FirstPerson: New Media as Story, Performance, and Game, eds. Noa Wardrip-Fruin and Pat Harrigan, 2-11. Cambridge: MIT Press.

Schechner, Richard. 2006. *Performance Studies: An Introduction*. London: Routledge.

아키에이지 공식 홈페이지: http://archeage.xlgames.com

필자소개

필자 소개 (가나다순)

고슬기 한국외국어대학교 스페인어과를 졸업하고 스페인 마드리드 아우토노마대학교에서 '후안 호세 미야스 서사 작품 속의 정체성 유희'에 대한 논문으로 박사학위를 받았다. 현재 한국외국어대학교 세미오시스 연구센터 HK연구교수로 재직하고 있다. 주요 논문으로는 「후안 호세 미야스 작품을 통해서 본 "성(性)의 변신"」, 「후안 호세 미야스 작품에서의 신체의 대칭과 비대칭: 유형과 집착」, 「국내소설에 나타난 중미의 '축구전쟁'」, 「관계의 유형과 인간 정체성 연구」, 「콧수염과 정체성」 등이 있다.

김겸섭 영남대학교 독문과에서 학、석사 과정을 마친 다음 경북대학교에서 페터 바이스의 총체극 연구로 박사논문을 썼다. 주요 논문으로는 <뉴미디어 시대의 인터랙티브 드라마-아리스토텔레스적 컴퓨터게임의 연극적 모델>, <매체의 사회적 기능전환과 문화정치 - '비아리스토텔레스적' 컴퓨터게임의 실천가능성>, <논쟁의 연극적 공간과 개방적 리얼리즘 - 페터 바이스 총체극의 리얼리즘 고찰>이 있다. 이외에 『탈정치시대를 구상하는 욕망의 윤리』, 『노동사회에서 구상하는 놀이의 윤리』 등의 저서와 『컴퓨터게임의 윤리』 등의 역서가 있다. 지금은 경상대학교 독어독문학과에 재직하고 있다.

김요한 한국외국어대학교를 독일어과를 졸업하고 같은 대학교에서 디지털 문학에 대한 논문으로 박사학위를 받았다. 현재 한국외국어대학교 세미오시스 연구센터 HK연구교수로 재직하고 있다. 주요 논문으로는 「문화콘텐츠로서 이야기의 확대재생산」, 「같은 소재, 다른 이야기 - 모티프 변형을 통한 문화콘텐츠 스토리 개발」, 「아리아드네의 실 - 신화의 상상력과 미디어의 상상력」, 「괴물열전 - 그리스 신화의 여성 괴물」, 「소설 보기, 영화 읽기」 등이 있고, 저서(역서)로 『디지털 시대의 문학하기』, 『매체와 장르』(공저), 『침대 밑에 사는 여자』, 『데미안』 등이 있다.

서종석 한국외국어대학교 불어과를 졸업하고 파리 4대학교에서 응용인문학 대한 논문으로 박사학위를 받았다. 현재 한국외국어대학교 세미오시스 연구센터 HK교수로 재직하고 있다. 주요 논문으로는 「선전포스터와 이미지 언어」, 「자발적 복종과 의지적 자유」 등이 있고, 저서로는 우정 『자유, 복종 그리고 카니발리즘』, 『내러티브와 자아』(공저) 등이 있다.

전선자 성균관대학교 생활미술학과 입학. 독일 뮌헨대학교 서양미술사학과에서 석사학위 후 매체로서 본 성상과 성유물에 관한 논문으로 박사학위를 받았다. 현재 강의와 강연을 하고 있다. 주요 논문으로는 「아헨에 있는 카를 4세의 성유물함: 카를대제흉상」과 「프라하에 있는 카를 4세의 십자가 성유물함」, 「그림에 있어서 신체적 생태적 관점」, 「요셉 보이스의 "확장된 미술개념"과 대안문화: 그의 종교적 생태학적 작품을 중심으로」, 「백남준과 플럭서스: 실증자료를 통한 플럭서스 공연의 중심인물 백남준」, 「베르톨트 브레히트와 발터 벤야민과 연관 속에서의 백남준의 행위예술작품 <오마주 존 케이지>에 대한 해설시도: 생소화효과와 아우라」 등이 있고, 공저로는 『플럭서스 예술혁명』 등이 있다.

미디어의 교섭과 횡단

초판 인쇄 2018년 6월 30일
초판 발행 2018년 6월 30일

지은이 세미오시스 연구센터
발행인 김인철
총괄·기획 가정준 Director, University Knowledge Press
편집장 신선호 Executive Knowledge Contents Creator
도서편집 박현정 Contents Creator
전자책편집 이리나 e-Contents Creator
재무관리 김은혜 Managing Creator
마케팅 파트장 백승이 Chief Marketing Creator
마케팅 박종원 Marketing Creator
발행처 한국외국어대학교 지식출판콘텐츠원
02450 서울특별시 동대문구 이문로 107
전화 02)2173-2493~7
팩스 02)2173-3363
홈페이지 http://press.hufs.ac.kr
전자우편 press@hufs.ac.kr
출판등록 제6-6호(1969. 4. 30)
디자인·편집 (주)피플커뮤니케이션 02)733-9008
인쇄·제본 (주)피플커뮤니케이션 02)733-9008

ISBN 979-11-5901-382-9 94080 정가 15,000원
ISBN 978-89-7464-831-2 94080 (세트)

*잘못된 책은 교환하여 드립니다.

HU:NE 은 한국외국어대학교 지식출판원의 어학도서, 사회과학도서, 지역학 도서 Sub Brand이다. 한국외대의 영문명인 HUFS, 현명한 국제전문가 양성(International +Intelligent)의 의미를 담고 있으며, 휴인(携引)의 뜻인 '이끌다, 끌고 나가다'라는 의미처럼 출판계를 이끄는 리더로서, 혁신의 이미지를 담고 있다.